Auxiliando a humanidade a encontrar a Verdade

Provável contorno da costa
Provável contorno do Mar Interno

Roger Feraudy
(Da Academia Petropolitana de Poesia Raul de Leoni e
Academia Neolatina e Americana de Artes do Rio de Janeiro)

BARATZIL
A TERRA DAS ESTRELAS
(Nossa Herança Atlante e Extraterrestre)

© 2003 – Roger Feraudy

BARATZIL A TERRA DAS ESTRELAS
Nossa herança atlante e extraterrestre

Todos os direitos desta edição reservados à
CONHECIMENTO EDITORIAL LTDA.
Rua Prof. Paulo Chaves, 276 – Vila Teixeira Marques
CEP 13485-150 — Limeira — SP
Fone: (19) 3451-5440
www.edconhecimento.com.br
vendas@edconhecimento.com.br

Nos termos da lei que resguarda os direitos autorais, é proibida a reprodução total ou parcial, de qualquer forma ou por qualquer meio — eletrônico ou mecânico, inclusive por processos xerográficos, de fotocópia e de gravação —, sem permissão por escrito do editor.

Projeto gráfico: Sérgio Carvalho
Revisão de texto: Maria Estela Alcântara
Paulo Gontijo de Almeida
Projeto gráfico: Sérgio Carvalho
Ilustração da capa: Francisco José da Costa

ISBN 978-85-7618-134-7
2ª Edição – 2008

• Impresso no Brasil • Presita en Brazilo

Produzido no departamento gráfico da
CONHECIMENTO EDITORIAL LTDA
grafica@edconhecimento.com.br

Dados Internacionais de Catalogação na Publicação (CIP)
Angélica Ilacqua CRB-8/7057

Feraudy, Roger
 Baratzil a Terra das Estrelas - Nossa herança atlante e extraterrestre / Roger Feraudy – 2ª ed. – Limeira, SP : Editora do Conhecimento, 2008.
 336 p.

ISBN 978-85-7618-134-7

1. Arqueologia - Brasil 2. Atlântida 3. Civilização - Influência extraterrestre 4. Religião e ciência 5. Umbanda (culto) História 6. Romance brasileiro I. Feraudy Roger. II Título

21-2615　　　　　　　　CDD – 001.940981
Índices para catálogo sistemático:
1. Brasil: civilização : Influências extraterrestres: Conhecimento misterioso 001.940981

Roger Feraudy
(Da Academia Petropolitana de Poesia Raul de Leoni e
Academia Neolatina e Americana de Artes do Rio de Janeiro)

BARATZIL
A TERRA DAS ESTRELAS
(Nossa Herança Atlante e Extraterrestre)

2ª Edição - 2008

Obras de Roger Feraudy

A TERRA DAS ARARAS VERMELHAS
Uma história na Atlântida (1999)

CYRNE
História de uma fada (2000)

A FLOR DE LYS
Nos bastidores da revolução francesa (2001)

O JARDINEIRO
Uma fábula moderna (2003)

BARATZIL, A TERRA DAS ESTRELAS
Nossa herança atlante e extraterrestre (2003)

UMBANDA, ESSA DESCONHECIDA
Umbanda esotérica e cerimonial (2004)

HAIAWATHA
O mestre da raça vermelha (2005)

O CONTADOR DE HISTÓRIAS
João Só e a rosa azul (2005)

ERG - O DÉCIMO PLANETA
A pré-história espiritual da humanidade (2005)

UM ANJO ESTÁ NAS RUAS
Não estamos sós! (2006)

Obs: A data após o título refere-se à nossa primeira edição.

A alma do homem é como a água;
vem do céu e sobe para o céu,
para depois voltar à Terra,
em eterno ir e vir.

Goethe

Minha doutrina: deves viver de modo a poderes desejar viver novamente — esse é o teu dever —, pois, de qualquer forma, viverás novamente.

Nietzsche

Na época em que os deuses habitavam a Terra, em que os homens voavam e ainda não se haviam esquecido de que eram divinos; é deste período esta história que contaremos.

A História é sempre um recomeçar eterno.
Aramu-Muru

Sumário

Prefácio...13
Introdução..18
Capítulo 1 - No princípio......................................20
Capítulo 2 - Ollantay..32
Capítulo 3 - Paititi..42
Capítulo 4 - Desencontros....................................51
Capítulo 5 - Magia milenar...................................57
Capítulo 6 - Assaltantes de Ruta..........................65
Capítulo 7 - O templo de Inti-Shinan...................75
Capítulo 8 - Revelações..83
Capítulo 9 - Os irmãos de Shukra........................91
Capítulo 10 - Coyllur..99
Capítulo 11 - Os proscritos.................................106
Capítulo 12 - Fugitivos.......................................113
Capítulo 13 - Itaoca..119
Capítulo 14 - Os owandos..................................126
Capítulo 15 - Thevetat..133
Capítulo 16 - A invasão de Itaoca......................140
Capítulo 17 - O amor comanda o destino..........146
Capítulo 18 - Duelo de titãs...............................154
Capítulo 19 - Capitão Kajamac..........................160
Capítulo 20 - Helau-Zadig..................................166
Capítulo 21 - A outra história do general..........172
Capítulo 22 - Pacto sinistro................................178
Capítulo 23 - O disco solar de ouro...................185
Capítulo 24 - Shamballa.....................................192

Capítulo 25 - A invasão de Ruta 199
Capítulo 26 - O último sonho de Uiran-Taê 205
Capítulo 27 - Conspiradores 212
Capítulo 28 - O novo imperador de Itaoca 220
Capítulo 29 - Os templos da luz 226
Capítulo 30 - As batalhas de Mbonga 234
Capítulo 31 - A missão de Helau-Zadig 241
Capítulo 32 - A história se repete 251
Capítulo 33 - Nas entranhas da Terra 259
Capítulo 34 - Filhos da luz e filhos das trevas 266
Capítulo 35 - A vingança do sacerdote 272
Capítulo 36 - Caminho para as Terras Altas 280
Capítulo 37 - O grande cataclismo 286
Capítulo 38 - As quatro vidas de Thamataê 292
Capítulo 39 - A confraria cósmica 297
Capítulo 40 - A volta do culto milenar 305
Epílogo 319
Anexo 1 323
Anexo 2 325
Anexo 3 327

Prefácio

A lacuna que este livro vem preencher, a importância do que revela — com a leitura dos registros originais do passado — sobre o ontem ancestral do Brasil e da América do Sul, inserem-se num planejamento oculto para o momento histórico que se avizinha.

Rezam as tradições da Sabedoria Secreta, e repetem vozes do Além, que aqui, nesta Terra da Cruz de Estrelas, teremos o ponto focal da espiritualidade da Nova Era.

Não ao acaso. Foram preparados, no cadinho dos milênios, os elementos essenciais do perfil do povo brasileiro, a sua invulgar sensibilidade psíquica, intuitiva, e de fácil receptividade às coisas do oculto. Um planejamento invisível dos Dirigentes Planetários conduziu, desde dezenas de milhares de anos atrás, o trabalho de preparação da espiritualidade deste povo.

De onde vem essa familiaridade natural com o Invisível, a aceitação fácil das Grandes Leis — a reencarnação, o carma, a evolução — e a impregnação mística e oculta que faz deste o país mais espírita do mundo, e berço de um culto — a Umbanda — que colocou a Magia Branca, com toda sua complexa tessitura, a seviço da mais singela caridade?

É o que este livro vem esclarecer em grande parte.

Levantando o véu de silêncio que encobre o passado remoto da Terra das Estrelas, nos revela o conjunto de uma esplêndida civilização ancestral, herdeira da sabedoria atlante e dos mestres da Lemúria — extraterrestres — que deixaram preparado o clima espiritual para o desabrochar da futura sub-raça e da nova civilização do Terceiro Milênio.

Suas cidades magníficas tornaram-se em pó (só ruínas incompreendidas restaram, aqui e ali); sua ciência e tecnologia avançadas foram esquecidas; de sua arte restaram sombras. Mas seu papel foi cumprido. Sua herança *espiritual* foi transferida para os milhões de almas que ali viveram, e que agora, retornando à existência nesta mesma terra ancestral, estão aptas a retomar esse legado e construir com ele uma nova civilização.

É importante para isso podermos conhecer nossa verdadeira identidade, aquilo de que, como povo, somos filhos e herdeiros: a tradição dos Filhos do Céu e da antiga pátria Atlante — uma nobre origem que nos pertence. E mais que isso, nos explica. Para podermos retomá-la, e fazer dela a semente de uma civilização aquariana. É nosso compromisso com o Planeta Azul — o dharma que cabe a esta Terra das Estrelas.

Por isso, o aval da Espiritualidade para que se façam estas revelações - nosso "álbum de fotos" da infância coletiva, para relembrar quem somos, de onde viemos.

Até agora, os vestígios — inegáveis — dessas antigas civilizações têm permanecido como incógnitas que uns poucos corajosos ousaram interpretar pelo que realmente são.

Esse passado humano da América dispõe de uma coleção inquietante de mistérios — leia-se evidências — empilhados no canto da mesa da História oficial. E o mais lamentável não é que ela não possua as respostas: é que se recuse a fazer as perguntas.

E elas são muitas.

Apontando para a existência de culturas altamente evoluídas, às vezes com tecnologia ainda não disponível hoje, e inúmeros sugerindo — a não ser que a má-vontade nos domine — a presença de "seres vindos do céu", ou que podiam voar.

Quem, senão criaturas aéreas, precisaria de, e poderia ter produzido, o incrível conjunto das Linhas de Nazca, no Peru? E as figuras do deserto de Atacama? O que faz o Tridente atlante na encosta de uma colina perto de Pisco? Que civilização perdida no tempo gravou as Pedras de Ica, mostrando homens junto com dinossauros (portanto, no mínimo há 65 milhões de anos), transplante de órgãos, mapas estelares, e muito mais? Que razão levaria os construtores de Tiahuanaco a gravar na sua famosa Porta do Sol o Ano de Vênus?[1] Como e por quem foram talhados, com precisão cirúrgica, blocos de pedra de centenas de toneladas, e encaixados com uma perfeição que desafia o tempo — a marca da arquitetura monumental andina? O que faz a maquete de uma cidade atlante no ápice da fortaleza de Sacsayhuamán?

E não é o mesmo modelo que se vê na misteriosa Pedra de Ingá, na Paraíba (junto com uma escrita indecifrada, e simbolos estelares, como a constelação de Órion)? E o que explica Sete Cidades, no Piauí, e a Cidade dos Deuses, na Amazonia, duas cidades de pedra monumentais, com vestígios de condutos de água?

Essas são algumas das perguntas óbvias (há mais, muito mais!). As pegadas dessas presenças antigas se estendem do Pacífico ao Atlântico.

E por que não extraterrestres? Só porque isso foge às premissas do velho modelo neomedieval somos-o-centro-habitado-do-universo, que ainda subsiste em nossa cultura?

Há uma avalanche de fatos, mas uma anticientífica má-vontade de os levar a sério e analisar a conexão deles. As presenças extraterrestres que andaram pelo planeta desde sempre deixaram marcas suficientes para se delatarem — desde que não fechemos os olhos. Mas, e tudo o que desencadearia essa hipótese? É tão mais confortável ficar grampeados ao nosso feudo planetário, com as velhas certezas, e desprezando as peças que não nos interessam do quebra-cabeças!

Veja-se a Atlântida. Além do rol interminável de provas, comparativas[2] e geológicas, de sua existência, temos o depoimento de Platão. Aqui, chegou-se ao cúmulo de uma desconversa que admite dois Platões: um filósofo admirável, do qual aceitamos tudo o que se sabe do pensamento de Sócrates, e um escrevinhador sem critério, que num acesso de inconseqüência resolveu deixar para a posteridade a inútil descrição de um continente imaginário, fantasiado por um sacerdote de Saïs.

---

1 Como os Maias, que também o conheciam e dedicaram ao Planeta Vênus, entre outros, o chamado Templo 22 das ruínas de Copan).
2 Os linguistas descobriram o tronco linguístico indo-europeu e os árias exatamente pelo método de comparação — juntando "cacos de palavras" de línguas as mais distantes, como o persa e o húngaro, e concluindo pela existência — hipotética, mas indiscutível — de uma lingua-mãe, esse indo-europeu original que nunca ninguém viu, ninguém ouviu, mas é indiscutível porque a soma das evidências não deixa dúvida.

Mesmo a comprovação "oficial" da presença humana na América do Sul já vem recuando no tempo. Nièlde Guidon, a corajosa arqueóloga da Serra da Capivara, no Piauí, já levou para 50.000 anos atrás a presença de populações no local — vencendo uma polêmica que levantou a poeira nos meios arqueológicos (Os americanos queriam porque queriam manter a hipótese do Estreito de Behring.) Um salto, dos 12.000 anos que se admitia antes. E o estudo genético de populações conta com uma pesquisa, do Departamento de Genética da UFRGS, que demonstra a presença de povos na América do Sul há 40.000 anos.

Estamos começando a penetrar, lentamente, nas sombras desse passado remoto da América. Um dia ele ressurgirá em toda sua riqueza e complexidade, e fará justiça aos que hoje se atrevem a apontar (Daniken foi um deles) para o que muitos olham e quase ninguém vê — as "pegadas dos deuses". Um dia, quando a humanidade *quiser* ver, ela verá — e só então estará preparada para os receber novamente.

Enquanto isso, só os que têm "olhos de ver" podem aproveitar do conhecimento apaixonante dessas histórias ancestrais, de um passado muito antigo do continente americano, e dos instrutores que exerceram o papel de irmãos mais velhos desta humanidade.

Mas a grande, talvez a maior das revelações contidas nesta obra, é a que se refere às origens espirituais da Umbanda, seu Planejamento Maior, e à verdadeira identidade de seus líderes invisíveis. É a primeira vez que se conta essa história oculta.

Vem de longe, de muito longe no tempo, essa Magia de Luz que foi adaptada para reviver hoje na Terra das Estrelas. E pela primeira se revela a verdadeira identidade sideral da entidade que, naquele já distante dia de novembro de 1908, apresentou-se sob o disfarce de Caboclo das Sete Encruzilhadas — ele, um iniciado, um extraterreno, um sabio — e colocou sobre a mesa dos trabalhos uma flor - simbolismo oculto até hoje ainda não compreendido.

Parece chegado o momento em que deve ser mostrada a verdadeira face dessa Umbanda — iniciática, milenar em conteúdo, universalista e abrangente, e no entanto nascida simples e de pés descalços, como um certo Rabi que percorria as estradas acalentando os infelizes e excluidos. O manto iniciático dos velhos magos atlantes, a túnica sideral de vários extraterrestres iluminados, fizeram questão de estender-se sobre as figuras menosprezadas do indio e do preto-velho, para nos deixar a silenciosa lição que até hoje — infelizmente — muito poucos assimilaram.

Pela veracidade de uma obra desta espécie só pode falar por enquanto a credibilidade espiritual do autor, um espiritualista bem conhecido. Ele realiza o que se pode denominar de arqueologia psíquica — a reconstituição original de eventos e culturas do passado através de uma faculdade peculiar. Nessa especialidade, escreveu *A Terra das Araras Vermelhas*, *A Flor de Lys* e este *Baratzil - A Terra das Estrelas*.

Intui-nos a Espiritualidade para que seja registrado aqui o que o autor nem cogitou de historiar nesta obra: o "Caboclo das Sete Encruzilhadas", depois de estabelecer o início do Movimento Umbandista no Brasil, trabalhou, ostensivamente, através de três canais mediúnicos. O primeiro foi o histórico medium Zélio; o segundo, como neste livro se registra, foi o dr. Sylvio; e o terceiro, durante largos anos, foi um certo dr. Roger Feraudy — que, em longínquo passado, o havia acolhido em sua cabana, neste Baratzil ancestral, como o pequeno Helau- Zadig — ou Mestre Thamataê.

Não há acasos, não há encontros: há reencontros...

Mariléa de Castro

Introdução

Esta é a história do longo caminho percorrido por Thamataê, o venusiano, aquele que, no início do século passado, introduziu no Brasil o movimento chamado de Umbanda, apresentando-se pela primeira vez em uma reunião espiritual com o corpo fluídico de um índio e denominando-se humildemente Caboclo das Sete Encruzilhadas.

É também a história da sublime trajetória de seu irmão espiritual Kalamy, oriundo como ele do planeta Vênus e que, com inusitada renúncia, própria dos grandes seres, ocultou sua sabedoria cósmica, unindo-se ao trabalho com os Agentes Mágicos na Umbanda. Ambos, presentes na Terra desde os primórdios da formação das grandes raças esquecidas da civilização americana, uniram-se ao grande projeto da nova religião do amanhã — a Umbanda — na Terra das Estrelas, o Brasil.

Antes de atingir a libertação, livrar-se da cadeia de causas e efeitos que chamamos de encarnações, Thamataê viveu como Helau-Zadig na cidade de Itaoca do Baratzil,[1] sendo cognominado posteriormente de "O Solitário da Montanha Azul"; foi o médico Asclépios na antiga Grécia; o sacerdote Amós de Aton, no Egito antigo, no reinado de Akhenaton; o tribuno romano Aulus Plautius, discípulo de Paulo Apóstolo depois de convertido ao Cristianismo; e finalmente, em sua última encarnação, frei Gabriel Malagrida, queimado pelas chamas da Inquisição

---

1 Baratzil - termo originário do Devanagari (língua sagrada, raiz do sânscrito), onde B'ARA = reflexo e TZIL = a luz, a estrela; portanto, BARATZIL significa "O Reflexo da Luz ou das Estrelas".

em Lisboa, no ano de 1761.

Seu nome iniciático é SAVYAB'UCHAYÂ-THAMATAÊ, que significa, na língua dos deuses, o Devanagari: **A sombra do oriente na exaltação e na graça do milagre da vida.**

Roger Feraudy

1
No princípio

Uruc-Sadic, Sumo Sacerdote do Deus Sol, o sagrado Inti, lembrava-se ainda muito bem, embora já se houvessem passado mais de 80 anos do dia em que tivera seu primeiro contato com o grande Mestre Aramu-Muru. Foi algum tempo depois do grande cataclismo que mudara toda a costa oeste da América do Sul, e onde hoje se situa o Peru, que tudo começara.

O continente Lemuriano, o grande Império de Mu, havia desaparecido no oceano Pacífico, restando dele apenas algumas ilhas, após grandes erupções vulcânicas e um sem número de maremotos que culminaram com o surgimento da Cordilheira dos Andes e a aparição do grande lago Titicaca, que nos dias de hoje fica exatamente entre a Bolívia e o Peru. A esplêndida civilização Tolteca, vaga migratória oriunda da terceira sub-raça da Atlântida, que se situava neste local, foi totalmente destruída em razão desse cataclismo.

Tiahuanaku, a grande civilização instalada posteriormente, também naquela região, foi igualmente atingida pelo cataclismo. Ela se estendia pelo Peru, Equador e Bolívia e denominava-se Tawantinsuyu, nome pelo qual mais tarde foi conhecido o Império Inca. Sua capital, outrora um porto de mar situado não longe da cidade de La Paz atual e que mantinha comércio com a Lemúria, foi totalmente destruída, e agora suas ruínas encontram-se sepultadas no lago Titicaca. (Dela restam alguns vestígios no atual sítio arqueológico de Tiwanaku, onde apenas alguns templos, com a famosa Porta do Sol, dão testemunho de sua antiga grandeza.) Depois de um maremoto que atingiu a costa, seu clima suave e tropical foi modificado para o clima gelado das altas mesetas varridas pelo vento.

Uruc-Sadic, recordando todos esses acontecimentos e como, com alguns sacerdotes do Templo do Sol, situado onde hoje existe a cidade de Puno, haviam escapado quase que milagrosamente das catástrofes ocorridas em sua terra, afastou com um gesto de mão os cabelos muito lisos que teimavam em cobrir um de seus olhos, querendo talvez com isso apagar as imagens dolorosas do passado. Pouco adiantou: os dias e noites terríveis quase se materializaram novamente a sua frente; porém, como compensação, aquele dia, ou melhor, aquele fim de tarde voltou bem nítido a sua memória.

Uruc-Sadic havia saído do Templo, quando se sentiu ofuscado por intensos reflexos provocados pelo brilho do Sol incidindo sobre cinco objetos prateados, de forma alongada, muito brilhantes, que em círculos sobre o Templo do Sol efetuavam, sem ruído algum, inusitadas acrobacias. No primeiro momento, a reação de Uruc-Sadic foi de pânico, depois veio o desejo quase incontido de fugir o mais rápido possível, por fim sentiu que estava paralisado, como que preso ao chão por poderosa força desconhecida. Sem qualquer reação, ficou ali, grudado no chão, olhos esbugalhados e apavorados fixos nos objetos desconhecidos que volteavam acima de sua cabeça. Alguns sacerdotes já apareciam na entrada do Templo, mas imediatamente, ante aquela visão, para eles apavorante, logo desapareciam no interior.

As cinco naves fizeram no ar um círculo maior; depois, mudando bruscamente de direção, pousaram suavemente a poucos passos do Sumo Sacerdote. O objeto voador prateado mais próximo de Uruc-Sadic deu um zumbido agudo seguido de um chiado e imediatamente um de seus lados, exatamente na parte frontal, abriu-se de cima para baixo, mostrando uma rampa inclinada que tocou sua extremidade inferior no chão e foi logo ocupada por um ser de alta estatura, vestido com uma roupa colada ao corpo, sem aparentes costuras e sem signo algum que o identificasse. Trazia a cabeça descoberta, em que se viam cabelos fartos, ondulados, que desciam até os ombros. Barba curta, branca, frisada, rosto alongado, testa ampla, nariz aquilino e olhos de um azul profundo que pareciam banhados de luz. Aquele ser majestoso sorriu para Uruc-Sadic, deixando a mostra dentes perfeitos muito brancos.

— Sou Aramu-Muru, último Grão Mestre do Templo da Luz Divina que existia na ilha que restou do Império de Mu, desaparecido no Oceano, uma das ilhas ao sul, próxima da costa oeste de Tawantisuyo,[1] que abandonamos depois que os feiticeiros negros proliferaram, passaram a comandar os destinos do povo e se apossaram do Templo sagrado de Mu. Eu e mais 25 discípulos — disse, apontando para os outros que já haviam desembarcado das naves aéreas e que possuíam quase o mesmo aspecto do grande Mestre — somos oriundos do planeta Vênus, irmão maior do Planeta Azul, que adotamos. Representamos a segunda leva de venusianos e viemos completar o trabalho que nossos antecedentes, chamados de Senhores da Chama, começaram a fazer com a humanidade — terminou na sua voz sonora, de acentos graves.

Uruc-Sadic prosternou-se por terra em sinal de respeito e humildade. Aramu-Muru prosseguiu:

— Vim na minha vimana[2] e com meus discípulos em paz e com o intuito de salvar a raça quíchua da aniquilação e do desaparecimento completo.

Uruc-Sadic, tremendo de medo, ou quem sabe de respeito supersticioso ante o desconhecido, tímido, ousou levantar a cabeça. O grande Mestre pousou seus olhos no Sumo Sacerdote.

— Levanta, Uruc-Sadic, filho do primeiro Uruc, Grão Sacerdote pela graça do Divino Inti, Senhor da água, da terra, do ar e do fogo, o imortal Apu-Kon-Tiki-Uira-Cocha. Vem a mim, Uruc-Sadic! Eu te recebo na minha glória e te faço Sacerdote do Alto, guardião dos rolos sagrados que contêm toda a sabedoria e ciência do Universo e responsável pelo Disco Solar de Ouro de meus antepassados.

Uruc-Sadic sentiu-se nesse momento repleto de força interior, percebendo que seu corpo inteiro estava invadido de luz. Confiante, bateu palmas cerimoniais e pouco a pouco os sacerdotes do Templo foram chegando e, ajoelhados ao seu lado, deixaram-se ficar em postura de prece.

Os 25 discípulos de Aramu-Muru levantaram o braço direito e de suas mãos jorrou uma luz esverdeada que cobriu a cabeça de todos os sacerdotes.

---
1 Tawantisuyo - nome que os antigos davam ao Império Pré-incaico.
2 Vimana - nave aérea.

— Senhor... Mestre... — balbuciou Uruc-Sadic —, que devemos fazer? Ou melhor, que ordenais?

Aramu-Muru ficou calado por alguns segundos, enquanto a luz esverdeada esmorecia, até desaparecer completamente.

— Selecione um de seus sacerdotes, o mais adiantado entre todos; ele deve ser preparado para conhecer os mistérios sagrados e a ciência oculta dos reis divinos, tornando-se um precioso auxiliar em suas cerimônias religiosas.

Uruc-Sadic chamou seu sacerdote e discípulo Turyac-Hama e com ele, a convite de Aramu-Muru, foi introduzido na vimana capitânea. Introduzidos, pois que a bem da verdade foram quase empurrados para seu interior, bastante temerosos, demonstrando-se ao grande Mestre, que não pôde furtar-se a um sorriso. As cinco vimanas elevaram-se no ar e em velocidade incrível rumaram na direção da Cordilheira dos Andes.

Ventos furiosos varriam as vertentes geladas da montanha e a nave de Aramu-Muru, indiferente à ventania, que parecia não ter efeito algum sobre a vimana, aproximou-se de um paredão coberto de gelo de uns 800 metros de altitude. Sem vacilar, alcançou uma garganta estreita, somente visível a pouca distância, que mal dava para o aparelho voador, pois suas bordas laterais quase roçavam as paredes da estreita e sinuosa passagem. Alguns metros adiante, depois de uma curva mais acentuada, surgiu como por encanto um vale florido cercado por altas montanhas, como que a protegê-lo de nevascas do exterior. Em um gramado, ao lado de um riacho de águas límpidas que corria por entre seixos, as cinco vimanas aterrizaram suavemente.

— Este é o Vale da Lua Azul — disse Aramu-Muru, saindo de seu aparelho e dirigindo-se a Uruc-Sadic — e aqui será instalado o Monastério dos Sete Raios. É um local inacessível aos olhares profanos.

— Com todo respeito, Mestre, se posso perguntar, o que é esse Monastério e com que finalidade será construído?

— Existem duas irradiações energéticas provenientes do Sol, além das outras três que todos conhecem — e Aramu-Muru as nominou —: PRANA, ou energia vital; FOHAT, ou movimento dos átomos e elétrons (num futuro próximo vão dominar esta energia); e finalmente KUNDALINI ou fogo serpentino, que ativa os centros de força. Como dizia, das duas irradiações energéticas, uma é de polarização positiva e a outra é de polarização negativa. Ambas incidem, ou melhor, atuam em dois centros de força, chacras, do Planeta Azul. Existe outro Monastério dos Sete Raios no Tibet, num local também inacessível chamado de Vale da Lua Azul, que recebe irradiação energética de polarização positiva; o que construiremos aqui, na cordilheira, receberá no futuro irradiação energética negativa.

— Compreendo, Grande Mestre — disse Uruc-Sadic, que bebia contrito os ensinamentos de Aramu-Muru.

— Quando o Monastério da montanha Meru[3] estiver recebendo a irradiação negativa, quando, daqui a alguns longos séculos, todo o conhecimento oculto estiver transferido do Oriente para o Ocidente, essas duas irradiações estarão em equilíbrio, em pleno funcionamento; então voltaremos a ter a idade de ouro no Planeta Azul.

— Cada um desses sete Raios tem uma finalidade específica? — continuou perguntando Uruc-Sadic.

— Sim — respondeu o grande Mestre, enquanto os outros, calados, absorviam essa verdadeira aula ministrada por Aramu-Muru — cada Raio possui uma cor e está magneticamente ligado a cada um dos sete planetas sagrados do sistema Solar. Assim teríamos: Primeiro Raio, cor branca, Raio da Instrução, dos Sagrados Mistérios, ligado magneticamente ao Sol; Segundo Raio, cor vermelha, Raio das batalhas, da luta que o homem trava com ele mesmo para vencer a besta-fera que existe em seu interior, ligado magneticamente ao planeta Marte; Terceiro Raio, cor azul, Raio da ação envolvente, do sacrifício espontâneo que atua sobre todos os seres para que encontrem seu verdadeiro destino, ligado magneticamente ao planeta Vênus; Quarto Raio, cor verde, Raio do equilíbrio, da causa e efeito, do carma, ligado magneticamente ao planeta Júpiter; Quinto Raio, cor amarela clara, Raio do amor puro, ligado magneticamente à Mãe do Mundo, o eterno feminino da natureza, e à Lua;[4] Sexto Raio, cor alaranjada, Raio das iniciações, do caminho da imortalidade, ligado magneticamente ao planeta Mercúrio; Sétimo Raio, cor violeta, ligado magneticamante ao planeta Saturno, Raio que futuramente inundará todo o Planeta Azul impedindo a proliferação da magia negra — concluiu Aramu-Muru sua longa expli-

---

[3] Montanha Meru - era o nome dado na época à Cordilheira dos Andes. Talvez, quem sabe, o nome Peru seja uma corruptela de Meru.
[4] A Lua era considerada um dos planetas sagrados pelos povos antigos.

cação.

— Se me permite, Grande Mestre, uma última pergunta — e Uruc-Sadic curvou-se respeitosamente.

— Pois faça, meu filho — disse Aramu-Muru de forma carinhosa.

— Quando começará a atuar, por intermédio do Monastério dos Sete Raios, essa irradiação negativa a que o Mestre se refere?

— Cada Raio irá atuar por 3.920 ciclos solares[5] e, ao final da atuação do Sétimo Raio, estarão transcorridos 27.440 ciclos, que se repetirão por outros 27.440 ciclos, dando um total de 54.800 ciclos solares. Este será o período de apogeu de Tawantinsuyo.[6] Depois do declínio e fim deste Império, haverá, por um período de 2.000 ciclos solares, um novo Império nestas regiões.

As nações são iguais aos homens: nascem, crescem, entram em declínio e morrem ou desaparecem. Desse modo, transcorridos mais de 56.800 ciclos solares, esse novo Império será devastado por estrangeiros que chegarão por mar em grandes barcos, de tez branca como nós, também usando barbas, o que lhes fará supor que sejam seus antepassados, deuses vindos do céu, como constará em suas tradições religiosas, relatos deturpados pelo fluir de infinitos ciclos solares, que contarão a história de nossa chegada em Tawantinsuyo — finalizou, com alguma tristeza na voz, Aramu-Muru. — Mas vamos ao trabalho — disse o grande Mestre, depois de alguns minutos de silêncio.

Primeiro Aramu-Muru reuniu seus 25 discípulos em um semicírculo no centro do gramado, pediu a Uruc-Sadic e Turyac-Hama para manterem o pensamento elevado, no que foi obedecido prontamente; depois, indo a cada um de seus discípulos, com a ponta do dedo indicador da mão direita tocou o chacra frontal de todos eles.

O grande Mestre ergueu os dois braços, cabeça levantada para o alto, ficando alguns momentos nessa posição.

— Concentração, todos! — ordenou Aramu-Muru.

Decorreram alguns minutos. O silêncio era tão absoluto que só se escutava a respiração compassada de cada um. Então, o milagre aconteceu. Viram aos poucos ir-se materiali-

---
[5] Ciclos solares - o mesmo que anos.
[6] O Império e as culturas pré-incaicas.

zando à frente de todos um magnífico templo de formato oval, paredes externas de ciclópicos blocos de mármore rosa; enormes colunas da mesma cor compunham sua fachada, onde se via monumental porta de madeira, que parecia feita de uma só peça, entalhada com vários signos zodiacais, tendo bem no centro uma pedra verde que brilhava intensamente. O chão do templo, quando a porta abriu-se como por passe de mágica, era de lajotas enormes, de um branco brilhante, parecendo espelhos irradiando luz. O salão imenso, sem janelas, acompanhando o formato do templo, era oval; as paredes, de mármore verde claro; no fundo um altar também de mármore, verde escuro, de feitio quadrado, tendo ao seu lado um trono de espaldar alto, inteiramente de ouro. Por trás do altar, uma porta idêntica à da entrada do templo, mas de tamanho menor, que dava para os aposentos dos sacerdotes. Não se notava no grande salão qualquer archote ou velas, porém era totalmente iluminado por uma claridade suave, mas ao mesmo tempo intensa, sem mostrar em qualquer lugar sombras.

Quando Aramu-Muru abandonou a concentração, saindo da postura estática, e encarou seus discípulos, todos viram o templo desaparecer em segundos no ar por entre uma névoa prateada.

— Mestre, que aconteceu? — perguntaram, quase gritando, espantadíssimos, Turyac-Hama e Uruc-Sadic.

— Não se preocupem, meus filhos — disse o grande Mestre, sempre tranqüilo e em sua voz pausada. — O monastério que viram formar-se, saindo do ar, foi todo construído em nível etérico por meio da energia-vontade, um poder do pensamento que produz resultados perceptíveis. A criação nada mais é do que o resultado da vontade operando sobre a matéria fenomenal.

— E agora? — perguntou aflito Uruc-Sadic, ao ver sumir no ar o imponente monastério.

— Agora — respondeu sorrindo Aramu-Muru — o Monastério dos Sete Raios continuará existindo no mundo etérico, palpável e tão real como se existisse no mundo da matéria.

— Mas... — ainda interrompeu o Sumo Sacerdote.

O grande Mestre não se perturbou e, dirigindo-se a Uruc--Sadic e Turyac-Hama, ordenou:

— Elevem suas vibrações, procurem enfocar suas visões ao

nível etérico.

— O sagrado Inti seja louvado! — exclamaram a uma só voz os dois sacerdotes. O belo monastério, em seus mínimos detalhes, estava novamente na frente deles.

— Depois que o quarto Raio começar a atuar, pouco a pouco, até o final da atuação do sétimo Raio, este templo estará totalmente materializado no mundo físico.

— Após 27.400 ciclos solares? — perguntou Uruc-Sadic.

— Exatamente, meu filho. Mas entremos, venham conhecer o interior do monastério.

A expressão fisionômica de Turyac-Hama e Uruc-Sadic era de profunda admiração, impressionados, mesmo depois das explicações do grande Mestre, com o que a vontade, forma de energia, pode criar. Maravilhados, não puderam conter palavras de assombro, que ressoaram pela abóboda côncava do templo.

Aramu-Muru caminhou em direção ao altar, seguido por todos, sentando-se no trono de ouro.

— Meus filhos — disse dirigindo-se aos dois sacerdotes — vão com Thamathaê — e indicou com um gesto de cabeça um de seus discípulos ao seu lado — até minha vimana e tragam até aqui o grande Disco Solar de ouro e os 17 rolos de papiro que contêm toda a ciência, conhecimentos espirituais do passado e toda história da formação e das diversas raças do Planeta Azul.

O enorme Disco Solar de ouro foi logo instalado acima do altar, suspenso por cordéis de fino ouro, e os 17 rolos encerrados em uma caixa também de ouro.

— Meus filhos — começou Aramu-Muru —, o Disco Solar de ouro era guardado no mais importante templo da Luz Divina de Mu. Neste Disco, brilhava a eterna luz branca cristalina, a Divina Luz Ilimitada da Criação. Por volta de 70.000 ciclos solares atrás, esta luz apagou-se devido à maldade e à insanidade de sacerdotes do templo. O Disco permaneceu sem brilho próprio até o momento em que começou a destruição da terra-mãe. O Disco Solar de ouro era usado como objeto de adoração nos rituais religiosos, servindo ainda como foco ou ponto de concentração para quem meditasse em sua frente. Era ainda a representação simbólica do grande Sol central, o Sol cósmico que representa o Criador. Era usado para produzir curas, tanto do corpo como do espírito. Era também, e isto era o mais importante, capaz de propiciar a quem conseguisse se harmonizar com suas vibrações ser transportado para onde quisesse ir. Para isso, bastava criar a imagem mental da viagem que queria efetuar. Era, por conseguinte, também um objeto para transporte.

O Disco Solar não é feito de ouro comum, mas de um metal nobre que sofreu uma transformação, tornando-se translúcido. O transporte a que me referi, efetuado por meio do Disco de Ouro, era constantemente realizado, para que os discípulos adiantados e Mestres do templo pudessem participar de concílios ou palestras em outros locais.

— Grande Mestre — começou Uruc-Sadic —, penso que não entendi bem o conceito de alteração da dimensão a que o senhor se referiu; poderia esclarecer melhor?

— Depois de instruído melhor em todos os segredos do Universo, entenderás o que significam realmente as dimensões. Nossa raça, há mil milhões de ciclos solares, aniquilou o tempo e o espaço e conseguimos vencer os limites ou fronteiras do cosmo.

Embora Uruc-Sadic não tivesse entendido metade do que o grande Mestre esplanara, agradeceu a honra de ser agraciado com uma explicação, curvando-se reverente. Turyac-Hama imitou o Sumo Sacerdote.

Nesse momento, o Disco Solar de ouro tornou-se translúcido, emitindo de seu centro uma potente luz branca e cristalina, a Ilimitada Luz Divina da Criação, tão intensa, que quase enceguecia quem a fitasse frontalmente.

— Meu discípulo Manco-Capac voluntariamente quer permanecer em Tawantinsuyo e ocupar a regência do Primeiro Raio. Por 3.920 ciclos máximos do Sol, ele vai instruir seu Imperador — disse dirigindo-se a Uruc-Sadic — e todo o povo desta terra. Durante esse período, aparentemente enorme, mas para nós, que mantemos em suspensão nossa corrente vital e nossa forma física que pode durar séculos, quase insignificante, será administrado aos Imperadores e Sumos Sacerdotes todo o conhecimento milenar que o Mestre Manco-Capac puder oferecer.

Aquele assim denominado aproximou-se do trono de ouro e, curvando-se ante Aramu-Muru, pronunciou de forma solene:

— Perante meu Mestre, o grande Aramu-Muru, eu, Manco-Capac, seu discípulo, prometo de hoje em diante trabalhar para o progresso material e espiritual dessa terra, doando totalmente meu ser, e existir para esse magno serviço, não pertencendo mais a mim mesmo, mas inteiramente ao meu próximo. Que se cumpra a vontade do Grande Senhor do Universo, jamais a minha. Que minha atividade e minha sabedoria estejam desse momento em diante a serviço de toda a terra Tawantinsuyo.

— Assim seja, pois que assim será! — recitou a frase cerimonial Aramu-Muru, ao mesmo tempo em que cedia o trono de ouro a seu discípulo, investido de Sumo Sacerdote do Primeiro Raio.

Manco-Capac deu sua benção a Uruc-Sadic e nesse momento realizou seu primeiro ato.

— Aproxime-se, Sumo Sacerdote do Sagrado Inti — e, colocando as duas mãos na cabeça de Uruc-Sadic, ajoelhado a seus pés, entronizou-o no cargo supremo do Deus Sol.

Aramu-Muru completou a cerimônia, dardejando sobre o novo Sumo Sacerdote do Alto, senhor dos mistérios do Sagrado Inti, uma luz verde brilhante que o inundou totalmente. Tirou de seu próprio pescoço um colar com as sete cores e o colocou no pescoço de Uruc-Sadic.

— Este agora é seu "ilantu" — disse indicando o colar colorido, sua "Huaca", sua força, o fundamento da existência. Agora, meu filho, coloque-se em frente do Disco de ouro.

Uruc-Sadic obedeceu e, tão logo tomou posição em frente ao Disco de ouro, foi envolvido pela luz branca, cristalina. Tinha-se a impressão de que o Disco pulsava, aumentando e diminuindo seu foco de luz. O Sumo Sacerdote parecia transparente, seu corpo também brilhava. Então, Uruc-Sadic caiu de joelhos e, pousando sua cabeça no solo, ficou prosternado em sinal de submissão e respeito.

— Levanta, filho do Sol, "Ayllues"[7] do Sagrado e Divino Inti. Durante 12 Luas[8] lhe transmitirei todos os mistérios da alma, da vida e da morte, bem como todos os segredos das idades e dos ciclos de evolução dos sete reinos da natureza. — E Manco-Capac, deixando seu trono, tomou em seus braços Uruc-Sadic.

Depois dessas rápidas cerimônias, Thamathaê, com 15 discípulos de Aramu-Muru, foi designado para a região onde hoje se situa o alto Amazonas, próximo à divisa com o Peru, às margens, àquela época, de um mar interno[9] que cortava ao

---

[7] Ayllues - alto dignitário do alto clero.
[8] 12 luas era o mesmo que três meses para nós.
[9] Nota do Autor: Informa Roland Stevenson, na obra *Uma Luz nos Mistérios Amazônicos*, publicada em 1994 pela SUFRAMA: "A mais sensacional de todas as des-

meio o continente, desde os atuais estados do Piauí, Maranhão, Pará e a própria Amazônia, onde existia uma pequena aldeia de povos ali estabelecidos. Suas ordens eram específicas: selecionar aquela população por meio de cruzamentos e instruir os nascidos dessas uniões para dar início a uma nova raça. Muito embora possam discordar todos os antropólogos, a nova raça que os seres do espaço iam criar era a raça branca, Tamaha, que ainda não existia no planeta. Esse acontecimento de magna importância explicaria, por exemplo, a tribo de índios brancos que foi encontrada no Amazonas, próxima ao Pico da Neblina, quase na fronteira da Venezuela. E, quem sabe, a declaração de Pedro Pizarro, primo do conquistador do Peru, sobre os incas da classe dominante: "Os cabelos de alguns desses homens e mulheres são louros como o trigo e alguns têm a pele mais clara que os espanhóis. Neste país, vi uma mulher e uma criança cuja pele era de brancura insólita. Os índios acham que se trata de descendentes dos ídolos".[10] Os ídolos, claro, sendo os "deuses antepassados" deles. E, no interior do Brasil, conforme cita Pablo Villarrubia Mauso, "muitos viajantes e bandeirantes da época colonial se espantavam ao descobrir que existiam em regiões remotas índios com traços brancos, às vezes de olhos azuis e cabelos louros".[11]

Depois foi a vez de Kalamy, outro discípulo do Mestre — este por opção e amor aos homens do Planeta Azul —, desejar atuar com 8 discípulos do Mestre na região do estado atual do Piauí, precisamente onde hoje existem as ruínas das chamadas Sete Cidades, na época foco da mais baixa magia negra.

Estando essas atribuições consumadas, todos deixaram o monastério, cada vimana seguindo o destino determinado, três para o alto Amazonas, uma para o Piauí e a do Mestre, Uruc-

---

cobertas parece-nos ser a efetuada a partir das imagens do RADAM (projeto do Ministério das Minas e Energia, do Departamento Nacional de Produção Mineral) de um LAGO EXTINTO, de enormes proporções — 400 km de extensão e 80.000 Km quadrados, ocupando parte dos territórios do Brasil e Guiana. Tudo indica tratar-se do legendário lago Parime, em busca do qual milhares de expedicionários perderam suas vidas". E adiante: "EL DORADO ou PAITITI, o LAGO MANOA, eram bem reais". E acrescenta: "Novas informações nos mostraram que a diferença de vegetação verificada acima e abaixo das marcas nas serras devia-se ao fato de que a água do lago tinha sido salgada". É perfeitamente possível que esse imenso lago seja o que restou do mar interno que cortava o norte e nordeste do Brasil em épocas remotíssimas e ligava os dois oceanos, Atlântico e Pacífico.
10 Siegfried Huber, *O Segredo dos Incas* (Itatiaia, B. Horizonte, 1958, pp. 61-61).
11 Pablo Villarrubia Mauso, *Mistérios do Brasil* (São Paulo, Mercuryo, São Paulo 1997, p.199).

-Sadic, Turyac-Hama e os dois discípulos para a região desértica próxima de Nazca.

Na planice pedregosa e árida próxima a Nazca, Aramu--Muru realizou novos prodígios, segundo a visão de Uruc-Sadic e Turyac-Hama, que tudo observavam maravilhados.

Colocando sua vimana parada no ar a alguns metros do solo e acionando uma pequena alavanca no painel de comando da nave, projetou um jato de luz colorida contra o chão, produzindo um profundo sulco; então, movimentando o aparelho voador, sempre próximo do solo, começou a fazer diversos desenhos, sulcos em várias direções.

— Indicações para pouso das naves dos meus irmãos dos céus[12] — disse Aramu-Muru.

— E a grande aranha, bem no centro dos outros desenhos? — perguntou Uruc-Sadic, cheio de curiosidade.

— Suas patas são indicações das trilhas a serem seguidas.

Os desenhos eram bem nítidos e de uma coloração amarelo vivo, fazendo contraste com o solo enegrecido, o que pôde ser bem observado quando a vimana subiu a uma determinada altura.

Durante vinte luas, Aramu-Muru ficou com seus dois discípulos alojado no Templo do Sol. Neste período, Uruc-Sadic foi instruído pelo grande Mestre nas ciências ocultas e na história passada do Planeta Azul.

Ainda hoje, passados todos esses anos, Uruc-Sadic tem na memória as palavras e ações do Grande Mestre durante sua permanência entre o povo de Tawantinsuyo. Quando Aramu-Muru se despediu, depois de abençoar o Sumo Sacerdote, desaparecendo no horizonte com sua vimana, ele pôde ver florescer o Império guiado pelas instruções e pela direção de Manco-Capac.

Quando caía a tarde, na porta do templo do Sagrado Inti, Uruc-Sadic, sem faltar um dia sequer, postava-se imóvel na direção onde se punha o Sol, esperando talvez mais uma vez avistar no horizonte a vimana prateada do grande Aramu-Muru.[13]

---

12 Nota do Autor: As Linhas de Nazca constituem um dos maiores enigmas planetários. Um conjunto portentoso de figuras animais e geométricas, algumas com até 280m de comprimento, cobre uma extensão de 520 km quadrados da árida planície de Nazca, no litoral sul do Perú. O mistério é que as figuras só podem ser percebidas em sua forma completa vistas do ar, algumas de uma altitude de 300 m. As pretensas explicações "oficiais" não conseguem disfarçar o óbvio: as linhas foram traçadas por e para seres que voavam.
13 Vide anexo 1.

2
Ollantay

Ollantay vestiu a túnica de linho alvo bordada com fios de ouro, ajeitou o cinturão de couro de lhama, de onde pendia, de uma bainha de prata trabalhada, a espada curta de copa dourada reluzente. Seu servo o ajudou a vestir a comprida capa de várias cores, ajeitando-a nos ombros largos do seu senhor.

— Como estou, Andi-Car? — perguntou Ollantay, mirando-se em um espelho de prata polida, que refletia de modo precário sua imponente figura.

— Ótimo, senhor! O general é o mais formoso, o mais elegante em toda Tawantinsuyo!

Ollantay vinha de uma linhagem de generais que remontava ao seu tataravô e, nesse dia, o mais importante para ele, preparava-se para a solenidade em que receberia das mãos do Imperador o título de "Titã dos Andes". Havia sido agraciado com essa honraria depois de ter dominado uma rebelião, quase às portas da cidade, quando no auge da batalha, lutando sozinho contra quatro rebeldes, matara dois deles, ferindo os outros mortalmente.

Ollantay era muito forte. Alto, busto musculoso, pernas e braços possantes, rosto maciço, que dava impressão de ser entalhado a cinzel na pedra bruta, queixo quadrado e boca voluntariosa um pouco pequena para o tamanho do rosto e olhos negros, que tanto podiam brilhar de ódio, como de amor; aí então essa fisionomia bruta se transformava, e as virgens casadoiras e mesmo seus amigos mais íntimos diziam que "se tratava de um gigante com rosto de anjo".

Enquanto Ollantay dava os últimos retoques em sua indumentária em frente do espelho de prata, Andi-Car trouxe, em uma taça de oricalco, o vinho forte fermentado, produzido nos altiplanos próximos ao lago Titicaca.
— Essa é a própria bebida dos deuses! — exclamou o general, sorvendo quase de um só gole seu conteúdo.
— Por certo, senhor.
— Deste o recado para Coyllur?
— Dei, meu senhor.
— E ela, Andi-Car? E ela, como estava?
— Se me permite, senhor, linda como sempre.
— Sei, sei... Quero saber se ela irá ao encontro marcado?
— Irá, meu senhor. Depois da cerimônia, Coyllur, "a mais bela", estará esperando-o com suas escravas no átrio do Templo das Sementeiras.

É necessário que se diga que a expressão usada por Andi-Car, "a mais bela", não era de modo algum impertinência ou abuso; era como todos chamavam Coyllur, a filha mais velha do Sumo Sacerdote Uilac-Hama.
— Mais alguma coisa?
— Sim, meu senhor. Soube por alguns carregadores das caravanas que se dirigem ao oeste do Império que têm visto, já por várias vezes, homens de Ruta[1] acampados nas praias, em locais em que não podem ser vistos pelos capitães do cais central da cidadezinha próxima.
— Tens certeza dessa informação?
— Tenho, meu senhor.
— E como sabem que são homens de Ruta?
— Pelas suas roupas e a coloração amarela de sua pele.
— Ruta sempre manteve boas relações com nossa terra — disse Ollantay mais para si mesmo.
— O senhor não ignora que Ruta faz parte de Aztalan, e o Império do leste sempre teve o maior interesse em Tawantinsuyo, em nossas minas de ouro, prata e pedras preciosas.
— Acho um pouco difícil eles terem vindo do outro oceano, atravessado a grande cordilheira para chegar até nossas costas — disse pensativo o general.
— Meu senhor se esquece da outra rota.

---

[1] Ruta: era uma das duas enormes ilhas que faziam parte do que restara da Grande Atlântida. A outra ilha era Daytia.

— Que rota?
— Atravessando a grande floresta, Baratzil, a Terra das Estrelas, pelo seu mar interno, que liga os dois oceanos.
— Teriam que vir em grandes barcos. Esses carregadores falaram que viram grandes barcos fundeados?
— Não, meu senhor, sobre barcos não falaram.
— Devem ser boatos, Andi-Car. Boatos, falatórios de desocupados.
— Se me permite, general, acho que o senhor devia investigar.

Ollantay não disse nada. Escutou apenas a sugestão de seu servo, que já o acompanhava desde criança, pois fôra serviçal de seu pai, o que justifica a intimidade entre os dois, que possibilitava Andi-Car fazer tais comentários com o general.

Ollantay enrolou a ponta da comprida capa em uma das mãos e saiu apressado.

— Que o sagrado Inti o acompanhe, senhor — ainda ouviu seu servo dizer.

Coyllur preparava-se com esmero para a cerimônia, onde seu amado seria homenageado pelo Imperador. Ima-Aluê, sua escrava particular, adentrou sem aviso, agitada, seus aposentos.

— Que foi dessa vez, Ima-Aluê?
— Seu pai, senhora.
— Que tem meu pai?
— O Sumo Sacerdote manda avisar-lhe que a senhora já está atrasada para a cerimônia.
— Que espere! Só vou estar pronta quando acabar de me vestir — disse com maus modos, despedindo as duas escravas que a ajudavam. Encarou Ima-Aluê: — Volta, volta até meu pai. Diz-lhe que estou pronta e depois manda virem até aqui os carregadores com minha liteira. Avia-te, menina!
— Posso ir com a senhora? Queria tanto!

Coyllur ficou olhando algum tempo para sua escrava sem dizer nada. Afinal, Ima-Aluê era de toda confiança e sempre a ajudara levando seus recados para Ollantay.

— Está bem! Mas anda logo, criatura, o Sumo Sacerdote, meu pai, não pode ficar esperando a vida inteira. — E mudando completamente de assunto: — E minhas irmãs, estão prontas? — Porém antes que Ima-Aluê respondesse, retirou-se para um aposento interior.

Coyllur era linda e não era à toa que todos a cognominavam de "a mais bela". Cabelos negros levemente ondulados, rosto oval de tez cor de cobre, olhos castanhos escuros, grandes e sonhadores. O talhe fino, de proporções harmoniosas, ondulava quando caminhava, imitando os grandes felinos.

Suas duas irmãs mais novas adentraram os aposentos de Coyllur, rindo e conversando alegremente, atitude própria dos adolescentes. Ayllur e Ceyllur eram também muito bonitas e bastante parecidas com a irmã mais velha.

— Coyllur! Coyllur! — gritaram a uma só voz, batendo palmas. — O pai já está pronto e a tua espera.

— Já estou indo — respondeu Coyllur do outro aposento, reunindo-se logo em seguida às duas irmãs.

Antes da cerimônia que homenagearia Ollantay, na pirâmide-templo "Condor de Ouro", na enorme esplanada do "Conselho do Sol", vamos encontrar o Sumo Sacerdote Uilac-Hama reunido com o grande Imperador Tupac-Yupanqui.

— Estranhei bastante sua insistência em ter uma entrevista a sós comigo antes da celebração em homenagem ao general Ollantay, disse o Imperador, olhando o sacerdote de forma inquisidora.

— Perdão, grande rei, mas tomei conhecimento de fatos importantes e, por esse motivo, tive pressa em relatar-vos o que soube.

O Imperador era um homem muito alto, magro, maçãs do rosto salientes, queixo fino, algo pontudo, que lhe dava a aparência, visto de perfil, de cara de águia em corpo humano. Os olhos eram negros, pequenos, e a boca de lábios finos, quando raramente ria, repuxava-se num esgar sinistro. Todo paramentado, trajava-se com uma túnica amarela, inteiramente bordada com fios de ouro, que descia até os pés, calçados por sandálias de couro de lhama. Sobre a túnica, soberba capa carmezim; na cabeça, uma coroa rendada de ouro puro, tendo na parte frontal três esmeraldas, brilhantes, gemas límpidas, de grande valor. Em volta do pescoço, o "illantu" de sete voltas, símbolo de sua realeza. Nas mãos, um bastão redondo, parecendo uma bengala, tendo no punho a enfeitá-lo várias penas coloridas.

Havia um grande contraste entre o Imperador e o Sumo Sacerdote. Uilac-Hama era baixo, cheio de corpo, rosto redondo e vermelho, boca carnuda, olhos cinzentos, um pouco repuxados, o que lhe conferia o aspecto, para quem não o conhecesse, de um homem agradável e bonachão. Quem assim pensasse, enganava-se redondamente. Uilac-Hama era frio e calculista, exercendo no cargo de Sumo Sacerdote poderes quase ilimitados no reino.

A sala em que o Imperador recebeu o sacerdote era vazia de mobiliário, com exceção de um trono de madeira, espaldar alto, onde se sentou, mantendo Uilac-Hama de pé a sua frente.

— Pois diga-me, que assuntos importantes são esses? — perguntou Tupac-Yupanqui, iniciando o diálogo.

Uilac-Hama custou um pouco a responder e, procurando medir suas palavras, meio reticente, balbuciou:

— Grande Imperador..., ungido do Sol, o sagrado Inti...

O outro cortou sua frase:

— Aos fatos, não temos todo o tempo do mundo. As obrigações decorrentes do meu cargo exigem rapidez.

— O problema é Ollantay.

— Ollantay? Mas não vai o general ser agraciado daqui a pouco com a maior honra do Império?

— Vai, senhor.

— E então? Como pode Ollantay ser problema? Não entendo aonde quer chegar.

— Meu senhor — e o Sumo Sacerdote curvou-se reverente —, trata-se de uma comunicação, diria que um vaticínio.

— Vaticínio! Que vaticínio?

— O grande deus Manco-Capac esteve comigo em minhas preces.

— Nas suas preces?

— Sim, majestade, esteve comigo em corpo visível, no altar do templo.

— Tu o viste?

— Como estou vendo vossa graça, Senhor do Sol!

Já se haviam passado 3.920 anos e o Segundo Raio começara a atuar. Nessa época, Manco-Capac havia-se transformado em um mito, uma lenda, mas era reverenciado e cultuado como um deus.

— Mas conta-me! O que disse Manco-Capac? Que seja para sempre seu nome louvado!

— Ele deseja, grande rei, para a felicidade futura de toda a terra Tawantinsuyo, que minha filha Coyllur despose vosso filho, o príncipe Tupac-Icá.

— Ele pediu isso? — perguntou o Imperador, soerguendo-se do trono, não parecendo estar totalmente convencido.

— Pediu, meu senhor, em voz alta, bastante audível.

— Mas não existe um compromisso entre o general e sua filha?

— Compromissos podem ser desfeitos.

— Mas qual a razão para o príncipe herdeiro casar-se com sua filha?

— O Divino Manco-Capac determina que essa união seja realizada para que se fortaleça a dinastia real — disse Uilac-Hama.

O Sumo Sacerdote era ambicioso e o que pretendia realmente era com essa união tornar-se mais poderoso e, como o príncipe herdeiro era um fraco, desde tenra idade minado por doenças hereditárias, causadas por casamentos consangüíneos, quem reinaria de fato seria ele. Por sua vez, o Imperador era supersticioso, temeroso da ira dos deuses, totalmente submisso às imposições religiosas; dessa forma, sem condições para se opor à autoridade clerical. Mesmo assim, ainda tentou argumentar.

— Pretendia casar Tupac-Icá com sua irmã mais velha.

— Com todo respeito, divino representante do Deus Sol, embora possa parecer suspeito, pois, afinal, trata-se da minha filha, acho que deveríamos seguir as determinações do deus.

— E o general? Deves convir que ele é um herói nacional!

— Um deus é maior e mais importante que um general, mesmo sendo este um herói.

— Mas como posso fazer isso? — continuou reticente.

— Vossa alteza pode tudo!

— Mas como procederíamos? Ollantay é muito querido por seus homens, sem falar no povo que o idolatra. Temo que haja uma revolta.

Uilac-Hama, velha raposa ardilosa, não titubeou.

— Penso, meu senhor, que tenho a solução adequada.
— Qual?
— Soube, por meio de meus informantes, que tem havido invasões na costa oeste por homens de Aztalan.
— Onde precisamente?
— Em uma pequena cidade próxima à costa, às margens do mar que atravessa ao norte nossa terra.
— Existem provas concretas?
— Existem, meu senhor. Meu plano é simples e será bastante eficiente.
— Não entendo o que pode ter essa invasão a ver com o casamento do príncipe herdeiro com sua filha.
— Como disse, divino filho do Sol, meu plano consiste em mandar o general com alguns homens para essa região. Direis que nossa terra está em perigo. Uma campanha dessas é feita com várias luas de ausência, quem sabe, um ou dois ciclos solares menores. É o tempo suficiente para que se faça o casamento ordenado por Manco-Capac. Quando Ollantay voltar vitorioso, o fato estará consumado.

O Imperador escutou calado Uilac-Hama. Sabia do poder dos sacerdotes junto ao povo e à própria nobreza. Sabia o quanto poderiam ser cruéis, usando práticas mágicas e sujeitando até mesmo os militares, que sustentavam o poder. "Essa união", raciocinava Tupac-Yupanqui, "não seria de todo má e ainda poderia contar com o apoio de todo o clero. Por outro lado, Ollantay, combatendo na costa, longe da capital, nada poderia fazer, pois, chegando, já encontraria a filha do Sumo Sacerdote casada com meu filho".

Uilac-Hama, que esperava a decisão de seu Imperador, arriscou:
— Será uma missão militar em defesa da terra que nós todos amamos. Nem mesmo o general poderá suspeitar que houve traição.
— Achas que essa campanha levará em torno de dois ciclos solares menores?
— Tenho certeza, divino!
— E sua filha? Como receberá essa decisão?
— Minha filha, além de submissa, dócil, obedece-me cegamente. Depois, meu senhor, ela reconhece que eu sei o que é melhor para ela.

— Vou impor minha soberana vontade junto ao Conselho do Sol hoje mesmo — disse o Imperador, com profunda ruga a lhe sulcar a testa.
— Como assim, divino?
— Precisamos antes de mais nada fazer de Coyllur uma princesa.
— Uma princesa?
— Sim, Uilac-Hama, sua filha deverá estar à altura do príncipe herdeiro.
— Uma cerimônia de entronização?
— Sim, mas, antes disso, precisamos fazer crer para toda a nobreza, para o Conselho dos Anciãos, para os sábios e os "Ayllues" que Coyllur é uma de minhas filhas, criada no templo pelo Sumo Sacerdote. Direi que foi entregue a ti em tenra idade para ser educada e preparada para ser mulher do príncipe herdeiro.
— E se não aceitarem essa história como verdadeira?
— Quem se oporia a minha vontade, a minha palavra? — E não deixando o outro responder — E essa não é a vontade de um deus?
— De fato, meu senhor, um deus que nós veneramos e obedecemos incondicionalmente.
— Seja feita minha vontade e a do divino Manco-Capac — disse Tupac-Yupanqui.
— Devo tomar logo todas as providências? — perguntou o Sumo Sacerdote.
O Imperador ficou calado alguns instantes; por fim, decidiu-se.
— Pode tratar dos esponsais. — E, levantando-se, aparentando a maior dignidade, saiu da sala.

A cerimônia era magnífica. A esplanada do Conselho do Sol estava toda embandeirada com flâmulas vermelhas e azuis, erguidas em postes de madeira, formando um semicírculo em torno da praça. A multidão se acotovelava, olhos fixos na entrada da pirâmide-templo do "Condor de Ouro". Ao lado, nos primeiros degraus, um conjunto de doze músicos vestindo um balandrau azul e vermelho não parava de tocar uma melodia alegre, cheia de floreios, pelas flautas transversais de madeira. Subitamente a música parou, fez-se silêncio enorme na esplanada, assomando à porta do templo as vinte e uma virgens do Sol. Todas trajavam batas curtas, rosa-claro, transparentes, acima dos joelhos, e logo começaram a dançar nas escadarias da pirâmide-templo.

As virgens do Sol pouco apareciam nas inúmeras festividades, viviam encerradas no templo Inti-Chinan, onde entravam aos oito anos de idade, e eram denominadas de "Acllas".

Mal terminaram as danças ritualísticas, as Acllas permaneceram no último degrau, à esquerda da porta de entrada. Logo apareceram as altas autoridades e a nobreza do reino; à direita entrou o Sumo Sacerdote secundado por seus auxiliares, por entre aplausos da multidão que não parava de ovacionar as virgens do Sol. Os sacerdotes, postados lado a lado, fizeram um corredor humano para receber o imperador e o príncipe herdeiro. A entrada dos dois, debaixo de uma chuva de pétalas de flores, foi triunfal. Os tambores rufaram e as flautas entoaram uma melopéia repetitiva, um mantra que as virgens do Sol cantaram. Quando Ollantay surgiu, descendo as escadarias, foi um delírio geral, a multidão aplaudia e gritava seu nome sem parar, e foi a muito custo que o Sumo Sacerdote conseguiu fazer-se ouvir, depois que o general colocou-se a sua frente.

— Investido do poder do sagrado Inti — começou Uilac-Hama, com sua fala repetida pelos arautos dispostos em posições estratégicas para aquela massa humana não perder uma só palavra —, em nome do meu Imperador, o filho do Sol, possa conferir ao general Ollantay o título de "Titã dos Andes", nome pelo qual será conhecido e chamado.

Frenético, o povo foi à loucura, aplaudindo e não parando de gritar: "Viva o Titã dos Andes, viva o general Ollantay!"

O Imperador desceu um degrau e, em frente ao homenageado, entregou-lhe um Ilantu de três voltas, símbolo da dignidade de seu novo título. Ollantay tirou seu Ilantu de duas voltas do pescoço e colocou o que o Imperador lhe entregara.

— Que o sagrado Ilantu jamais deixe desaparecer, enquanto vivas, a Huaca do Deus Sol! — recitou o Imperador as palavras do cerimonial.

— Nem a morte possa retirar a Huaca do Deus Sol, para

que no outro mundo possas combater e vencer os demônios das sombras. — E o Sumo Sacerdote, colocando a mão direita na cabeça descoberta do general, pronunciou as palavras sagradas em devanagari, a linguagem dos devas.

A música recomeçou; as virgens do Sol, bailando em volta do general, com ânforas de barro nas mãos, despejaram sobre sua cabeça pétalas de rosas. Depois, a sacerdotisa principal das Acllas colocou em Ollantay uma coroa de ouro, entregando-lhe um bastão, idêntico ao do Imperador, enfeitado na parte superior com penas de condor.

O Sumo Sacerdote de novo recitou, solene, as palavras da cerimônia:

— Ollantay, filho do Sol, Titã dos Andes, invisto-te com a realeza da sublimidade entre os mortais, a agilidade, a visão e a liberdade do condor, que impera soberbo pelos espaços; a sabedoria dos sábios anciões, os "Amautas";[2] a vontade dos deuses imortais; a atividade dos guerreiros invencíveis; e a coragem e força do jaguar — terminou, entregando ao general um anel, que tinha gravada em relevo a figura de um jaguar.

Nova tempestade de ovações; a música voltou a tocar, enquanto, antes de se retirarem todos para o interior da pirâmide-templo, os olhares de Coyllur e Ollantay se encontraram. Os olhos da moça brilhavam, seus lábios entreabertos pareciam dizer: "Ollantay, meu amor, eu te amo".

O "Titã dos Andes", nessa hora, teve certeza de que muito em breve aquela donzela seria sua.

---

[2] Nota do Autor: "Amauta", os sábios do reino.

3
Paititi

Thamataê acendeu um círio votivo para a Divindade Solar, no altar central do Templo de Cristal Rosa. Esperava o Maha--Deva, seu Mestre, que lhe traria novas instruções do Sagrado Sanat-Kumara.[1]

As três vimanas comandadas por ele haviam chegado àquela pequena aldeia de gente simples e pacata que vivia da caça e da pesca. Thamataê lembrava-se bem, fôra há 3.900 anos que ele e os quinze discípulos de Aramu-Muru tinham sido recebidos como deuses vindos do céu, o que muito facilitara seu trabalho de direção e implantação das diretrizes para poder governar aquela comunidade.

Inicialmente, Thamataê e seus quinze Instrutores separaram as mulheres mais jovens, cujo biótipo melhor se aproximava do modelo idealizado por eles, e todas foram inseminadas artificialmente, com material genético fornecido pelos venusianos, a fim de modificar o DNA desses nativos para a criação de uma nova raça. O povo dessa aldeia era bem mais baixo que Thamataê e seus Instrutores, que mediam cerca de 3 metros de altura e eram de cor branca, enquanto que os habitantes dessa região tinham pele escura e mediam no máximo dois metros.

À época, existiam no planeta três raças distintas: AMU (amarela); HALASIU (negra); e ROT (vermelha). De Rot talvez se origine o nome de uma das ilhas da Atlântida, Ruta. A nova raça viria a ser a branca, de nome TAMAHA.

---
1 Sanat-Kumara: o Senhor do Mundo. Poderoso Adepto do Esquema de Evolução do planeta Vênus.

A seleção foi gradativa. Quando as primeiras mulheres escolhidas deram à luz, as meninas foram novamente selecionadas, e as mais aptas, ao atingirem a idade adulta, receberam nova inseminação. E assim sucessivamente, até conseguir um biotipo o mais aproximado possível do modelo dos Homens do Espaço. Para tanto, as modificações no DNA terrestre resultaram no aumento do número de neurônios e da massa encefálica, com a conseqüente dilatação da caixa craniana.

Com o passar dos séculos, havia naquela região duas raças distintas: uma de cor morena-clara; outra escura, de tom avermelhado. Foi proibida a geração de filhos dessa segunda raça, o que redundou, depois de algum tempo, na sua extinção, reinando na enorme região amazônica a raça criada pelos viajantes do espaço.

(Não terá essa intervenção algo a ver com o "hiato genético" detectado por um paleogeneticista do Instituto Max Planck, da Alemanha, entre o Homem de Neanderthal e o Homo Sapiens? Este parecia um descendente natural daquele, até que a comparação do DNA de ambos revelou não serem iguais. O que teria acontecido no caminho?)

Concomitantemente com a seleção biológica, Thamataê começou a construção da grande cidade. As vimanas varreram a selva, destruindo a vegetação de proporções ciclópicas, queimando com seus raios de luz, bem parecidos com nosso "laser", uma área de 80 quilômetros quadrados. Usando a força do "vril",[2] cortaram enormes blocos de pedras em diferentes tamanhos e, usando a inversão da gravidade, colocaram essas pedras nos locais já previamente idealizados por eles. Os nativos foram de grande importância, pois colaboraram em diferentes trabalhos auxiliares como operários instruídos por esses visitantes do espaço, a quem passaram a obedecer e cultuar como deuses. Isso facilitou o trabalho de construção, instalação e funcionamento das cidades criadas.

A cidade central, que foi batizada com o nome de Ophir, era circular. Na parte externa, tinha um fosso de 50 metros de largura e 25 metros de fundo, cheio de água canalizada do mar amazônico. Por trás do fosso, uma alta muralha, feita de gigantescos blocos de pedra, unidos sem cimento algum, perfeitamen-

---

[2] Vril: era a força sideral, desconhecida atualmente e que eles denominavam de Mash-Mak, uma combinação de energias solares.

te encaixados pela técnica de planos paralelos opostos, com mais de 20 metros de altura e 8 de espessura, possuindo a espaços regulares em toda sua extensão circular enormes portas de madeira maciça, tendo em cada uma delas uma guarita suspensa com um guarda armado. Logo atrás das muralhas, as residências da população. As casas eram de formato quadrado, baixas, caiadas de branco, e todas possuíam no telhado placas móveis de um material polido para captar os raios solares, pois toda iluminação de Ophir era feita por meio da energia proveniente do Sol. Todas as construções da cidade eram dotadas de calhas, em posições estratégicas nos telhados, que desciam até enormes cisternas feitas para acumular a água das chuvas, que nessa época eram torrenciais. A água era encanada, os cômodos eram amplos e bem ventilados. Um pátio interno tinha em toda sua volta pequenas salas para as mais diferentes funções e ao entardecer era coberto por uma rede de malha fina para impedir a invasão dos insetos, que eram gigantescos.

Por trás das residências, situavam-se os prédios públicos, os templos e, bem em seu centro, a Pirâmide-Templo de Cristal Rosa, moradia de Thamataê e seus quinze Instrutores. Ao seu lado, o palácio real, onde habitava, após 100 anos da existência de Ophir, um membro daquela comunidade, escolhido pelo Mestre para ser rei e governar. Da pirâmide de cristal e do palácio real saiam sete ruas, eqüidistantes umas das outras, pavimentadas de lajotas brancas, em direção a sete templos de forma piramidal. Cada um deles tinha um sacerdote dirigente, subordinados ao templo de cristal rosa.

Os sete templos eram: TEMPLO DO SOM, onde eram cantados mantras cerimoniais para propiciar correntes de energia positiva, veiculada pelos Gandarvas, Devas do som; TEMPLO DA DANÇA, presidido por uma sacerdotisa, que por meio dos movimentos rítmicos imitava a dança dos astros, para entrar em sintonia vibratória e harmonia com todo o cosmo, em especial com os espíritos da natureza; TEMPLO DA COR, que realizava tratamentos dos desequilíbrios energéticos por intermédio da cromoterapia; TEMPLO DA SAÚDE, das operações cirúrgicas, nesta época bastante adiantadas, e do tratamento pelas ervas, das quais eram conhecedores profundos; TEMPLO DA JUSTIÇA, onde eram aplicadas as leis do Império e se realizavam os julgamentos; TEMPLO DA COMU-

NICAÇÃO, que fazia a divulgação por intermédio de rolos de papiro, pois esse povo já conhecia a escrita, da história das raças humanas, das terras além dos mares conhecidos, da criação e evolução do Planeta Azul, dos costumes, das regras e toda e qualquer comunicação importante dos sacerdotes dirigentes dos outros templos, conferências públicas e a transmissão dos avisos e informações do Imperador e do grande Sumo sacerdote Thamataê; e finalmente o sétimo Templo, o TEMPLO DA LUZ INTERIOR, onde se aprendia a desenvolver a comunicação com os mundos superiores, com lições práticas e teóricas, a usar os sete chacras principais, para aprimorar a forma correta de usá-los visando a aumentar a clarividência e a clauriaudiência, viagens fora do corpo no mundo astral, telepatia e, no caso dos discípulos mais adiantados, viagens no mundo mental. Esse templo, dos mais importantes, era dividido em dois prédios, que funcionavam sob a direção de um único sacerdote.

Na frente desses templos, ao redor deles, o Palácio das Armas, que atuava na defesa do Império e comandava todas as forças armadas de Ophir; o Palácio do Lazer, da leitura e jogos para a diversão de todos; o Palácio das Artes e o Palácio das Reuniões, onde se realizavam encontros e cursos para o aprimoramento e maior cultura de toda a população.

Lembremos que esse modelo de cidade era inspirado nos padrões altamente evoluídos da cultura dos colonizadores extraterrestres.

Ao lado desses palácios, sete grandes silos serviam para armazenar todo o alimento, que era distribuido equitativamente para cada classe ou cargo ocupado pelos habitantes do Império.

Fora das muralhas, campos cultivados pelos encarregados da agricultura. Um templo ali situado, o Templo das Sementeiras, fazia a distribuição dos trabalhadores do campo e suas tarefas. Thamataê trouxera de seu planeta o milho, o trigo e as abelhas, desconhecidos no Planeta Azul, e que seriam pouco depois usados no continente da Atlântida.

Já haviam sido criadas outras seis cidades, do mesmo tamanho e arquitetura de Ophir, a distâncias regulares ao redor dela. Nesse período da história de Paititi, estudava-se a criação de nova cidade no interior do Baratzil, onde hoje se situa o Estado do Mato Grosso, o que mais tarde se concretizou; foi a mítica e esplêndida civilização da cidade de Ibez.[3]

Lembremos que Ophir situava-se no Estado do Amazonas, entre as cidades de Jutaí, Envirá e Pauini da atualidade; e Ibez, nas proximidades da atual cidade de Barra do Garças, próxima à Serra do Roncador.

Não possuía o povo de Paititi qualquer seita ou religião organizada. Adoravam um Deus único, representado no céu pelo Sol e nos seus templos pelo fogo sagrado que ardia nos altares. Sua forma de governo era monárquica. Havia um sacredote supremo, Thamataê, e um imperador eleito pelos sacerdotes principais, e ambos comandavam os destinos de Paititi, sendo a palavra final reservada ao primeiro, o grande Mestre do Templo de Cristal Rosa.

Transcorridos 800 anos, aqueles quinze instrutores voltaram para seu planeta de origem, embarcando na enorme nave-mãe que, a grande altura, invisível aos terráqueos, os aguardava. Tudo isso fazia parte de um plano predeterminado pelos Dirigentes Planetários. Thamataê, cumpridas as primeiras etapas, devia permanecer sozinho à frente de sua nova pátria, Paititi.

---

3 Depois de concluída esta obra, veio-nos às mãos uma curiosa informação coincidente, de Serge Hutin, pesquisador francês, no livro **Homens e Civilizações Fantásticas** (Hemus, 1976). Refere-se ao livro "O Segredo dos Andes", publicado na Inglaterra por um alto dignitário de diversas sociedades secretas iniciáticas, que revela apenas seu prenome — irmão Philippe:"Este testemunho extraordinário traz incríveis revelações sobre a sobrevivência secreta, na América precolombiana, de toda a herança espiritual, científica e oculta, tanto da Lemúria quanto da Atlântida (...) Em 1957, a Ordem da Mão Vermelha enviou uma expedição arqueológica, sob a direção do Irmão Philippe, que se dirigiu para o Este, em direção das cidades misteriosas de Paititi, para as cidades atlantes escondidas no coração do "Inferno Verde" da selva sul-americana. A 10 de julho de 1957, ela descobriu ruínas fantásticas, com extraordinários monumentos, como uma rocha cobertas de inscrições em língua desconhecida, e petrógrifos. Uma das figuras simbólicas representava um rapaz com capacete mostrando o Ocidente, direção da cidade perdida e da Atlântida submersa. As lendas da tribo Machigugenga, tribo indígena que ocupa o território onde se encontraram as ruínas, indicavam — pormenor capital — contatos que seus antepassados tiveram com os "povos do céu"; eles narravam a série de catástrofes que se tinham produzido no curso desse longínquo passado, época sem dúvida do afundamento da Lemúria, do levantamento dos Andes e de Tiahuanaco a muitos milhares de metros acima do nível do oceano à margem do qual tinha sido construída a "cidade dos gigantes". Os exploradores tinham chegado, pensavam eles, às próprias paragens da "cidade perdida de trinta cidadelas" que os próprios Incas, que não eram absolutamente os primeiros ocupantes dos Andes, tinham já, antes dos espanhóis, procurado em vão. (...) Sabe-se que muitos OVNIs foram assinalados na América do Sul; é porque a confederação do espaço tem uma base perto dos restos da cidade perdida. Finalmente, essas bases não seriam imensos labirintos subterrâneos em Mato Grosso, assim como na Amazônia? (pp. 97 e segs.)

Ao encontrarmos Thamataê no Templo de Cristal, após essa enorme cifra de anos transcorridos, devemos lembrar ao leitor que isso era possível porque ele mantinha sua aparência física inalterada, criando pelo poder da vontade e da mente a energia de sua corrente vital.

Thamataê saiu de dentro de seu mundo de lembranças e foi receber no átrio do templo seu Mestre, o Maha-Deva. A luz dourada que emanava de sua figura quase cegava, tornava difícil distinguir os contornos de seu corpo, que dava impressão de transparente no meio daquele jorro de luz. Mesmo assim, podia-se vislumbrar seu rosto de linhas perfeitas, tendo bem definidos e visíveis seus olhos azuis límpidos, inundados pela claridade suave de tom dourado. O corpo criado por aquele maravilhoso ser era realmente esplendoroso.

Thamataê juntou as palmas das mãos em frente ao peito, curvando a cabeça.

— Salve Maha-Deva, Sol dos sóis!

— A paz seja contigo, meu filho!

Thamataê conduziu o grande Mestre para o salão principal do templo.

— Aguardava ansioso vossas instruções — começou.

— Tenho que reconhecer que fez um excelente trabalho nessa terra, que será precursora de importantes fatores básicos para a futura raça do terceiro milênio.

— Em um futuro muito distante, a milhares de séculos, não é exato, Mestre?

— Sim, meu filho, mas veja bem: tudo é feito baseado no que já está estabelecido. Eu explico — disse, reparando que Thamataê não havia entendido direito. — O presente é o filho do passado, o futuro o produto do presente.

— Entendo, Mestre.

— O universo manifestado é uma enorme caixa de ressonância e se encontra no âkâsha, o eterno presente, a memória da natureza, a raiz da manifestação de todas as coisas ali arquivadas. Tudo no plano subjetivo é um eterno "é" como tudo no plano objetivo está sempre "vindo a ser". Porque tudo, meu filho, é transitório. Assim, toda a história, passada, presente e futura da humanidade, encontra-se gravada nesse âkâsha e dali os Dirigentes planetários tiram os modelos futuros, aprimorados, é claro, pela evolução. O que estás construindo agora, o que

planejaste e executaste, será a base, a causa que dará o efeito do que ocorrerá no distante futuro.
— Compreendo, grande Mestre.
— Bhûmi[4] progrediu de maneira rápida, sua evolução foi acelerada, bem como de todos os reinos da natureza, depois que Shukra[5] adotou teu planeta como seu irmão menor. Seus padrões, seus modelos, bem como de outros Orbes adiantados, serão adotados e repetidos até o final dessa Ronda.
— Outras esferas, outros mundos?
— Sim, meu filho, espíritos da constelação de Capela irão encarnar, em um futuro próximo, juntamente com egos das Plêiades, na Atlântida. Esse acontecimento dará um grande impulso evolutivo na humanidade, que irá somar-se, completar-se com o que tu e os irmãos de Shukra fizeram e ainda vêm fazendo. As raças humanas nascem uma das outras, crescem, desenvolvem-se, envelhecem e desaparecem. As suas sub-raças e nações obedecem à mesma regra. É preciso que esta terra dê testemunho da sua grandeza, que só será conhecida num futuro ainda muito distante. O carma de Paititi consiste em plantar as sementes de uma raça que está por vir, maior e muito mais gloriosa que qualquer outra que existiu. Os ciclos de materialidade serão sucedidos por ciclos de espiritualidade e mentes plenamente desenvolvidas. Essa humanidade do futuro será composta por Adeptos[6] e, dessa forma, raça após raça, realizará a peregrinação cíclica que lhe foi destinada. Séculos após séculos farão surgir novas raças, mas somente para procriar outra raça superior no ciclo ascendente, ao mesmo tempo em que uma série de grupos humanos, os fracassos da natureza, irão desaparecer da família humana sem deixar o menor traço de sua existência. Tal é a marcha da natureza, subordinada ao impulso da lei do carma, natureza esta sempre presente, eternamente em evolução.

Todas essas coisas que te falo agora, meu filho, são para que saibas que teu trabalho e realizações não visam ao presente, mas ao futuro.

Thamataê, após as admiráveis lições do Maha-Deva, que

---

4 Nota do Autor: Bhûmi era o nome, no idioma Senzar, língua do Sol, que alguns autores chamam de Adâmico ou devanagari, que davam ao planeta Terra.
5 Nota do Autor: Shukra era o nome do planeta Vênus. Pitágoras chamava Shukra-Vênus de Sol Alter, o outro Sol.
6 Adeptos: Mestres, Iniciados.

escutara com toda atenção, perguntou:

— Mestre, que podeis me aconselhar sobre a criação de nova cidade, mais para o interior da floresta desta terra das estrelas?

— Vejo um futuro grandioso para essa cidade.

— Pretendo batizá-la com o nome de Ibez.

— Ibez! Ibez! — O Mestre parecia refletir, repetindo o nome da cidade. — Ibez do Império Paititi, junto com a Atlântida, irão constituir-se nas maiores civilizações que essa quarta raça verá nascer.

— Fico feliz em saber, divino Mestre, mas, a propósito, poderia perguntar que destino terá Tawantinsuyo?

— O futuro ainda distante o dirá — respondeu Maha-Deva de forma evasiva. — Posso adiantar apenas que é necessário que as obras ali realizadas, como a Porta do Sol, Machu-Pichu e alguns templos em Nazca e Puno, entre outras, sejam preservadas, mesmo em ruínas, para que as raças futuras possam aprender um pouco o que foi essa grande civilização.

— Compreendo — disse Thamataê com tristeza na voz.

— Além dos grandes progressos já feitos em Paititi, desejo que desenvolvas ao máximo os poderes espirituais desse povo.

— Será feito.

— Desejo também, meu filho, que comeces a procurar um discípulo adiantado, porque se faz necessário que encontres um corpo físico, para nele continuar tua missão.

— Não posso continuar usando esse corpo por mim criado, renovando minha energia vital?

— Não, meu filho, esta energia será futuramente de grande necessidade. Seu desperdício agora seria funesto no futuro. Usarás esse corpo emprestado, durante apenas duzentos anos, não mais que isso. Um dia, mais tarde, tornar-te-ás um nirmanakaya.[7]

O Maha-Deva, com estas últimas palavras, deu por terminado seu diálogo com Thamataê e, abençoando-o, desapareceu da Pirâmide-Templo de Cristal Rosa de Ophir.

Thamataê começou a refletir sobre as palavras do grande Mestre e, procurando no arquivo de sua memória por um discípulo que pudesse ceder voluntariamente seu veículo físico, foi interrompido na cadeia dos seus pensamentos por uma

---

[7] Nirmanakaya: Ser de grande evolução, com "habitat" no mundo astral, para ajudar os encarnados.

mensagem telepática vinda da cidade que ficava a oeste de Ophir.[8]

— Grande Mestre, senhor do Sol — começava a mensagem —, trouxeram a minha presença dois estrangeiros que insistem em serem levados até vossa sereníssima graça.

Imediatamente Thamataê colocou sua mente no mesmo comprimento de onda e, quando sintonizado, perguntou:

— Sabes quem são os estrangeiros?

— Não, meu senhor.

— Sacerdote Pacamac, que aspecto têm os dois?

— Parecem civilizados, de fora desta região, embora suas vestes não passem de molambos, talvez por privações a caminho de nosso Império. Dizem que vieram de longe.

— Disseram de onde vieram?

— Não, meu senhor, mas vou interrogá-los melhor. Ainda não tive tempo de fazê-lo, quis logo vos comunicar, mas assim que tiver mais detalhes vos comunico sem demora. Só posso adiantar que se trata de um homem e uma mulher.

— Faça isso, sacerdote Pacamac — disse Thamataê, bastante intrigado.

Estrangeiros em Paititi eram raríssimos. Durante todos esses séculos, além desses dois, apenas um outro caso se verificara, quase esquecido na poeira do passado.

---

8 Nesse período, a comunicação telepática à distância era comum.

4
Desencontros

Acabara a cerimônia. O átrio do Templo Condor de Ouro estava repleto de convidados, misturando-se sacerdotes, músicos, homens de armas, as virgens do Sol e a nobreza do Império, todos querendo cumprimentar o general Ollantay.
O Imperador, com seu séqüito privado, já se havia retirado, e o homenageado, por entre efusões de abraços, procurava avistar Coyllur. Nada; a moça havia desaparecido, bem como suas irmãs e seu pai, o Sumo Sacerdote.
Cada vez mais aumentava o círculo humano em volta do general, que procurava desvencilhar-se daquele mar tempestuoso de gente, quando quatro homens de armas da guarda pessoal do Imperador, conseguindo varar a verdadeira multidão, postaram-se bem a sua frente. O que parecia ser o comandante elevou a voz, que cobriu por um momento o vozeiro ensurdecedor.
— General Ollantay, Titã dos Andes, eleito do Deus Inti — começou —, nosso Imperador, o Divino Tupac-Yupanqui, ordena que o escoltemos sem demora até sua presença no palácio-templo do Sol Nascente.
Ollantay encarou quem assim falara e, com voz calma, mas bastante audível, respondeu:
— Tenho agora mesmo um sério compromisso no Templo das Sementeiras, do outro lado da esplanada do Conselho do Sol.
— Impossível, senhor! Tenho ordens expressas do Imperador que...
Ollantay o interrompeu.

— Depois de meu compromisso, irei com os senhores ver o Imperador.

Nessa altura, a roda em volta do general já se havia afastado um pouco e podia-se ouvir perfeitamente o que falavam.

— Impossível, senhor! — tornou a repetir o homem da guarda pessoal do Imperador.

— Porque todos que me conhecem dizem que sou um homem paciente, vou falar mais uma vez o que disse anteriormente. Depois de meu compromisso, que é inadiável e urgente, irei à audiência do meu Imperador — e Ollantay, ao final da frase, elevou a voz, em que já se notavam acentos irritados.

— O Sumo Sacerdote Uilac-Hama já avisou sua filha, Coyllur, "a mais bela", de que o general tem um compromisso com o Imperador. Ele manda avisar-vos que mais tarde vai esperá-lo no templo dos dois Jaguares.

Por alguns segundos, Ollantay não disse nada, depois, olhos nos olhos, encarando o homem de armas do Imperador, que impassível permanecia duro em sua frente, disse afinal:

— Vamos! — E sem mais uma palavra seguiu como bom militar, conformado, os quatro homens.

— Reúna suas irmãs, suas escravas e vamos sair logo — disse Uilac-Hama para sua filha Coyllur, que olhava para todos os lados do imenso templo Condor de Ouro procurando pela hercúlea figura de seu amado.

— Sair para onde, pai?

— Para o palácio real, filha. Temos uma audiência muito importante com o Imperador — mentiu o Sumo Sacerdote.

— Mas, pai, o que o Imperador pode querer comigo?

— Ele ordenou que fôssemos até sua presença. Só isso é que sei. Mas vamos, vamos! Não temos tempo a perder e o Imperador não pode ficar esperando-nos!

— Pai! E meu encontro com Ollantay?

— O general já foi avisado. Mais tarde ele virá encontrar-se contigo. Mas vamos! Vamos sair sem demora! — Uilac-Hama estava impaciente.

Coyllur ainda tentou argumentar, mas tudo em vão. O Sumo Sacerdote tinha pressa em tirá-la dali. Uilac-Hama saiu com suas filhas e seus servos, rumando depois apenas com Coyllur para o palácio real.

A esplanada do "Conselho do Sol" era cercada de pirâmides de diferentes tamanhos, todas com escadarias externas, que variavam em número de degraus. Fora dessa enorme esplanada, situavam-se casas suntuosas, pertencentes aos nobres, alto clero e comando militar e político. Essas residências eram amplas, quase todas com suas fachadas de enormes blocos de mármore branco, agrupadas em quadras separadas por jardins, localizadas de acordo com a importância do cargo que cada ocupante exercia no reino. As casas ocupadas pelo povo eram pequenas mas confortáveis, caiadas de branco, com cômodos acanhados mas bastante claros. Todas as residências possuíam água encanada e eram iluminadas pelo aproveitamento da luz solar.

O palácio do Imperador ficava em uma elevação do terreno, de onde se avistava a maior parte da cidade. Ao seu lado, um pouco abaixo, o templo "Dois Jaguares", que era também residência do Sumo Sacerdote.

A liteira de Uilac-Hama com Coyllur dirigiu-se a toda pressa ao palácio Pachamac.[1] Essa construção era magnífica. Sustentada por oito grossas colunas de granito verde, ficava a cerca de dez metros do chão. Na parte inferior, abaixo da construção propriamente dita, ficavam alojados os inúmeros servos do Imperador, sua guarda pessoal, uma infinidade de operários e artesãos, situando-se nos fundos verdadeiros cubículos reservados aos escravos e escravas. Nesta área, podia-se dizer, existia uma pequena cidade embaixo do palácio do Imperador.

A fachada do prédio era inteiramente revestida de mármore verde, em tonalidade mais clara que as colunas, as janelas abriam-se para o exterior em formato oval, tendo para impedir ou regular a entrada de Sol, ou mesmo de poeira e insetos, uma rede colorida, espécie de persiana, que se podia abrir ou fechar conforme o desejo de seu ocupante. O acesso à parte superior era feito através de uma caixa quadrada, aberta na parte frontal, capaz de conter de cada vez vinte e cinco pessoas, subindo ou descendo acionada por cabos fortes que deslizavam em roldanas, presos na parte superior e inferior. Sem dúvida alguma, os protótipos de nossos modernos elevadores.

---
1 Pachamac: Um dos nomes do Deus Sol.

O palácio possuía quarenta cômodos, amplos e arejados, e o salão de audiências era imenso, suas paredes decoradas em alto relevo por cenas que retratavam o deus Manco-Capac, nas mais variadas posições, envolvido pelos raios do Sol. Essas figuras que decoravam todo o interior do salão eram feitas em ouro puro, o que dava uma beleza inenarrável ao ambiente.

O Imperador recebeu o Sumo Sacerdote e sua filha, depois de serem anunciados, neste grande salão, sentado em seu trono de ouro, tendo ao seu lado, em pé, a Imperatriz sua irmã. Ambos trajavam batas douradas, bordadas por fios grossos de prata, mangas largas, quase escondendo as mãos e seus dedos cobertos de anéis. Na cabeça Tupac-Yupanqui trazia a coroa imperial de ouro puro, tendo na parte frontal uma esmeralda do tamanho de um ovo de pomba. A Imperatriz também trazia a cabeça coberta por coroa de ouro rendada e enfeitada por várias esmeraldas pequenas em volta.

Uilac-Hama e Coyllur dirigiram-se ao trono e, a poucos passos dos monarcas, curvaram-se reverentes.

— Salve, grande Imperador, filho único do Deus Sol, Senhor da paz e da guerra, príncipe eleito por Inti como Imperador dos Imperadores! — saudou o Sumo Sacerdote.

— Aproximem-se mais, Uilac-Hama, meu sacerdote maior, e também Coyllur, estrela fulgurante, a mais bela! — retribuiu a saudação o Imperador.

— Estamos em vossa presença para atender qualquer desejo de Vossa Graça! — começou o Sumo Sacerdote.

— Coyllur, deves estar intrigada com esta audiência, não é, minha filha? — E o Imperador, ignorando Uilac-Hama, dirigindo sua atenção para a moça, adoçou a voz, querendo se fazer agradável, mas conservando o cenho carregado e o olhar duro, que sempre aterrorizava seus interlocutores.

— Sim... Sim... Magestade... — balbuciou tímida Coyllur.

— Teu pai já falou sobre a importância de tua presença aqui no palácio?

— Não senhor — a moça continuava cada vez mais tímida.

O Imperador descarregou seu olhar severo sobre o Sumo Sacerdote.

— Como que então, Uilac-Hama, não falaste com tua filha?

— Peço perdão a Vossa Majestade, mas não houve tempo para...

Foi interrompido pelo imperador.
— Não houve tempo? Como não houve tempo?
— É verdade, senhor, com as celebrações e homenagens, não estive sequer um momento com minha filha.
— Ela então não sabe de nada ainda?
— O que deveria saber, augusto Imperador? — conseguiu perguntar Coyllur, voz quase inaudível, temerosa.

O Imperador não respondeu, ficou calado algum tempo, olhar severo endereçado ao Sumo Sacerdote; por fim, olhou para a moça e procurou abrandar sua fisionomia.
— Vem, minha filha — falou com voz branda, — eu e a Imperatriz, Cocha-Sumac, temos muito que te falar. Não tenhas medo. — E dirigindo-se ao Sumo Sacerdote: — Depois falamos. Espera na sala ao lado até te mandar vir a minha presença. Tenho ainda uma incumbência da maior importância para executares. — E levantando-se do trono, dirigiu-se para o interior do palácio, seguido pela Imperatriz, que, de mãos dadas com Coyllur, acompanhou seu rei e senhor.

Ollantay, escoltado pelos quatro homens da guarda pessoal do Imperador, saiu do templo Condor de Ouro atravessando a esplanada, que momentos antes assistira toda sua glória. Aqui e ali era cumprimentado em saudações aos gritos de "Viva o grande Titã dos Andes" ou então "Viva o general Ollantay", que agradecia com um aceno de cabeça.
— Por aqui, senhor — disse um dos homens —, o Imperador em pessoa vai recebê-lo no Templo do Sol Nascente.
— Quanta honra num só dia — disse Ollantay entre dentes e, dando de ombros, começou a caminhar na direção indicada.

Nesse momento, o capitão Kajamac, com um grande sorriso nos lábios, surgiu a sua frente.
— Salve, meu general! — e ato contínuo abraçou-o demoradamente. — É uma felicidade imensa poder estreitar em meus braços o Titã dos Andes.
— Para os amigos sou apenas Ollantay, quando muito, o guerreiro Ollantay.
— A modéstia é privilégio dos grandes homens e dos deuses — disse Kajamac.

Baratzil - A Terra das Estrelas

— Obrigado, capitão, privilégio dos deuses é ter um amigo como tu.

Kajamac enrubesceu e, procurando mudar de assunto:

— Mas aonde vais com tanta pressa, escoltado pela guarda pessoal do Imperador?

— Ele ordenou que eu fosse sem demora a sua presença.

— Mas o palácio real é nessa direção — e, olhando para o outro lado, esticou o braço indicando o local oposto.

— Sei, Kajamac, mas ele vai receber-me no Templo do Sol Nascente.

— Não te parece muito estranho o Imperador sair de seu palácio para uma entrevista?

— É verdade, meu amigo, já pensei nisso.

— Mesmo sendo uma entrevista com um general importante — e sorriu divertido, pois tinha a maior intimidade com seu amigo.

— Ele deve ter suas razões — e devolveu o sorriso ao capitão Kajamac.

— Sem dúvida, Ollantay. Mas, a propósito, acabei de ver agora a pouco Coyllur e o Sumo Sacerdote entrando no palácio do Imperador.

— Não é possível — disse o general, intrigado com essa notícia.

5
Magia milenar

Araduc-Shintá, Sumo Sacerdote da cidade Shadir, ao norte de Paititi,[1] em frente de um pequeno altar em seus aposentos particulares, cantava um mantra, que teve efeito imediato sobre três círios brancos que se apagaram depois da quinta repetição do canto litúrgico e, nesse mesmo momento, um círio negro acendeu-se, como se mão invisível nele ateasse fogo.

O Sumo Sacerdote prosseguiu cantando, enquanto, ajoelhado logo atrás, outro sacerdote, cabeça inclinada, olhos fechados, mãos postas em frente ao peito, murmurava palavras ininteligíveis, imitação de prece ou blasfêmia.

Araduc-Shintá parou abruptamente de cantar e, virando-se,

---

[1] A cidade central, Ophir, e suas seis satélites tinham nomes vibrados do idioma dos deuses, o devanagari, que propiciavam vibrações positivas, impregnando toda a cidade de energias benéficas. Cada nome tinha um som, que despertava no mundo invisível uma força, uma Potestade que protegia seus habitantes. Assim, OPHIR, se grafava com Y; YR significava Reino, e OPH, serpente: REINO DA SERPENTE; essa serpente significava Serpente da Sabedoria, que era o nome dado aos Rishis, sábios homens santos. Quanto à cidade norte, SHADIR, SHA significa Deus presente, REINO DO DEUS PRESENTE; a cidade sul, NADIR, NA significa alma, REINO DA ALMA; a cidade leste, BAHADIR, BAHA significa o âmago das águas, REINO DAS ÁGUAS PROFUNDAS; a cidade oeste, MADIR, MA significa a água, REINO DAS ÁGUAS; a cidade noroeste, VAJDIR, VÁ J significa: reintegração na Vida Divina, REINO DA VIDA EM DEUS; a cidade sudoeste, YADIR, YA significa Deus manifestado pelo Verbo, REINO DA MANIFESTAÇÃO DO VERBO.

Todos esses nomes não foram dados ao acaso, ou por qualquer preferência de seus construtores, mas nomeados cada um pelos Devas superiores, de acordo com a vibração tonal de cada região onde se localizariam as cidades. Para ficar ainda mais clara essa nossa afirmação, é necessário observar que a reunião de duas ou mais letras para formar as palavras obedecia a uma ciência, a LEI DO VERBO, como a música obedece às leis da harmonia, a física e a química às leis das vibrações moleculares, a astronomia às leis da matemática, a matemática às leis dos números e os números às Leis Divinas.

tocou de leve no ombro do outro, que, estremecendo, como se alguém o houvesse assustado, saiu da postura primitiva.

— Notas-te alguma coisa diferente durante nossa concentração? — perguntou Araduc-Shintá.

— Nada, nada, Mestre — e Abi-Karam não titubeou na resposta.

— Nem mesmo o vento que saía do círio negro? — tornou a perguntar a maior autoridade em Shadir.

Aquele que havia sido designado por este nome, silencioso, parecia refletir, pois uma ruga profunda sulcou sua testa.

— Mestre — disse afinal —, estava muito concentrado na pronúncia exata das palavras mágicas que o senhor me ensinou; por esse motivo, não prestei atenção em mais nada.

— Acho que a cada dia que passa fazemos esse ritual cada vez melhor — disse Araduc-Shintá, como se falasse consigo mesmo.

— O Mestre acredita que conseguirá o que deseja?

— Acredito! — foi a lacônica resposta.

— As forças contra as quais lutamos são poderosas demais.

— Que me importa que sejam poderosas? — disse com irritação o Sumo Sacerdote. — Luto por meu direito, meu direito divino — concluiu com orgulho.

— E se formos derrotados? Pior, aniquilados?

— Durante dois longos anos, preparei-te para executares essa missão comigo, e ainda não aprendeste que as palavras, os pensamentos negativos tomam forma no mundo astral e viram-se sempre contra nós?

— Sei, meu Mestre, mas Thamataê é poderoso e pode...

Foi interrompido por Araduc-Shintá.

— Eu também sou poderoso. Reaja, homem sem fé!

— Eu temo por Vossa Santidade. Não desejaria que nada de mal vos acontecesse, Mestre — disse de forma humilde e reverente Abi-Karam.

— Por que, me diga, por que Thamataê me preteriu? Se todos do Conselho de sacerdotes do Deus Sol tinham certeza que, depois dele, eu era o mais preparado, o mais sábio e com o maior adiantamento espiritual. Por que, me diga?

O outro ficou calado ante esse desabafo. Não sabia a resposta, mesmo assim arriscou.

— Quem sabe uma preferência pessoal.

— Preferência pessoal! — E Araduc-Shintá explodiu numa praga carregada de ódio. — Quando um homem, ainda mais quando tem a veleidade de se considerar um semideus, chega a essa condição de dirigente, não pode ter preferências pessoais, pois já se tornou um ser impessoal perante todos os sacerdotes dos sete reinos.

— Concordo, senhor! — O outro preferiu, devido ao discurso inflamado de seu Mestre, falar o mínimo possível.

— O cargo de Supremo Conselheiro em toda Paititi era meu. Fui usurpado e cerceado em minha caminhada na direção da luz.

— Concordo plenamente, senhor — e Abi-Karam, temeroso da cólera de seu Mestre, limitava-se a responder sempre concordando.

O Sumo Sacerdote, depois de algum tempo, pareceu acalmar-se e, virando-se para Abi-Karam, mudo ao seu lado, disse:

— Vamos tentar novamente. Quero ainda hoje entrar em contato. Por umas seis vezes quase conseguimos, quem sabe agora não é o momento certo? — E sem esperar resposta, começou a arrumar no altar os objetos necessários para aquilo que ele chamava de sua missão.

Araduc-Shintá retirou de três potes de barro pós coloridos, vermelhos, pretos e amarelos, e com eles, no altar de mármore branco, fez um triângulo eqüilátero. A base de pó amarelo, o lado direito de pó vermelho e o esquerdo de pó preto. No interior do triângulo, desenhou com um bastão cinza escuro uma cruz suástica, com os braços inclinados para o lado esquerdo, símbolo dos magos da face tenebrosa, os irmãos da mão esquerda, os magos negros. Por fora do triângulo, acendeu sete círios negros, dois de cada lado da figura; feito isso, ficaram os dois sacerdotes lado a lado, de pé, em frente ao altar, dentro de um círculo, também feito com o bastão cinza. No chão, em frente aos sacerdotes, foi colocada uma cuia de barro contendo um líquido esverdeado, tendo ao seu redor, desenhados com um bastão negro, sete signos representativos dos sete subplanos do astral inferior, o umbral. Um círio negro, quase da altura do Sumo Sacerdote, três metros e dez, foi nesse momento aceso, enquanto, em postura de prece, Araduc-Shintá e Abi-Karam começaram a entoar uma melopéia, mantra de notas dissonantes.

Passados alguns minutos, o líquido contido na cuia de barro incendiou-se, os sete círios negros dos lados do triângulo estremeceram, suas chamas apagaram-se por segundos e acenderam-se novamente, atingindo grande altura. A suástica cinza tornou-se brilhante, fosforescente, depois foi ficando vermelha, até atingir uma tonalidade cor de sangue. O círio enorme em frente dos dois acendeu-se e apagou-se por sete vezes, e o círculo em torno deles pegou fogo, para se apagar pouco depois. Um zumbido forte se ouviu; um vento, que parecia conduzido por mão invisível, percorreu toda a sala, finalmente se colocando no centro do triângulo, sem espalhar os pós coloridos e sem apagar os círios. O zumbido aumentou e então, saindo do nada, do ar em frente do altar, materializou-se aos poucos a figura de um homem de uns quatro metros de altura.

Seu aspecto era imponente. Vestia calças de cor creme, folgadas nas pernas e apertadas nos calcanhares, parecidas com as bombachas ou culotes de montaria. Os pés calçados por sapatilhas douradas, com os bicos virados para cima. Na cintura, uma faixa roxa larga, e, cobrindo seu tronco espadaúdo, uma bata curta, do mesmo tom das calças, justa, fechada até o pescoço, sem aparentes fechos. Na altura do peito, um medalhão dourado que flutuava, conservando a mesma posição, embora não estivesse preso por corrente alguma. Trazia a cabeça descoberta. Seus cabelos eram longos, cinza, caindo até a altura dos ombros, tez cor de cobre, olhos negros e penetrantes, nariz aquilino, boca rasgada de lábios finos, num rosto maciço de mento quadrado. No conjunto, aquele ser tinha uma aparência majestosa, completada por uma aura prateada, de reflexos acinzentados que variavam do claro ao escuro.

A forma materializada levantou o braço direito e seu dedo indicador apontou para os dois sacerdotes, que de imediato prosternaram-se no chão.

— Sou Oduarpa, grande mago de Aztalan, senhor do bem e do mal, comandante dos destinos dos homens — disse numa voz musical, encarando com seus olhos penetrantes, que exalavam uma luz brilhante, os dois aos seus pés. — Levantem-se e digam: por que desejaram minha presença?

— Senhor de toda magia — balbuciou Uirac-Shintá —, eu e meu auxiliar, Abi-Karam, alegramo-nos com vossa presença e solicitamos a graça de termos como sustentáculo de nossas pretensões vosso magnânimo auxílio.

Oduarpa não respondeu de pronto; ficou olhando fixamente para os dois, até que, cruzando os braços sobre o peito, dignou-se dirigir-se aos sacerdotes.

— Sejamos bastante claros e vamos sem rodeios chegar aonde desejam.

— Vossa vontade será a nossa — disse o Sumo Sacerdote, acompanhado por um movimento de cabeça de Abi-Karam.

— Sabem muito bem que Thamataê é imune a qualquer magia. Um confronto direto com ele significa derrota completa e mais, seria uma grande perda de tempo e uma grande insensatez, sabendo de antemão que não se pode atingi-lo agindo abertamente, querer começar uma batalha, uma guerra já vencida.

— Com todo respeito, grande mago, ouso perguntar, então nada se pode fazer? — perguntou Araduc-Shintá.

— Quase nada — foi a resposta de Oduarpa.

— Mas sofri, senhor, uma grande injustiça.

— O que constitui justiça para um pode ser injustiça para outrem. Assim também o bem e o mal. Se não existisse um deles, não existiria o outro. Bem e mal são antípodas de uma mesma coisa. Tudo no universo é duplo, nada pode existir sem sua contraparte.

Os sacerdotes ouviam contritos as palavras do mago. O Sumo Sacerdote, após alguns minutos de silêncio, em que era observado atentamente por Oduarpa, atreveu-se a fazer nova pergunta.

— Com o máximo respeito, senhor, torno a insistir, nada então pode ser feito?

— Vejamos — disse o mago, olhos fixos nos olhos de Araduc-Shintá. — O que ganho em troca, ou melhor, que tens para me oferecer?

O Sumo Sacerdote não respondeu logo; ficou calado e, quando o fez, foi muito seguro de si mesmo.

— Minha alma!

— E tu, Abi-Karam, o que me ofereces?

— Vos entrego minha alma — disse sem pestanejar.

Oduarpa parecia refletir sobre as respostas. Foi ainda Araduc-Shintá que perguntou:

— Existe uma esperança?

— Existe uma remota esperança se seguirem fielmente minhas instruções.

— Sereis obedecido, senhor.

— Incondicionalmente?
— Sim, grande mago.
— Tudo que aqui falamos foi registrado na luz astral,[2] que, se consultada, poderá ser uma arma usada contra nós. — O mago fez uma pausa para ver o efeito que suas palavras haviam produzido. Depois, retomou o fio do assunto — Vou dizer o que deve ser feito; precisamos esperar o momento certo, que não vai tardar, pois agora nada poderemos fazer contra Thamataê, mas muito em breve ele vai abandonar seu corpo, criado pelo poder da vontade e da mente, e usará um corpo emprestado por um discípulo adiantado. Quando isso acontecer, é chegada a hora de podermos agir, porque ele, com essa operação, terá perdido mais da metade dos poderes que detém no momento.

— Esperarei a ocasião certa — disse o Sumo Sacerdote, conformado.

— Não esqueças de que, depois de ocupares a posição de Grande Conselheiro em toda Paititi, vais entregar-me imediatamente tua alma. — E, dirigindo-se para Abi-Karam: — Tu também ficarás devendo-me a mesma coisa — finalizou com um sorriso sinistro.

— Como poderia esquecer de minha promessa!

— Não é promessa, é um trato, um acordo que hoje firmamos — disse o mago com voz autoritária.

— Curvamo-nos obedientes ante vossa incomensurável sabedoria e poder — disse Araduc-Shintá — e, silenciosos e mudos, aguardaremos vossas ordens e instruções.

— Assim é melhor! — Oduarpa, levantando os braços na direção dos objetos catalisadores da magia, dissolvendo-os no ar, por meio de um vento forte, e também desapareceu da visão dos sacerdotes, quando essa ventania cessou abruptamente.

Thamataê chamou o Grande Conselheiro do Reino Paititi a sua presença.

— Já falei com o Imperador e estamos de acordo quanto ao que devo fazer.

— Ele me falou a respeito — disse Schua-Ram, sentando-

---
[2] Luz astral: o mesmo que o Âkhâsha, a memória da natureza, o eterno presente que pode ser consultado por aqueles que tenham condições.

-se nas almofadas que o outro lhe ofereceu.
— Conheces Uiran, meu discípulo mais adiantado?
— Claro, senhor.
— Já fiz minha escolha. Acho que ele tem todas as condições vibratórias para poder ceder seus veículos inferiores.[3]
— Acho a escolha perfeita, senhor.
— Mudando de assunto, Schua-Ram, como vai a construção de Ibez?
— Quase terminada, senhor.
— Ótimo!
— Toda a arquitetura da cidade obedeceu estritamente a vossas determinações e não se afastou um milímetro sequer do modelo das cidades de Paititi.
— Quero que comuniques aos Sumos Sacerdotes das seis cidades satélites que farei uma reunião com eles.
— Aqui na pirâmide rosada?
— Sim; podes marcar a data, e que seja o mais breve possível. Quero comunicar a todos meu desejo, ou melhor, o desejo de meu Mestre de ocupar um novo corpo. É preciso escolher, também, quem vai exercer a posição de Sumo Sacerdote em Ibez.[4]
— Mestre, esclareça minha ignorância. O que diremos aos nobres, aos militares e aos sacerdotes subalternos sobre vossa nova... nova personalidade?
— O mistério que até hoje perdura sobre mim não deverá ser revelado inteiramente. Diremos àqueles que necessitam saber apenas uma parte da verdade. Mesmo porque, Schua-Ram, nesses séculos todos de minha permanência em Paititi, todos sabem que eu existo, mas muito poucos estiveram em minha presença ou me viram pessoalmente. Outra coisa, meu Conselheiro: depois de tomar essas providências, manda vir Uiran até aqui.

Thamataê despediu Schua-Ram, retirando-se para outro cômodo da Pirâmide-Templo Rosa, e, lá chegando, ajoelhou-se em frente de um pequeno altar de ouro puro e entrou em profunda meditação.

[3] Esta operação denomina-se A 'ves' a, se pronuncia "aveixa", que consiste no ato de possuir, entrar em um corpo humano que pertença a outro ser vivo e controlá-lo. A adaptação ao corpo vazio que se vai ocupar é paulatina e torna-se perfeita quando os movimentos automáticos da circulação, respiração etc. se ajustem ao automatismo do próprio corpo do ocupante. Essa ocupação pode ser efetuada por meio da respiração, ora da narina direita, ora da esquerda. Respiração rítmica, alternada, yogue.
[4] Ibez (YBZ) significa: I ou Y o santo sacrifício e BZ (BEZ) germem da terra; Reino da Nascente Terra do Santo Sacrifício, no idioma devanagari (língua dos Devas).

No interior da floresta, a cinco quilômetros de Ophir, existe uma clareira onde se situa uma cabana tosca, feita de troncos de madeira e teto de palha. Ali habita Ozambebe, o bruxo, com uma coruja velha, uma onça enorme, preta, dentes de sabre, junto com confuso mobiliário, misto de dormitório e sítio obscuro de pesquisas e atividades mágicas.

Há uma aura sombria na clareira, que se estende por alguns metros além, o que afugenta homens ou animais que por acaso dali se aproximem.

O feiticeiro é de idade indefinida. Um pouco baixo em relação à raça que habita Paititi, cabelos ralos, grisalhos, desordenados, mas abundantes na nuca, olhos pretos, pequenos e vivos, constantemente piscando a se movimentar em suas órbitas, corpo magro, encurvado, rosto macilento e sulcado por profundas rugas. Mas quem pensasse que se defrontava com alguém fraco e desprotegido, enganava-se redondamente; Ozambebe era bastante robusto, capaz de carregar pesados fardos de lenha e caminhar por quilômetros a procura de ervas, muito embora essas incursões pela floresta fossem raras.

Sobre uma comprida mesa de mármore escuro, lascada em vários lugares, o bruxo examinava com atenção uma cuba de barro, repleta de ervas que ainda fumegavam, pois haviam saído do fogo a poucos instantes e exalavam um cheiro nauseabundo que invadiu toda a cabana.

Sua concentração foi interrompida por batidas fortes na porta. A onça rosnou alto, pulando do seu canto escuro para o meio da sala.

— Quieta, Zorade! Deitada, já!

O animal, ronronando, prontamente obedeceu. A voz do bruxo era rouca, com acentos estridentes, desarmônica. Soltando uma praga, Ozambebe abriu a porta, resmungando.

O visitante inesperado devia ser velho conhecido do feiticeiro, pois ele não teve o menor gesto de surpresa.

Aquele homem que batera à porta da cabana de Ozambebe era o Sumo Sacerdote de Shadir, Araduc-Shintá.

6
Assaltantes de Ruta

Ollantay viu-se sozinho no átrio do Templo do Sol Nascente, a deambular, passadas largas de um lado para outro. Os homens da guarda do Imperador o haviam deixado ali com a recomendação de que esperasse pelo monarca, que não demoraria. Já por mais de uma hora o general aguardava e sua impaciência aumentava à medida que os minutos se passavam. Nenhum sacerdote do templo apareceu, nem mesmo qualquer servo, Ollantay estava completamente só. Quando chegou ao limite da resignação e já se preparava para ir embora, foi interrompido na sua intenção pela chegada repentina de Uilac-Hama, acompanhado pelos seus serviçais.

— Salve, general Ollantay, Titã dos Andes! — saudou atropeladamente, observando o semblante carregado do outro.

O general mal cumprimentou o Sumo Sacerdote; sem perda de tempo, entrou direto no assunto.

— Onde está Coyllur? Tínhamos um encontro marcado, mas o Imperador, que parecia que tinha pressa em me ver, deixou-me preso aqui já por mais de uma hora.

Uilac-Hama não se perturbou com a avalanche de reclamações de Ollantay. Devia estar com a lição bem decorada, pois, com toda calma, depois de um sorriso que procurava ser conciliador, disse, ignorando a explosão de palavras do outro:

— Vamos passar para o interior do templo; lá, bem mais acomodados e com todo conforto, poderemos falar à vontade.

Ollantay aquiesceu. Afinal, tratava-se do pai de sua amada, e não via razão para brigar com ele. A prudência também aconselhava a manter-se em posição conciliatória.

— Sou vosso paciente ouvinte — começou Ollantay, depois de servidos pelos auxiliares do templo e colocados à vontade pelo sacerdote encarregado.

— O Imperador, não podendo comparecer, pois se encontra atarefadíssimo com negócios urgentes do reino, encarregou-me de vos dar conhecimento de importante missão que...

Ollantay, que esperava notícias de Coyllur, no momento sem interesse pelos assuntos reais, o interrompeu, perguntando outra vez:

— Onde está Coyllur?

— Calma, general! Minha filha está com a Imperatriz; ela não pôde eximir-se da convocação dessa grande dama. Ela pede desculpas por não ter podido vir.

— Mas poderia, por intermédio de uma escrava, ter-me avisado — disse Ollantay, agora mais calmo. — Mas não foi para trazer um recado de Coyllur que Vossa Reverendíssima veio ver-me.

— Não, realmente não! Trago instruções detalhadas do Imperador para o seu general. O acaso me fez ser portador dessa mensagem.

— Instruções?

— Sim, general, sobre assuntos gravíssimos.

— Gravíssimos, diz?

— O Imperador, por intermédio de seus regentes das cidades da costa oeste, foi informado de que têm sido avistados alguns homens suspeitos procedentes de Aztalan.

— Homens suspeitos? Seja um pouco mais preciso, senhor.

— Os informantes fizeram investigações minuciosas e constataram que são, de fato, procedentes de Ramakapura, a cidade ao norte de Ruta.

— Eu já tinha ouvido algo a respeito; mas diga-me, senhor, eles têm absoluta certeza disso?

— Absoluta! Como o general não ignora, Ruta é, de toda Aztalan, a ilha dos maiores guerreiros.

— Mas nossa terra está em paz com Ruta e Daytia, muito embora não ignore que a beligerância do povo de Ramakapura seja por demais conhecida.

— O Imperador ordena que o general comande uma missão na costa oeste para verificar se procedem essas notícias e, se encontrar os homens de Ramakapura, tomar as atitudes necessárias. Deve escolher seus homens, a quantidade de material bélico necessário, alimentos, enfim, o que achar conveniente, e partir imediatamente. Fica a seu critério o número de militares sob seu comando.

— Antes de partir, gostaria de ver vossa filha.
— Impossível, general!
— Impossível por quê? — E Ollantay de novo se agitou, elevando um pouco a voz.
— Porque ela está realizando, junto com a Imperatriz, um trabalho sigiloso.
— Que trabalho? Diga-me, Eminência, sem querer ser impertinente.
— Isso não posso lhe dizer porque não sei.
— Mas preciso vê-la antes de partir!
— Impossível, general! — tornou a repetir a palavra "impossível", que parecia ser o termo predileto do Sumo Sacerdote. — O Imperador ordena que essa missão seja realizada imediatamente, e me parece que a permanência de minha filha junto à Imperatriz demandará vários dias.

Nesse tempo, era comum os Imperadores requisitarem nobres, por qualquer motivo, para ficarem incomunicáveis servindo seus senhores.

Ollantay refreou sua impaciência e, procurando acalmar-se, voz pausada, dirigiu-se ao Sumo Sacerdote.

— Senhor, peço-vos apenas que transmita, quando possível, que fui em campanha militar para a costa oeste. Logo que chegar mandarei notícias e irei vê-la sem demora.

— Pode ficar descansado, general. Particularmente, é de meu desejo que esse casamento seja realizado. — E Uilac-Hama, sorrindo interiormente de satisfação por ver seu plano começar a ser concretizado, saudou o general, retirando-se do templo.

Ollantay ainda ficou uns minutos sentado nas almofadas, entregue a seus pensamentos desencontrados. Porém foi por pouco tempo. Logo, saindo dali, passou pela sua residência, determinando a seu servo Andi-Car as providências necessárias à viagem. Em seguida, passou pelo palácio das armas e, junto com o comandante supremo de Tawantinsuyo, seu superior, esquematizou em detalhes sua campanha na costa.

O capitão Kajamac foi requisitado para servir como seu

imediato no comando, e um tenente, Itacap, responsável por 20 homens de armas e um serviçal graduado, tendo às suas ordens doze escravos, carregadores de todo o material necessário à campanha.

O percurso até a costa foi feito a pé e levou, sem maiores incidentes, onze dias, pois, não querendo ser notados, abandonaram as estradas principais e abriram caminho pelas matas, vencendo com algumas dificuldades a distância que os separava da costa. O comandante supremo não achou conveniente que fizessem este percurso por mar. "A distância não é grande" — dissera — "e a surpresa é o melhor caminho para a vitória".

Nas cercanias da pequena aldeia, às margens do oceano Pacífico, Ollantay deu ordens para que acampassem fora da cidade, pois avistara, fundeada a pequena distância do cais, a embarcação dos atlantes.

— Deve ser o barco de Ruta — disse, dirigindo-se ao tenente Itacap.

— De fato, mas não sei se reparaste que tanto a embarcação como o vilarejo parecem desertos.

— Reparei, tenente. Vamos fazer uma incursão com poucos homens na cidade para aquilatar o que acontece com seus habitantes.

— Eu vou com cinco homens verificar a situação real — disse de pronto Kajamac.

— Não, tu ficas aqui com o tenente.

— Pode ser perigoso.

— Se temesse o perigo, não chegaria jamais a general — respondeu rindo Ollantay, enquanto escalava cinco homens para averiguarem o que havia acontecido. — Se dentro de uma hora, Kajamac, não tivermos voltado, toma as providências que ditar seu tino militar; então, imediatamente entra em ação ou procede à retirada. Faz, meu amigo, o que achares melhor — e, abraçando o capitão, amigo íntimo de longa data, foi com seus comandados em direção ao vilarejo.

Cautelosos, avançaram lentamente, atentos a qualquer ruído. Nada. O silêncio era absoluto, só quebrado pelo chilrear dos pássaros e o farfalhar das folhas das árvores ao vento, pouco mais que uma brisa vinda do mar. A tarde caía e as sombras da noite logo invadiriam a vila.

Com Ollantay à frente, tendo de cada lado dois homens e

mais um na retaguarda, entraram passo ante passo na única rua deserta. As portas e janelas das casas baixas, pequenas, estavam fechadas, não se via ou ouvia viva alma. Com um gesto, o general indicou um prédio maior ao final da ruela. Era a residência do regente da província rural, casa que se sobressaía das outras, tendo ao lado uma menor, habitação do capitão e ao mesmo tempo casa das armas. Estava tudo vazio e silencioso, como o restante do vilarejo.

"Que teria acontecido com os habitantes e autoridades da cidadezinha?" — pensava Ollantay, dando ordem aos seus homens para esquadrinharem todos os cômodos, sem deixar sequer um lugar sem uma investigação minuciosa. Das residências oficiais, partiram para o exame das casas e da pequena construção no cais. Absolutamente nada; o povo daquela localidade havia desaparecido sem deixar o menor vestígio.

Aproveitando o resto de claridade, antes do cair da noite, Ollantay dirigiu sua atenção para o grande barco ao largo. Somente uma lanterna, acesa na proa, espalhava tênue claridade no lusco-fusco da tarde-noite. O barco também parecia estar deserto, e Ollantay, rápido, tomou uma decisão. Com seus homens, embarcou num bote a remos ancorado, ou quem sabe esquecido ao lado do cais. Com remadas fortes, aproximaram-se da embarcação e, o mais silenciosos possível, encostaram naquela mancha escura que se sobressaía das sombras.

Lépido, o general, aproveitando a corrente da âncora, subiu por ela acompanhado por três de seus homens. O tombadilho estava vazio, mas, junto ao leme, dois guardas armados com lanças curtas montavam guarda. Sem fazer o menor ruído, Ollantay aproximou-se por trás, atirando-se sobre o guarda mais próximo, caindo os dois embolados no chão. O outro, com o barulho, virou-se, não tendo tempo de usar sua lança, pois, atacado por dois homens, caiu morto com a garganta cortada. Ollantay, com um movimento de braço, enlaçou seu oponente pelo pescoço e, como o queria vivo, não usou a arma; cavalgando-o e fincando os pés em sua cintura, imobilizou-o. Seus dois comandados já apontavam as lanças para o peito do atlante, que, solto, sentou-se no tombadilho atordoado.

— Onde estão os homens desse barco? — perguntou Ollantay no dialeto quíchua.

O outro balançou a cabeça de um lado para o outro e, em

voz sumida, respondeu:
— Não sei.
— Sabes sim! Tens apenas uma chance de sobreviver me contando tudo que sabes, caso contrário... — E Ollantay não terminou a frase, fazendo com a mão o gesto de quem corta uma garganta.
— Estamos eu e meu companheiro — disse depois de algum tempo, apontando para o morto estirado no tombadilho — sozinhos a bordo.
— Mais ninguém?
— Somente o regente do povoado, preso no porão.
— Desce e verifica lá embaixo — ordenou o general para um de seus homens. E, dirigindo-se ao atlante, prosseguiu no interrogatório: — E os homens da tua expedição?
— No povoado, junto com os homens válidos; mulheres, velhos e crianças foram afogados.
Diante dessa declaração, Ollantay crispou as mãos e teve um rictus facial de ódio. Mesmo assim prosseguiu:
— O que fazem no vilarejo?
— Estão todos nas minas de ouro, a poucas léguas do lugarejo.
— Por que mantiveram o regente preso?
— Serviria de refém caso nosso plano não desse certo.
Nesse momento, o regente apareceu no tombadilho, rosto pálido, vestes rasgadas, mancando quando caminhava com alguma dificuldade.
— Amarrem este homem e o coloquem a ferros no porão — ordenou Ollantay para um de seus homens. E, dirigindo-se ao prisioneiro: — Poupo tua vida conforme prometi.
O regente tinha uma ferida profunda na testa, devia ter perdido muito sangue e, se não tivesse sido amparado pelo general, teria caído, pois cambaleou, articulando palavras sem nexo. Devia ter sofrido um forte abalo, visto cenas violentas, de grande brutalidade, porque, tremendo, sentou-se no chão, as costas apoiadas no mastro da proa, conseguindo dizer, voz embargada:
— São uns... uns monstros, assassinos sem piedade, bárbaros... bárbaros da pior espécie...
— Sou Ollantay, general Ollantay da cidade central de Tawantinsuyo, servidor fiel do grande Imperador Tupac-Yu-

panqui — disse, apresentando-se.

— Graças ao sagrado Inti! — disse o regente. — Tua fama de homem valente e nobre já havia chegado a nossa cidade. Agora sei, tenho certeza de que seremos vingados e será feita justiça por nossas mulheres e filhos. Graças ao sagrado Inti! — e o regente não cansava de repetir, louvando o general Ollantay.

— Tenha calma, senhor, tudo está sob controle; vamos sem demora atacar esses selvagens e libertar os homens aprisionados.

— São todos mercenários, general, facínoras degredados de Ruta, bandidos sem nacionalidade e sem pátria.

— Acalme-se, senhor, tudo terminou. — E dirigindo-se a um de seus comandados: — Leve o regente para os aposentos do comandante. Nada como um bom vinho e uma boa refeição para consertar as agruras de qualquer um. Depois de descansado e bem alimentado, conversaremos e poderás voltar para terra firme.

Enquanto o regente estava sendo servido em suas necessidades, Ollantay ordenou uma completa vistoria no barco, depois colocou o morto amarrado na roda do leme, lança na mão, em posição de vigia. Quem visse de longe, jamais poderia imaginar que um homem morto montasse guarda em uma embarcação atlante.

Archotes de palha ardiam na entrada da mina de ouro, espalhando uma iluminação imprecisa, repleta de sombras, que não clareava completamente. Dois homens montavam guarda, sonolentos, apoiados nas lanças.

— Kajamac, meu bravo, leva dez homens contigo até o túnel que existe no outro lado da colina, que dá acesso ao fundo da mina, conforme o regente me informou. Tem muita cautela e só ataca quando eu der o sinal.

— Vamos pegá-los de surpresa — disse o capitão, reunindo os dez homens, começando a caminhar.

Com quatro homens, Ollantay aproximou-se da entrada da mina. Dois de seus comandados eliminaram um dos guardas, enquanto ele próprio se atirou contra o outro, que mal teve tempo de reagir; num segundo, estava no chão, imóvel, preso por quatro

mãos fortes, impossibilitado de gritar ou esboçar qualquer reação.
— Preferes falar ou morrer? — perguntou Ollantay.
O outro se limitou a arregalar os olhos, retesou os músculos, tentando livrar-se das possantes mãos, mas, vendo que era inútil, tratou de falar.
— Eu falo, eu falo! — disse rápido.
— Quantos homens há lá em baixo?
— Tem vinte homens, senhor.
— E os homens do vilarejo?
— Uns 30, talvez um pouco mais.
— Só esses?
— Sim, meu senhor; quando atacamos a aldeia, muitos fugiram para as matas.
— Não foram perseguidos?
— Não valia a pena, já tínhamos o número suficiente para a extração de ouro.
— Como se chega lá embaixo?
— Nessa caixa — disse, apontando para uma geringonça de madeira, presa por dois cabos de corda grossa.
— Como funciona?
— Quando está aqui em cima, eles puxam as cordas que deslizam em roldanas, uma de cada lado. O processo inverso é o mesmo, nós puxamos para cima.
— Quantas pessoas cabem nessa caixa?
— Umas quinze pessoas em cada viagem.
— Nesse momento, quantos estão acordados?
— Somente dois vigias, senhor.
Ollantay se deu por satisfeito; o homem havia cooperado bastante, ou por medo, ou talvez porque esperasse sair com vida e levar alguma vantagem pelo serviço prestado.
— Grita para baixo, avisando teu comandante que vai descer um nobre que deseja falar-lhe. Grita a palavra certa, caso contrário... — E Ollantay deixou o resto da frase no ar.
— Pode deixar, senhor, farei tudo da maneira que o senhor ordena. — E o prisioneiro chegou perto da caixa suspensa.
— Capitão Gory-Untá, capitão, tem aqui uma pessoa que quer lhe falar.
— Quem? — respondeu uma voz, vinda do fundo. — O comandante está dormindo.
— Manda acordá-lo ou pergunta se eu posso descer —

disse baixo Ollantay. — Diz ainda que sou uma grande autoridade que chegou da cidade central.
— Ele diz ser um homem importante trazendo uma mensagem para nosso comandante.
Houve um silêncio prolongado, mas depois a mesma voz respondeu:
— Diz para o homem descer sozinho.
Ollantay deixou um de seus comandados guardando o prisioneiro que cooperara bastante e, quando o tenente Itacap chegou com o restante de sua tropa, todos entraram na gaiola, que, rangendo as cordas na polia, lentamente começou a descer. Mal a improvisada caixa tocou o solo, o general e seus homens, armas em riste, atacaram.
O interior da mina era mal iluminado, homens dormiam pelo chão e apenas dois guardas armados de lanças vigiavam. Em um dos lados do túnel largo, homens dormiam amontoados: deviam ser os que haviam sobrado do vilarejo e que agora faziam o trabalho escravo da extração de ouro. No outro flanco, os invasores dormiam em espécie de esteiras, cobertos com suas mantas.
— A mim, capitão Kajamac! — gritou Ollantay, com seus homens já avançando contra os dois guardas.
Ao mesmo tempo em que esses eram dominados, os outros acordaram estremunhados, sem entender direito o que estava acontecendo. A tropa do capitão já estava dentro da mina. A luta foi terrível, pois os atlantes vendiam caro sua derrota e, quando a batalha atingiu o auge, os prisioneiros do vilarejo, vendo que tinham chances para libertarem-se, também atacaram, usando os instrumentos de trabalho para extração do ouro. A luta tornou-se fácil e em pouco tempo os invasores de Ruta estavam mortos, pois, ante a fúria e sede de vingança dos prisioneiros, Ollantay nada pôde fazer para poupá-los, e foram todos trucidados. O general também tinha a lamentar a perda de três de seus homens, mortos na refrega.
Estabelecida a ordem na cidade, e a volta aos poucos dos fugitivos, escondidos nas matas vizinhas, tudo voltou ao normal. Ollantay, depois de uma conferência com seus oficiais, decidiu voltar para a cidade central no próprio barco dos atlantes.
Antes de partirem, os dois sobreviventes de Ruta pediram

para falar com o general.

— Senhor — disse o guarda, que tanto colaborara para o bom êxito da incursão no interior da mina —, gostaria de pedir-vos para levar-me convosco. Serei vosso escravo e ainda poderei vos ser útil de alguma maneira. Por favor, senhor! Peço-vos com toda humildade — e o atlante ajoelhou-se aos pés do general.

Ollantay ficou algum tempo observando seu interlocutor.

— Como te chamas? — perguntou por fim.

— Tay-Lha, vosso escravo.

— Seja — disse o general, e não se arrependeu dessa atitude, como veremos mais adiante.

O outro mercenário de Ruta pediu para ser executado, mas foi entregue ao regente do povoado para ser julgado pelo capitão da província, que sobrevivera à invasão.

Ollantay comentou com Kajamac, quando a embarcação começou a deixar a pequena cidade, palco de sangrentas batalhas:

— Ah, meu bravo amigo, como desejava já ter chegado no porto de nossa cidade! Não vejo a hora de ter nos meus braços minha doce Coyllur — e o general suspirou de ansiedade.

Não sabia, o intrépido Titã dos Andes, que ainda levaria muito tempo para ver satisfeito seu desejo.

7
O templo de Inti-Shinan

Thamataê reuniu na Pirâmide-Templo Rosa, além do Imperador, o conselheiro de toda Paititi, Schua-Ram, os sacerdotes dos templos de Ophir e os seis Sumos Sacerdotes das cidades satélites.

Ia começar o Conselho marcado pelo Mestre, que todos obedeciam e adoravam, em que se discutiriam os mais importantes assuntos e as medidas a serem tomadas.

Schua-Ram envergava seu traje cor de ouro, espécie da balandrau que lhe descia até os pés, calçados por sapatilhas douradas. Na altura do peito, preso por corrente grossa de ouro, um medalhão, em que se viam gravadas as insígnias de seu posto hierárquico: uma águia com as asas abertas, tendo aos pés um globo prateado, nele inscrito KVIG.[1] O Conselheiro levantou-se do seu lugar ao lado do Imperador e deu início à solenidade, pronunciando as palavras rituais:

— Eu, Schua-Ram, Supremo Conselheiro em Ophir e toda Paititi, pela graça do Divino Deus Sol e do grande Mestre Thamataê, dou início aos trabalhos deste Conselho — e juntando as palmas das mãos em frente ao peito, curvou-se em sinal de devoção e humildade.

O Imperador tomou a palavra:

---

[1] KVIG: KV (KAVI) significava o Criador pela Palavra, o Verbo, e IG (AG) o fogo Divino. Nessa civilização remotíssima, tão remota que sua existência se perdeu na noite dos tempos, essas letras significavam: O CRIADOR POR MEIO DO VERBO EXALA DE SI MESMO O FOGO DIVINO CRIADOR DE TODAS AS COISAS. Essas letras do idioma Adâmico, raiz do sânscrito, além de seu significado, ainda tinham um som, uma cor e uma Potestade correspondente nos planos superiores.

— Que pela graça de Inti esta reunião seja abençoada e todas as decisões aqui tomadas sejam definitivas e irrevogáveis.
— Que assim seja! — exclamaram todos.
— Porque assim será — disse, ficando em pé, o Mestre Thamataê, que deu prosseguimento ao Concílio. — Pela vontade soberana de meu Mestre, o grande Maha-Deva sob orientação do Divino Sanat-Kumara, o Senhor do Mundo, devo abandonar este corpo que conservo por infinitos ciclos solares. Meu discípulo Uiran, hoje ocupando a posição de "filho do Mestre",[2] voluntariamente vai ceder seu corpo físico e seus veículos inferiores, que passarei a ocupar. — Thamataê fez uma pequena pausa antes de prosseguir. — Sempre fui uma voz que falava ao povo, nunca uma presença, desde o tempo em que, obedecendo às diretrizes dos Dirigentes planetários, demos nascimento ao germe de uma nova raça, a raça branca, que será de grande importância no planeta em um futuro ainda muito distante.[3]

Thamataê calou-se, e foi o Sumo Sacerdote de Ophir quem tomou a palavra.

— Creio que falo por todos os sacerdotes do Império e, assim, podemos declarar nesse momento que estamos de acordo com essas importantes declarações e deliberações do Mestre.

Ninguém se pronunciou. O silêncio na Assembléia foi suficiente para demonstrar que todos estavam de acordo.

— Resolvida esta questão — disse Thamataê —, passemos a tratar da indicação, para a recém-criada Ibez, de seu Sumo Sacerdote. Eu proponho o nome do Sacerdote Pacamac, da cidade oeste, Madir.

Ouviu-se um grito de protesto, e já se encontrava de pé Araduc-Shintá.

— Protesto, Mestre! — balbuciou, rosto vermelho de cólera. — Protesto — repetiu. — Acho que eu deveria ser o indicado para o posto.

— Que razão, ou razões, apresenta para essa pretensão? — perguntou com toda calma Thamataê.

— Os serviços prestados, Mestre.

---
[2] Existem três graus, ou três relações entre Mestre e discípulo. A primeira é chamada de "discípulo em provação", a segunda de "discípulo aceito" e a terceira relação de "filho do Mestre".
[3] Thamataê se referia ao Terceiro Milênio, época do aparecimento da sexta sub-raça, chamada austral-americana, de grande importância no Brasil, pátria da espiritualidade universal.

— Serviço prestado é obrigação, dever de quem dirige.
— Mas Mestre...
— Pacamac também tem grandes serviços prestados ao Império — interrompeu Thamataê, que não perdia a serenidade.
— Tem ainda minha idade, Mestre.
— Que tem a idade com tua pretensão?
— A idade representa experiência, atributo que considero ideal para o cargo. — O sacerdote agora falava baixo, atitude submissa.
— Nem sempre, Araduc-Shintá, nem sempre! Mas, como não desejo ser despótico, vamos colocar em votação.

Todos se pronunciaram a favor de Pacamac, exceto ele próprio e Araduc-Shintá.

O sacerdote de Shadir foi o último a se retirar, acompanhado por Abi-Karam, que procurava acalmar seu Mestre, que tremia de ódio reprimido. Por entre resmungos e pragas inaudíveis, conseguiu dizer para seu ajudante:

— Preciso ir o mais depressa possível à cabana de Ozambebe buscar minha encomenda.

Nos aposentos particulares de Thamataê, Uiran, sentado em uma almofada, ouvia atento as instruções de seu Mestre, quando uma luz muito forte, dourada com reflexos prateados, inundou toda a sala. O ar ficou mais puro, de uma leveza incomparável, e um odor suave de rosas invadiu todo o ambiente. Nesse momento, a luz enceguecedora condensou-se e, a mais ou menos um metro do chão, apareceu rodeada de luz a imagem do Rei do Mundo, o Divino Sanat-Kumara.

Esse Excelso Ser é um poderoso Adepto do Esquema de Evolução do planeta Vênus, que de lá veio há seis milhões de anos para tomar a seu cargo a evolução do planeta Terra. Sem sua aprovação, ninguém pode ser admitido na Grande Confraria Branca e é sua a estrela que brilha sobre a cabeça do Adepto Iniciador, como sinal de que Ele aceita o Iniciado em Sua Fraternidade. Este Divino Adepto é chamado de "Eterno Virgem Adolescente", porque seu corpo, embora físico, não nasceu de mulher, foi criado pelo poder da vontade e nunca envelhece.

Tem aparência de homem, porém de um jovem de 16 primaveras. É a vontade do Logos encarnado, e Seu amor é tão vasto quanto os oceanos da Terra. Em Sua consciência, é registrado tudo que se passa nos sete planos de nosso globo. Como Sua aura interpenetra toda a Terra, sabe de tudo quanto acontece dentro dessa aura, e não existe ato, por mais secreto que seja, que Ele não conheça, e nem injustiça, por mais leve que exista, que Ele não registre.

A Divina aparição ergueu Seu sublime braço e Sua mão direita emitiu um jorro de luz dourada sobre a cabeça curvada de Thamataê, em seguida sobre a de Uiran. Imediatamente, uma estrela cor de ouro apareceu sobre a fronte de Thamataê, subindo lentamente até ficar sobre o chacra coronário, irradiando sobre o alto da cabeça. Os dois prosternaram-se no chão, em sinal de respeito e humildade, e então aquela imagem magnífica dissolveu-se no ar, deixando um enorme vazio em suas almas e corações.

De novo, o ambiente se encheu de luz e o Maha-Deva, envolto em sua aura amarelo-ouro, fez-se presente.

— Paz a todos os seres! — recitou. — Paz em seus corações!

— Agradecemos vossa presença — disse Thamataê —, pois, depois de agraciados pelo Rei do Mundo, que aprovou meu discípulo Uiran como Adepto da Grande Confraria Branca, nosso júbilo torna-se ainda maior por merecermos a honra de vossa atenção.

— Sou apenas um humilde instrumento do Grande Sanat-Kumara — disse o Maha-Deva. — Trago instruções finais que traduzem a vontade do meu excelso Mestre.

— Que possamos eu e Uiran-Taê, agora o sagrado nome do novo Adepto da Grande Confraria Branca, cumprir a vontade do Mestre com o maior empenho; a ordem indiscutível iremos obedecer com alegria.

— Como não ignoras, depois da transferência de veículos, deves ficar com no máximo vinte por cento dos poderes que hoje possuis. Estás ciente e concordas com isso?

— Sim, Mestre — respondeu sem pestanejar.

— Muito bem — disse o Maha-Deva — estarás sujeito a todas as limitações e tentações da matéria, todos os sofrimentos humanos, todas as maldades, intrigas e superstições, toda a

ignorância dos homens, prisioneiro da carne e vulnerável à lei de causa e efeito, o carma.
— Estou ciente, Mestre, e totalmente consciente de minha livre escolha.
— Abdicas, filho meu, de tua situação de quase um semideus para ficar restrito ao presente, sem mais visualizar o futuro, completamente insciente do vir-a-ser?
— Abdico, Mestre.
O Maha-Deva o abençoou e, colocando as duas mãos em sua cabeça, pronunciou as palavras cerimoniais:
— Em nome do Alto, pelo poder da Vontade, Sabedoria e Atividade do Logos encarnado no Divino Sanat-Kumara, eu te entrego à roda da vida, que volta sucessivas vezes até a libertação final. Que possas em tua nova missão ser manso e misericordioso, e que tua alma seja sempre inundada pelo meu amor — terminou o Maha-Deva. E, dirigindo-se a Uiran-Taê:
— Bem-aventurados sejam os que abdicam de sua própria vida por amor a seu Mestre, que os iniciou nos Sagrados Mistérios. Eu te abençôo em nome do inefável Pai e no incomensurável amor da eterna Mãe do Mundo.
O Maha-Deva ficou alguns minutos em silêncio, mãos postas, orando, depois, fazendo o sinal da cruz em direção a Thamataê, que também contrito rezava junto com Uiran-Taê, disse:
— Thamataê, filho meu, tenho ainda que te advertir quanto a Uiran-Taê. És totalmente responsável por este ato voluntário que ele se propõe. É de tua inteira responsabilidade essa alma no caminho que te está sendo entregue.
— Compreendo, Mestre. Aceito com alegria no coração essa missão e me esforçarei ao máximo para levá-la a bom termo, o que foi determinado pela sabedoria do Alto.
— Que assim seja! — disse o Maha-Deva.
— Porque assim será! — falaram ao mesmo tempo, Uiran--Taê e Thamataê, como que em prece.
Depois que o excelso Mestre se retirou, os dois passaram para o santuário existente na pirâmide-templo para proceder à delicada operação da transferência dos veículos. Thamataê precisava adequar suas vibrações às do novo corpo e administrar todas as funções vitais desse recente organismo.

Baratzil - A Terra das Estrelas

Coyllur enfrentou seu pai, Uilac-Hama, rosto rubro de indignação, olhos vermelhos, que indicavam que estivera chorando momentos antes. Estavam os dois sozinhos no átrio do Templo Inti-Chinan, o Templo das Virgens do Sol, onde a jovem estava encerrada, depois que se negara terminantemente a desposar o filho do Imperador.

As Virgens do Sol, denominadas "Acllas", eram ali colocadas aos 8 anos de idade por ordem dos sacerdotes ou do imperador, morrendo para o mundo exterior, só saindo para as solenidades públicas. Coyllur era uma exceção, fora para esse templo por ordem explicita do monarca, ordem que ninguém ousava discutir.

— Já falei, pai — disse Coyllur, elevando a voz em acentos irritados —, não me caso com o príncipe de modo nenhum.

— Mas, filha, essa tua teimosia não tem sentido.

— Sentido ou não, o fato é que minha decisão é definitiva.

Uilac-Hama, acostumado a ser obedecido, não se conformava com a atitude de Coyllur, sobretudo porque, naquela época, as mulheres não possuíam voz ativa e estavam acostumadas a obedecerem. Por essa razão, o Sumo Sacerdote, além de irritado com a desobediência, estava surpreso. Procurou acalmar-se.

— O que ganhas com isso?

— Minha liberdade.

— Chamas de liberdade estares presa neste templo?

— Liberdade de opinião.

— Grande coisa ter opinião sem poder usá-la porque está presa.

— Prefiro esta prisão a me casar com Tupac-Icá.

— Não pensas no teu pai?

— Claro, sempre fui uma filha dedicada.

— Não pensas no que seria bom e vantajoso para mim? Para nós dois, filha!

— E desvantajoso para mim!

— Como desvantajoso?

— Muito, pai.

— Chamas de prejudicial um casamento rico?

— Não desejo nem nunca desejei um casamento rico.

— Além de um casamento rico, ainda desfrutarias de enorme poder como Imperatriz quando da sucessão ao trono do

príncipe herdeiro.
— Não desejo ser Imperatriz.
— O que desejas afinal, estando nessa situação, privada de tua liberdade?
— Só tenho um desejo em minha vida.
— Qual, filha?
— Ser feliz.
— Existe felicidade maior do que seres Imperatriz? Pensa bem, filha, com o mundo aos teus pés!
— Felicidade para mim é poder desposar meu amor, meu único amor, Ollantay.
— Ele não deu mais notícias, e já por uma Lua completa está ausente. Pode até estar morto, nunca se sabe...
— Tenho certeza de que ele está vivo — interrompeu Coyllur.
— Como podes ter tanta certeza?
— Meu coração me diz, pai. Tenho plena convicção de que meu amor está vivo e de que muito em breve estaremos juntos.
— Achas que Ollantay poderá tirar-te daqui? Pensas que esse templo é como tua residência e que é permitido entrar quem quiser? Eu mesmo só consegui entrar devido a minha posição no império, de Sumo Sacerdote dos templos.
— O futuro dirá — respondeu Coyllur, pensativa. — Acharei um modo de me encontrar com ele — e a donzela não arredou um milímetro de sua posição.
— Filha, põe nessa cabecinha teimosa uma coisa: se não aceitares esse casamento, jamais sairás de Inti-Shinan — e o Sumo Sacerdote adoçou a voz, procurando ser persuasivo, mudando de tática.
— Prisão nenhuma é suficiente para aprisionar um coração apaixonado — retrucou Coyllur.
— Mas, minha filha, essa tua posição radical é irracional!
— Pode até ser, pai, mas é minha posição ante uma arbitrariedade.
— Arbitrariedade! Como podes chamar de arbitrário tudo que eu faço para tua felicidade?
— Como pode, pai, querer impor sua vontade, contrariando tudo aquilo que mais desejo?
— A vontade não é minha, é do Imperador — mentiu Uilac-Hama.
— Posso fazer-vos uma pergunta?

— Pode, filha.

— Porque não oferece para desposar o príncipe uma de minhas irmãs? Elas não têm compromisso com ninguém.

— Porque és minha filha mais velha, e também porque foi escolha de nosso Imperador — e o Sumo Sacerdote, cansado de argumentar e vendo a filha cada vez mais inflexível, de novo se irritou. — Com o tempo farás aquilo que quero!

— Nunca!

— Farás sim, o tempo é o melhor remédio para modificar opiniões de moças teimosas.

— Nunca! — repetiu Coyllur.

— Veremos — disse Uilac-Hama. E, sem mesmo se despedir de sua filha, deixou abruptamente o templo Inti-Shinan.

8
Revelações

Ollantay entrou como um raio em sua casa, tão rápido que a custo Andi-Car e Tay-Lha conseguiam acompanhá-lo. O general tinha muita pressa, queria ver sua amada o mais cedo possível. Mandara o capitão Kajamac, com um relatório pormenorizado da campanha na costa oeste, ao palácio do Imperador, enquanto ele, na casa das armas, botava a par seu comandante do resultado da incursão contra os mercenários da Atlântida.

— Fez boa viagem, general? — perguntou Andi-Car, arquejando pelo esforço de correr atrás de seu senhor.

— Este é Tay-Lha — disse, indicando seu novo escravo, ignorando a pergunta de Andi-Car. — Vai de hoje em diante ficar conosco. Providencie um lugar para que ele possa acomodar-se e depois dê a ele trajes mais adequados. — E o general começou a se livrar do uniforme amarfanhado e sujo.

— Tudo feito, senhor. O homem já está vestido e alojado.

— Diz-me, Andi-Car, que notícias me dás de Coyllur? — perguntou Ollantay, enquanto se vestia.

— Temo não serem as melhores.

— O que queres dizer com isso?

— Desde que o senhor partiu, só obtive notícias de sua noiva pelos outros.

— Ela nunca te comunicou nada?

— Nada, senhor. Como disse, soube dela por terceiros, e isso mesmo depois de especular muito.

— Estranho. Mas falaste em más notícias...

— Vou contar-lhe tudo que sei. Consta, ou melhor, se fala...
— Sem rodeios, Andi-Car, direto ao ponto.
— Investiguei e se fala aqui e ali que Coyllur está prometida a Tupac-Icá, o príncipe herdeiro.
— Não acredito!
— É o que se diz, general. Mas tem mais: é voz geral que Coyllur é filha do Imperador e criada desde pequena no templo pelo Sumo Sacerdote.
— Isso é um absurdo! — E Ollantay, irado, levou maquinalmente a mão à copa da espada, depois, controlando-se: — Que mais soubeste?
— Um servo do templo dos "Dois Jaguares" me contou que ouviu, por acaso, uma conversa entre Uilac-Hama e o Conselheiro do Imperador.
— O que diziam? Conta logo tudo, homem! — e o general estava prestes a explodir de impaciência e de raiva.
— Diziam, entre outras coisas, que Coyllur estava reclusa no templo Inti-Shinan.
— Como é possível uma coisa dessas! — E não deixando o outro prosseguir: — Coyllur, filha do Imperador! Coyllur presa no templo das Virgens do Sol! Com mil trovões! Nunca ouvi tanto disparate!
— É o que pude saber, senhor. Se é verdade ou mentira...
— Vou tirar isso tudo a limpo — interrompeu Ollantay.
— Tenha muita cautela, senhor.

O general não respondeu; pisando forte, passadas largas, soltando uma praga, ganhou a rua.
— Que o sagrado Inti o acompanhe — ainda pôde ouvir seu servo dizer.

Ollantay partiu direto para o templo dos "Dois Jaguares", residência oficial do Sumo Sacerdote. Dois empurrões, uma carantonha feroz, a intenção e o gesto de tirar a espada da bainha, o recuo de dois ou três sacerdotes, e Ollantay estava frente a frente com a guarda pessoal do Sumo Sacerdote.
— Alto, senhor! Onde pensa que vai? — E os três homens desembanharam suas espadas.
— Não vejo homens bastantes para me impedir de ver Uilac-Hama! Sou o general Ollantay, Titã dos Andes — finalizou com orgulho.
— Somos três contra um, general — disse um dos guardas,

não parecendo se impressionar com o título de Ollantay.
— Bobagem! — E o general também desembanhou sua espada.
O guarda mais à frente dos outros dois, que interpelara Ollantay, refletiu melhor, dizendo:
— Podemos conversar, general, não vejo necessidade de correr sangue no solo sagrado do templo.
— Só depende dos senhores. Por mim, um pouco mais ou um pouco menos de sangue não faz a mínima diferença. Deixa-me passar!
— Cuidado general! Meça suas palavras!
— Nem palavras, nem ferro. — E perdendo de vez a paciência, espada em riste, atacou.
Uma voz soou alto no fundo do salão antes que as espadas se chocassem.
— Deixem o general passar! — E Uilac-Hama veio ao encontro de Ollantay. — Por que a violência?
— Não há violência alguma, apenas exerça meu direito, que tentaram impedir — respondeu, indicando com um gesto os guardas perfilados na presença do Sumo Sacerdote.
— Direito?
— Sim, o direito de um noivo ver sua noiva.
— Então é isso?
— O que o senhor julgava que fosse? Por acaso sou algum arruaceiro irresponsável a provocar escaramuças inconseqüentes?
— Sei perfeitamente que não, general.
— Assim é melhor! Vim saber notícias de minha noiva — e Ollantay frisou a palavra noiva.
— Minha filha... Coyllur... já não me pertence mais. — O Sumo Sacerdote estava reticente.
— Não lhe pertence? Seja claro, senhor!
— Agora ela é propriedade do Império. Tupac-Yupanqui, que Inti o guarde, ordenou que Coyllur desposasse seu filho.
— E meu compromisso com ela? Aliás compromisso também afeto ao senhor.
— O que posso fazer, general? São ordens superiores!
— Ordens que rompem acordos, acordos morais.
— Não pude fazer nada.
— Acho que podia com sua autoridade protestar, quem sabe mesmo impedir essa arbitrariedade do Imperador.

Baratzil - A Terra das Estrelas

— Nem sequer seria ouvido, muito menos atendido.
— Afinal, o senhor tem ou não tem autoridade?
— O senhor me ofende, general.

A discussão estava tornando-se tensa e Ollantay, ríspido, sem meias palavras, não recuou.

— Quer me parecer que um Sumo Sacerdote do Império não é mera figura decorativa.
— O senhor me respeite!
— Como posso respeitar quem não me respeita!

Ficaram a se encarar, olhos nos olhos, expressões fisionômicas rígidas, tensas. Foi Uilac-Hama quem afrouxou aquele estado de beligerância.

— Eu o respeito muito, general — disse, mastigando as palavras.
— Não parece.
— Torno a repetir, não pude fazer nada para mudar o desejo do Imperador.

Houve uma ligeira trégua entre eles. Cada um estudava seu oponente, sem entretanto querer um confronto direto. Foi o general que retomou o diálogo.

— Diga-me uma coisa, senhor, soube que Coyllur foi encerrada no templo Inti-Chanan.
— É verdade, general. Depois que ela se negou a casar com o príncipe herdeiro, essa desobediência foi punida com sua reclusão no templo até que mude de ideia.
— Então, Coyllur desobedeceu a ordem do Imperador! — disse Ollantay, não escondendo sua satisfação.
— Se ela não voltar atrás, ficará ali pelo resto da vida.
— Soube também que Coyllur não é sua filha.
— Ela é filha do Imperador e me foi entregue em tenra idade para criá-la.
— Com que intuito?
— Prepará-la para no futuro ser Imperatriz.
— Quer dizer que o senhor me enganou, não me disse nada, deixando-me supor que um dia casaria com Coyllur. Fez-me até crer que desejava esse casamento.
— Na ocasião, já havia perdido a esperança de ver Coyllur Imperatriz do reino.
— E o senhor tem coragem de dizer que me respeita muito.
— Se não tivesse a maior consideração pelo senhor, não o

teria recebido, tampouco impedido que minha guarda o expulsasse do templo.
— Expulsar-me? Talvez sim, talvez não! Já combati inimigos piores que três guardinhas insignificantes!
O diálogo ficou tenso outra vez. Uilac-Hama, vermelho de cólera, desviou o olhar do general. Ollantay, não fazendo segredo do seu desprezo pelo Sumo Sacerdote, disse:
— Não poderia esperar gestos de nobreza ou de bravura em um sacerdote pusilânime!
— Respeite-me, senhor!
— Respeito quem me respeita!
— Cuidado, general, posso destruí-lo facilmente.
— Experimente!
Os dois homens levantaram-se e ficaram frente a frente, encarando-se. O general, com um sorriso de escárnio, sem dar uma palavra, deu as costas a Uilac-Hama, seguindo em passos largos em direção à porta.
Antes de sair, ainda ouviu o Sumo Sacerdote aos berros, completamente transtornado, vociferar:
— Eu sou o Sumo Sacerdote do reino! Poder à altura do Imperador! Exijo respeito! O senhor... o senhor... vai arrepender-se! Vai arrepender-se!
Ollantay entreparou, mas sequer virou-se, e, levantando os ombros, deu uma risada de desprezo, saindo do templo.

Ozambebe, resmungando palavras mágicas, acendeu num pote de cobre um líquido esverdeado e viscoso que produziu uma chama vermelho-viva, que atingiu grande altura. O feiticeiro tornou a pronunciar palavras estranhas, repletas de consoantes, e imediatamente a chama diminuiu, passando a queimar o líquido de maneira quase invisível. O bruxo deu por terminada sua manipulação, pois, colocando a mão espalmada sobre o pote, apagou o fogo, que deu um silvo agudo. Sem mesmo esperar que esfriasse, pegou o recipiente com as duas mãos e, abrindo a porta de um armário carcomido pelo tempo, guardou ali o vaso, ainda fumegante, junto com outros do mesmo feitio.
Ozambebe já habitava aquela cabana há mais de vinte

anos, depois de banido de Ophir, condenado ao exílio perpétuo, impedido de chegar até mesmo perto dos limites da cidade. Ozambebe já fora Amatac, o supremo conselheiro do reino, nome e cargo que já havia procurado esquecer. Nessa época, por pura ambição, deixara-se seduzir por Oduarpa, a quem, depois de várias promessas, passou a servir, até que, descoberto, foi destituído de suas funções e condenado ao exílio. Oduarpa não o abandonou completamente e, quando seus interesses coincidiam, entravam em contato e agiam de comum acordo. Por mais de uma vez, o mago negro de Ruta lhe dissera que era muito bom ter um colaborador competente encarnado.

Ozambebe não tinha mais ilusões, não alimentava esperanças de voltar para Ophir, tampouco almejava sua antiga posição; agora possuía somente ódio no coração e o desejo de ver destruída toda Paititi.

Zorade rugiu, abandonando seu canto escuro e vindo para o centro da sala.

— Quieta, amiguinha! Deitada, enquanto abro a porta — disse, dando tapinhas carinhosos na cabeça da fera.

Araduc-Shintá já se estava preparando para bater na porta, quando esta foi aberta bruscamente.

— Já o esperava — foi a lacônica saudação.

— Vim buscar minha encomenda. Já está pronta?

— Está! — O feiticeiro economizava as palavras, porém, logo mudou de atitude e, mais cordial, convidou: — Entra, vamos sair da entrada da porta, pois nem os espíritos da floresta podem ouvir nossa conversa. — E dando um risinho curto: — Não tenhas medo, Zorade é muito bem educada. Senta — disse, indicando um tamborete.

— Preparaste o que te pedi? — Araduc-Shintá parecia ter pressa em sair dali.

— Calma, meu amigo, precisamos antes conversar.

— É ouro o que queres?

— Não preciso disso! Tenho tudo que quero e posso fazer ouro na hora que quiser.

— Não temos muito que falar.

— Temos sim, podemos falar no mago Oduarpa.

Araduc-Shintá arregalou os olhos, torceu as mãos, remexendo-se no tamborete, e foi com voz vacilante que perguntou:

— O que sabes... sabes sobre Oduarpa?

— Tudo! Há muito tempo que tenho contato com ele. É quem me vem instruindo nos mistérios do oculto. Sei também que tiveste uma entrevista com Oduarpa e recebeste várias instruções.

— Pelo que vejo, temos o mesmo mestre!

— Tu tiveste apenas um contato com o mago, não podes pretender ser um de seus discípulos.

— Seja — disse condescendente, pois teve certeza de que Ozambebe sabia de tudo. — Mas não era sobre Oduarpa que querias falar-me.

— Justamente sobre o mago é que queria falar-te. Ele te mandou um recado.

— Não poderia ter-me dito pessoalmente?

— Oduarpa tem mais o que fazer.

— Está bem, acho que estás certo quanto a isso, mas qual foi o recado?

— Manda te avisar que ainda não é chegada a hora de tua vingança.

— E disse quando é essa hora?

— Não, não disse, apenas falou que não vai demorar.

— Devo então esperar?

— Isso é contigo; se fosse eu, seguiria sem vacilação esse conselho.

— E o veneno que te encomendei?

— Está pronto. Como pediste, com efeito para depois de seis horas.

— Mas se não vou usá-lo...

— Isso é contigo — repetiu o feiticeiro.

— O que me aconselhas? — Agora, Araduc-Shintá estava humilde, aparentava submissão.

— Isso já é outra consulta; se responder, terás uma nova dívida a ser paga. Não costumo misturar os assuntos, uma coisa de cada vez.

— Por favor, Ozambebe, o que devo fazer? — tornou a perguntar Araduc-Shintá.

— Não faço favores, troco interesses.

— Então, qual é teu interesse?

— A destruição de Thamataê.

— Temos interesses comuns.

— Realmente.

— Poderíamos unir nossas forças.
— Poderíamos se resolvesses abandonar esse insano plano de envenenamento. Podemos agir juntos, sim, mas no momento certo.
— Sabes qual é o momento certo?
— Sei! Sabes, tanto quanto eu, que Thamataê vai abandonar seu corpo e tomar um emprestado; sabes, também, que, quando isso ocorre, fica-se apenas com vinte por cento dos poderes anteriores; logo, penso que esse seja o momento certo.
— Concordo! Mas o que faremos inicialmente? — o sacerdote continuava insistindo, mesmo depois das explicações do feiticeiro.
— Nada.
— Como nada? Temos que fazer alguma coisa.
— Já te disse e repito, só faremos essa alguma coisa, como dizes, depois da ordem de Oduarpa, que virá, tenho certeza, após essa troca de veículos que Thamataê pretende fazer.
— Tens razão, vou esperar com paciência.
— Assim é que se fala.
— Como vai avisar-me? A cidade norte é muito longe.
— Para que existe o corpo astral?
— É verdade, havia-me esquecido desse detalhe.
— Andas muito esquecido ultimamente; cuidado, isso pode ser perigoso em nossas atividades.
— Eu sei... Eu sei... É a ansiedade.
Ozambebe calou-se; Araduc-Shintá remexeu-se no tamborete, o que fez Zorade dar um rosnado. O feiticeiro a acalmou.
— Vais sempre levar o frasco de veneno? — perguntou.
— Que utilidade teria agora?
— Nunca se sabe! Nunca se sabe! — respondeu Ozambebe.

9
Os irmãos de Shukra

Kalamy já enviara duas mensagens telepáticas para Thamataê, não obtendo resposta. O grande Mestre de Ophir havia ocupado o corpo de seu discípulo Uiran-Taê e estava ainda se adaptando aos novos veículos, tendo perdido, como vimos anteriormente, oitenta por cento de seus poderes psíquicos e paranormais, comuns na raça venusiana; por esse motivo, não recebera as mensagens.

Kalamy, com seus oito discípulos, construíra a bela cidade das pedras, Itaoca,[1] depois de haver combatido e banido os irmãos das sombras, originários da Atlântida, precisamente de Ramakapura, cidade ao norte de Ruta. Nessa época, proliferava nos templos sombrios dessa grande ilha a mais baixa magia negra que iria, tempos depois, destruir completamente Ruta. Eles, desde longa data, haviam-se infiltrado na região onde veio a se criar Itaoca (hoje Piauí), estabelecendo um monastério das Sombras junto à escassa população que vivia em cabanas.

Vendo Kalamy que seu irmão Thamataê não conseguira captar sua mensagem telepática, resolveu utilizar a projeção astral, nessa época habitualmente empregada por quase todos. Esse processo era parecido com nossa televisão, com a diferença que não usavam qualquer aparelho e som e imagem apareciam condensados no ar em frente àquele para quem eram emitidos.

Kalamy concentrou sua potente energia em Thamataê e,

---

[1] Itaoca: Existem inúmeras palavras em Tupy originárias do sânscrito, que era oriundo do Watan ou idioma Adâmico. Assim a palavra "Ita", pedra, o mesmo que no tupy, e "Oca", casa, nos mesmos idiomas, significaria "casa da pedra" ou "cidade das pedras" — "Itaoca".

em frações de segundos, seu duplo, deslocado, encontrava-se dentro da Pirâmide-Templo de Cristal Rosa.

— Salve, irmão! — disse, mãos unidas em frente ao peito.

— Seu aspecto está admirável!

Thamataê, sorrindo, fez o mesmo gesto, perguntando:

— Achas mesmo?

— Sim, irmão; mas que importa a forma quando nossa alma imortal venceu o efêmero do tempo!

— Não foi para elogiar minha nova casca externa que te deste ao trabalho de vir até Ophir!

— É verdade, não foi. Eu diria que por coisas bem mais serias. — E Thamataê notou que Kalamy estava com a fisionomia grave.

— É a respeito de Itaoca?

— Não, meu irmão, tudo na cidade das pedras vai muito bem. Expurguei para sempre os magos negros, discípulos de Oduarpa; temos tido muita bonança e tempos felizes para trabalhar.

— Fico feliz com essas notícias.

O outro, sem fazer mais qualquer preâmbulo, entrou direto no assunto.

— Thamataê, é preciso que te prepares para um êxodo de grandes proporções.

— Um êxodo geral?

— Quase.

— É tão grave assim o que tens para me comunicar?

— Gravíssimo.

— Conta-me em detalhes, irmão.

— Não é para agora; no máximo para daqui a doze ciclos solares maiores. Haverá um grande cataclisma, resultante do afundamento de Ruta e algumas ilhas que restaram da Terra Atlante. O mar que corta o norte e nordeste do Baratzil e Tawantinsuyo vai desaparecer, depois de ressacas, maremotos terríveis e erupções vulcânicas, quando aparecerá um grande rio. Paititi ficará reduzida à cidade oeste, Madir; as outras todas desaparecerão debaixo da terra convulsionada.

— Nosso Mestre Aramu-Muru já havia previsto esses acontecimentos — disse Thamataê, que escutara atento o relato de seu irmão. — Mas doze ciclos solares é muito tempo. Qual o motivo de tanta antecedência em me avisar?

— Como sabes, terminei minha missão em Itaoca e, além

de ter vencido nossos irmãos da sombra, ainda construí um Império modelo nesses 27.440 ciclos solares maiores.
— Continuo não entendendo tua pressa.
— Vou voltar para nosso planeta natal.
— Definitivamente?
— Não, o grande Mestre reserva para mim, num futuro distante, missão ainda mais importante do que tive na cidade das pedras.
— Então deverás voltar?
— Talvez. Quem sabe?
— Diz-me, Kalamy, devo evacuar Ophir, migrando com todos para Madir?
— Para Ibez, pois a cidade oeste com o passar do tempo também vai desaparecer.
— De Paititi só restarão ruínas — disse Thamataê, pensativo. — Dói muito saber que essas belas cidades vão sumir sem deixar sequer vestígios. Muito embora eu e tu saibamos que esse universo de matéria é um caos para os sentidos, mas um cosmo para a razão.
— Definiste muito bem esse eterno vir-a-ser, a que tudo está sujeito na aparente exteriorização.
— Como tenho bastante tempo — disse, depois de uns instantes de reflexão —, vou avisar o governador de Daytia sobre esses cataclismas. Como não ignoras, mantemos relações comerciais com a Atlântida.
— Faz isso, irmão!
— Doze ciclos solares maiores — e Thamataê repetiu essa frase umas três vezes — é tempo suficiente, sem atropelos, para um êxodo total em direção de Ibez. — E, encarando Kalamy, saindo de dentro dos seus pensamentos: — Como tiveste acesso a essas informações?
— Foi por intermédio de nosso grande Mestre Aramu-Muru, quando ordenou minha volta a Shukra.
— Achas que momentaneamente deva fazer segredo acerca desses conhecimentos? — Thamataê, em seu recente corpo, estava inseguro, sua consciência bastante limitada, suas intuições, antes abrangentes, agora eram mínimas.
— Tem uma conversa com o Imperador, o supremo Conselheiro e os sacerdotes. Quanto aos nobres, militares e o povo em geral, minha opinião é de que devem ignorar, pelo menos no momento.

— É o que farei.

— Outra informação, meu irmão, de grande interesse e da maior importância: Ibez, quando necessário, poderá ter acesso à costa marítima. Construí várias passagens subterrâneas, interligadas em cavernas existentes, que conduzem, em várias direções, até ao mar.

— Essa informação é muito interessante.

— Mas deves manter segredo sobre essas cavernas e esses túneis.

— Por quê?

— Porque, além dessas cavernas ocultarem enormes riquezas, ainda guardam, em rolos de papiros, segredos de toda nossa tecnologia, história detalhada de nossa raça, qual a razão de termos vindo colonizar o planeta azul e, principalmente, outro Disco Solar de ouro, que foi trazido do Templo da Luz de Daytia logo que cheguei em Itaoca. No estágio atual da evolução humana, todas essas coisas devem ficar em segredo e ocultas em uma das cavernas.

— Por que não instalastes o Disco de ouro em tua cidade?

— O Mestre deseja que posteriormente seja instalado na Pirâmide-Templo Rosa de Ibez.

— De Ibez! — exclamou Thamataê, surpreendido com a declaração de Kalamy.

— Outra coisa, irmão, que deves saber. Já existe, na costa leste do Baratzil uma colônia atlante: várias cidades localizadas em um vale, limitadas a oeste pelas grandes montanhas e a leste pelo oceano.

— Qual o nome dessa colônia?

— Hoje não é mais uma colônia, mas uma terra livre que chamam de Terra de Zac, outros de Terra das Araras Vermelhas.[2]

— Ibez deve comerciar com esses atlantes?

— No futuro, quem sabe? — respondeu com outra pergunta evasiva Kalamy.

Houve um grande silêncio entre os dois irmãos. Com enorme ternura, podia-se notar, Kalamy olhava para Thamataê e, depois de um prolongado abraço, disse comovido:

— Fico muito feliz em ver-te mais uma vez... — não completou a frase.

— Eu também, querido irmão.

---
[2] Vide, do mesmo autor, *A Terra das Araras Vermelhas*, **EDITORA DO CONHECIMENTO**.

— Felicidade maior foi poder abraçar-te de novo.
— Quando ... quando partes?
— Ao final desta Lua.
— Que a paz do Mestre te acompanhe e que meu amor sempre esteja no teu coração.
— Salve, irmão da minha alma! Paz no teu coração!
— E a todos os seres! — E unindo as palmas das mãos em frente ao peito, viu desaparecer um dos últimos entes de Vênus, que por séculos habitara o Planeta Azul.

Era tarde da noite e o templo Inti-Shinan estava silencioso.

Dois vultos destacaram-se das sombras da noite e aproximaram-se cautelosos do muro de pedra, que ficava na parte posterior. Pararam alguns instantes junto ao paredão, olharam para todos os lados, depois jogaram uma corda para o alto, tendo em uma das extremidades um gancho, que a deixou presa e bem esticada. Os dois homens experimentaram a resistência da corda e deram-se por satisfeitos, pois começaram a subir vagarosamente, um depois do outro. A cavaleiro no alto do paredão, pularam para os jardins do templo.

De repente, uma luz acendeu-se a poucos passos dos invasores. Quatro homens armados de lanças curtas interceptaram os dois homens.

— Considerem-se presos! — gritou um dos guardas. — Esse templo é um local sagrado, a ninguém é permitida a entrada! — E juntando a palavra à ação, atirou-se, acompanhado pelos outros, contra os dois sacrílegos intrusos.

Thamataê, tão logo Kalamy desapareceu de sua presença, mandou chamar Schua-Ram, o supremo Conselheiro.

Há de parecer estranho ao leitor constatar que, em todos esses séculos decorridos, Thamataê fosse apenas um nome sem rosto para a população de Paititi. É também impossível imaginar que o grande Mestre tivesse ficado confinado no Palácio-Templo de Cristal Rosa por 27.440 anos. Pelo contrário, Thamataê tinha ampla liberdade, visitava todas as cidades, todos os templos e palácios, não existia um só lugar no reino aonde não tivesse ido. Porém, nesses séculos todos, o Mestre deslocava-se em corpo espiritual, invisível para seus contemporâneos.

Para espanto de Schua-Ram, que durante sua longa gestão jamais vira Thamataê sair do seu templo, seguiram com quatro homens da guarda em direção ao palácio das armas.

Anunciado pelo supremo Conselheiro, o grande Mestre foi saudado pelo diretor, Radatayan, que veio pressuroso ao seu encontro.

— Salve, grande Mestre! Divino filho do Sol! — E Radatayan curvou-se até o chão, prosternando-se, humilde.

— Levanta, Diretor das Armas.

— A que devo essa visita honrosa? — perguntou Radatayan, levantando-se.

O diretor não tirava os olhos de Thamataê, na certa não entendendo uma juventude que para ele já durava séculos. Não sabia Radatayan que o Mestre ocupava agora um novo corpo e tampouco nunca o vira pessoalmente.

Thamataê notou essa insistência no olhar do diretor, mas não se perturbou, entrando direto no assunto.

— Vim ver de perto a nova arma.

— Dizem que é uma maravilha de eficiência — disse Schua-Ram, intrometendo-se no assunto, mas, notando o que fizera, ficou ruborizado e, dirigindo-se a Thamataê: — Perdão, Mestre, não tive intenção de desrespeitá-lo.

Nessa época em que narramos essa história, intrometer-se na conversa de um Mestre era uma irreverência, considerada falta grave. Daí o pedido de perdão de Schua-Ram.

— Não se preocupe, Conselheiro — disse em voz mansa o grande Mestre.

— Por aqui, senhores. — E Radatayan indicou o caminho.

A arma examinada detidamente por Thamataê era um tubo comprido de metal, de um metro e setenta centímetros, tendo na parte posterior um arco em forma de meia lua, para apoiar no ombro. No meio, havia uma pequena alavanca, que, quando acionada para a frente, lançava um raio de luz vermelho-vivo, capaz de atravessar uma parede de pedra de vinte e cinco metros de espessura.[3]

---
[3] Esses tubos eram muito parecidos com as modernas bazucas, e os raios de luz

— Quantas dessas armas foram fabricadas? — perguntou Thamataê, aprovando a invenção.
— Já possuímos duzentas e cinqüenta armas.
— Foram testadas?
— Foram, Divino Mestre, em dois répteis gigantescos e um desses lagartos voadores que se aproximaram de nossa cidade.
— E o efeito?
— Morte instantânea.
— Infelizmente — disse Thamataê, com tristeza na voz —, temos que os destruir, não vejo outra maneira. E tu, Schua--Ram, o que aconselhas?
— Acho, Mestre, que a única solução é matá-los.
— Senhor, se me permite — disse Radatayan —, muito embora tenhamos aprendido que nada deva ser destruído na natureza, tornou-se uma questão de sobrevivência. Ou acabamos com esses monstruosos animais, ou todos nós pereceremos, vítimas deles, que já são bem numerosos.
— Infelizmente — tornou a repetir Thamataê. E, mudando de assunto: — E os tubos pequenos, de uso pessoal, nossas armas anteriores a esse invento, qual o seu efeito?
— O efeito é o mesmo, apenas necessitam maior quantidade de raios de luz vermelha.
— Ótimo, Radatayan, estou satisfeito. Quero que fabrique mais duzentos e cinqüenta tubos e dobre a quantidade das armas pessoais. A propósito, qual o nome dado a essa nova invenção?
— Sugere algum nome, Divino Mestre? — perguntou o diretor.
— Não, deixo o nome ao teu critério.
— Tinha pensado em chamá-la de "Roua Mara", a luz mortal.[4]
— Muito bom nome, diretor. Pode começar a providenciar

---

vermelha com o raio laser.
Edgar Cayce, o famoso vidente, em leitura de uma vida passada, feita em 1933, aludiu à invenção atlante da "luz mortal" e, com 25 anos de antecipação, previu a sua redescoberta — o laser: "...Isso foi como se enviássemos de diversas usinas ou bases centrais o que se chamaria hoje de Raio da Morte, ou raio supercósmico, que será descoberto nos próximos 25 anos". Em outra leitura, especifica no que consiste: "...os raios do sol amplificados pelos cristais". Vinte e cinco anos depois, em 1958, a Cia. Bell construiu o primeiro Laser operacional — Amplificação de Microondas pela concentração de energia em um cristal. (*Visions de l'Atlantide*, Ed. J'ai Lu, Paris, 1973, pp. 74, 78-80)
4 No idioma Adâmico ou Watan, "Roua" significa luz; "Mã-Ra", morte. Portanto "Luz Mortal".

essa minha encomenda.

Quando Thamataê voltou ao Templo de Cristal Rosa, botou Schua-Ram a par de toda a conversa que tivera com Kalamy. O supremo Conselheiro, mesmo depois desse colóquio com seu Mestre, não conseguia entender por qual motivo havia sido determinado o aumento da fabricação das armas. Afinal, o povo de Paititi era e sempre fora pacífico.

— Por quê? — se perguntava Schua-Ram, o supremo Conselheiro do reino.

10
Coyllur

Coyllur despertou coberta de suor. Olhou em torno, vendo com tristeza que ainda estava encerrada no templo das Virgens do Sol. Tivera, como vinha acontecendo há algum tempo, sonhos estranhos, que terminavam e começavam novamente, repetitivos e, quando acordava cansada pela manhã, um vazio enorme invadia sua alma e uma sensação de algo perdido, indefinido, ficava a povoar sua mente.

Esses sonhos já eram antigos, desde criança, porém agora eram mais freqüentes, quase todas as noites e, durante o dia, nas horas intermináveis que passava sozinha, confinada em seus aposentos, sonhava acordada, sentia-se fora desse mundo, enlevada; uma tristeza que nada tinha com sua prisão, confusa, inquietava sua alma.

Coyllur não conseguia entender, pois, muito embora esses sonhos recorrentes fossem fatigantes, começou inexplicavelmente a querer associá-los aos seus devaneios. Era uma sensação de lassidão, algo prazerosa, e passaram a tornar-se obrigatórios em sua nova vida, ficando inteiramente dependente desses sonhos tão nítidos.

Por que não sonhava com Ollantay, seu único amor? — se perguntava. — Quem seria esse jovem tão belo, que não conhecia, que a fascinava, e com ele vivia momentos de intenso prazer e gozos inenarráveis do espírito?

O sonho ou visão, não sabia mais distinguir, começava sempre da mesma maneira! E como esperava ansiosa por eles!

Estava num lugar estranho, lugar onde nunca estivera

antes, escuro, cheio de nuvens negras, de chão arenoso e totalmente deserto. Uma voz suave, modulada em acentos graves, agradável ao ouvido, lhe dizia:

— Venha, não tenha medo.

Seu invisível guia a conduziu por esse lugar desértico, até chegarem a um jardim florido, repleto de vegetação luxuriante e fontes de água cristalina. Ao fundo desse cenário, um palácio de aparência alabastrina, todo branco, de uma alvura que brilhava em contraste com um céu muito azul. Dele saiu um jovem de beleza incomparável, que veio ao seu encontro. Tomava-lhe as duas mãos, fitando-a ternamente com seus lindos olhos azulados. Ao toque dessas mãos, Coyllur sentiu todo seu corpo vibrar, uma emoção, uma paz inaudita, um júbilo como antes nunca sentira tomou conta de todo seu corpo, sua alma, todo seu ser. O desconhecido mancebo a abraçava e Coyllur entregava-se totalmente àquele amplexo, que não desejava que acabasse.

— Meu amor, alma de minha alma! — dizia o jovem desconhecido.

Seus lábios iam tocar-se quando, nesse exato momento, um relâmpago, seguido de uma explosão, ouviu-se e os dois, como se tivessem sidos arrastados, foram separados, um para cada lado, desaparecendo o jovem desconhecido por entre nuvens escuras.

A voz de seu guia invisível se ouvia novamente:

— É preciso que nesta vida o encontres fora de teu sonho. Aguarda com paciência, minha filha, porque as causas têm efeitos inexoráveis. Porém, lembra-te bem, esse reencontro não deve e não pode ser uma união carnal, mas de almas que se distanciaram no tempo e se descobrem para cumprirem seus destinos.

O cenário e a voz desapareciam do sonho, e Coyllur despertava sempre com a mesma sensação de nostalgia e saudade. Saudade vaga, imprecisa, que não conseguia entender, um vazio no peito, como se faltasse alguma coisa, uma angustia traduzida por um sentimento de perda, de algo que desaparecera de sua vida e que buscava sem saber o que era.

Coyllur continuava pensando em seu amado Ollantay, mas, na maioria de seus dias vazios e monótonos, em devaneios constantes, não conseguia tirar de seu pensamento aqueles belos e profundos olhos azuis, a ponto de vê-los bem nítidos a sua frente, fitando-a carinhosamente.

— Pelo imortal Inti — viu-se dizendo Coyllur —, o que está acontecendo comigo? Será que não é Ollantay o homem que quero, o homem da minha vida?

Ollantay encarou o amigo, capitão Kajamac, sentado a sua frente.

— Estou desesperado, Kajamac. Coyllur está aprisionada no templo das Virgens do Sol.

— Aprisionada! Qual o motivo?
— O Imperador quer que ela se case com seu filho.
— E ela?
— Coyllur rebelou-se contra esse casamento.
— Por esse motivo, foi encerrada no templo Inti-Shinan?

— Isso mesmo, Kajamac, isso mesmo!
— Não podes fazer nada?
— Fazer o quê? — e Ollantay soergueu-se das almofadas, soltando uma praga.
— Já falaste com Uilac-Hama?
— Falei. Fui ao templo dos "Dois Jaguares" procurá-lo. Não adiantou de nada, o maroto parece que concorda com esse casamento.
— Tens certeza?
— Absoluta! Ainda quis fazer-me crer que Coyllur é filha do Imperador.
— Que absurdo!
— Também acho. Não acreditei nem um pouco nessa farsa.
— O que pretendes fazer?
— Tirá-la o mais depressa possível de lá.
— Mas é uma loucura, meu amigo!
— Loucura ou não, é o que vou fazer!
— Raciocina comigo, Ollantay. Que chance terias? Como entrarias no templo? E, se conseguisse entrar, de que jeito libertarias Coyllur? — e Kajamac enfileirou essas perguntas todas no espírito conturbado de seu amigo.

Baratzil - A Terra das Estrelas

— Não sei, Kajamac, não sei! Até concordo que tens razão, o bom senso me aconselha a não tomar qualquer medida intempestiva, porém, quero desprezar a razão e seguir somente o que manda meu coração.

— E teu coração manda que morras ou coisa pior? — atalhou Kajamac.

— Não importa, meu amigo, é o que pretendo fazer — — retrucou de forma obstinada, os olhos fuzilando de ódio.

— Mas eu me importo! — E olhou com ternura para Ollantay, tomando suas mãos entre as suas.

Por um momento, nenhum dos dois disse nada. Kajamac, testa franzida, apreensivo; Ollantay, cabeça baixa, dentes cerrados, cenho carregado. Passado algum tempo, olhou seu amigo nos olhos.

— Vim... vim buscar... buscar tua ajuda — disse, falando aos arrancos.

— Como, de que jeito posso ajudar-te?

— Ajudando-me a tirar Coyllur daquele templo.

— Essa é uma empreitada impossível!

— Vais ajudar-me ou não? — perguntou com voz irritada, começando a se alterar.

— Não disse que não ia ajudar-te, apenas não sei a maneira certa de fazer isso — respondeu com toda calma, tentando ser conciliador.

— Se não queres, ou não podes, não importa! Irei sozinho mesmo! — Agora o general falava em tom agressivo. O outro notou e novamente procurou não levar em conta a exacerbação do seu amigo.

— Ollantay, quando foi que deixei de te ajudar? Vamos, homem, me diz!

— O general acalmou-se. Kajamac, com sua fala cordata e mansa, tinha o poder de dissipar seu destempero.

— Jamais pensei em te pôr em perigo. Quando falei em tua ajuda, foi pensando em um conselho, alguma tática para poder executar o meu plano de ação. Jamais, torno a repetir, expor-te ao perigo.

— Tu me ofendes falando em perigo, coisa que nunca temi, pois em minha vida inteira lidei com ele, com destemor, de peito aberto.

— Não precisas me dizer, sei que és um homem valente.

— Quero que fique bem claro que o único motivo que tenho para não te ajudar nessa loucura é a grande amizade que tenho por ti. Não desejo que nada de mal te aconteça, tampouco a Coyllur, e esse teu plano de invadir o templo é uma missão suicida. Não teríamos a menor condição de ter êxito.
— É tua última palavra? — Outra vez notava-se nesta pergunta um acento irritado.
— Vamos conversar, traçar planos mais adequados à situação. Com serenidade encontraremos uma solução.
O general não respondeu. Levantou-se abruptamente, olhos coléricos, fitou o capitão. Ia falar alguma coisa, mas, engolindo as palavras, deu meia volta e, sem uma despedida, seguiu em direção à porta. Kajamac continuou sentado e, meio agastado com a atitude intempestiva do general, ainda disse:
— Ollantay, espera! Ollantay, vamos... — o resto da frase morreu em seus lábios. O general já havia saído.

Ollantay retirou-se da casa de Kajamac furioso, resmungando invectivas contra o Imperador, o Sumo Sacerdote e o capitão, considerados indiferentes ao seu sofrimento.
Ajudado por Andi-Car, trocou o uniforme por uma bata curta, de cor escura, folgada para deixar seus movimentos mais livres, e afivelou o cinturão largo, de couro, onde da bainha pendia sua espada curta de dois gumes.
— Vai mesmo, senhor, cometer essa loucura?
— Chega! Não quero ouvir mais uma palavra sobre esse assunto!
— Mas, senhor...
— Já disse, Andi-Car, chega! Nem mais uma palavra. Se não puderes ajudar, ao menos não atrapalha — Ollantay estava bastante irritado e seu servo, ante essas admoestações, calou-se e, mudo, completou o trabalho de vestir seu amo.
— Meu general — ouviu-se uma voz na porta do aposento —, perdoe minha intromissão, mas por acaso ouvi parte da conversa e queria suplicar-vos que me levasse com o senhor.
— E Tay-Lha, o escravo atlante, já estava dentro do quarto, curvando-se reverente.
— Sabes por acaso aonde vou? — dignou-se perguntar o

general, surpreso com o pedido de Tay-Lha.

— Não, meu senhor, mas, pelo pouco que ouvi da conversa com Andi-Car, sei que é uma empreitada perigosa e queria, se permitísseis, dividir com o senhor essa... essa expedição.

Ollantay, antes de responder, ficou olhando uns minutos para seu escravo.

— Quero que saibas que talvez não se volte dessa missão.

— A única coisa que sei, meu senhor, é que desejo fazer o que for possível em troca da bondade que teve comigo, acrescida da alegria de poder servir-vos. Por favor, general, deixai-me participar convosco, como dizeis, desse perigo.

— Não tens medo, Tay-Lha?

— Nunca soube o que é ter medo, general!

— Quero te alertar para o que vamos fazer.

— Peço perdão outra vez, meu senhor, mas convosco irei até as profundezas de Put[1] sem procurar saber de mais nada.

— Então vamos! — E o general, olhando cheio de admiração para Tay-Lha, dirigiu-se para Andi-Car, que até esse momento se conservara calado. — Dê-lhe uma espada e roupas adequadas.

Os dois homens seguiram, no frio da madrugada, em direção do templo Inti-Shinan. Galgaram corda acima, escalando o alto muro, pulando para o interior do templo. Como vimos anteriormente, quatro guardas armados os atacaram de imediato.

A luta foi sangrenta, rápida e violenta. Os dois homens tinham pressa, esperando não chamar a atenção dos outros guardas. Ollantay enfrentou dois oponentes, enquanto Tay-lha fazia o mesmo. Com uma estocada funda, o general tirou logo um dos guardas do combate, que caiu com a garganta cortada. O outro procurou ferir Ollantay no flanco direito, mas recebeu um violento golpe que o fez retroceder. A peleja recomeçou, os ferros se chocaram e o general, girando rápido, feriu com a ponta da espada o peito do guarda, que, ao receber o impacto, recuou de novo e, lançando sua espada de ponta contra Ollantay, procurou atingi-lo, mas este, desviando-se para o lado, deixou que a arma passasse zumbindo sobre sua cabeça. O guarda não perdeu tempo, apanhando a lança que largara no chão na hora do combate, avançou contra o general. Não con-

[1] Put: nome do inferno no idioma Adâmivo ou Watan.

tava, porém, com a intervenção de Tay-Lha, que, lutando bravamente, liquidara seus dois oponentes e, com um potente golpe, desferido na cabeça do guarda, o colocou fora de ação. Ollantay olhou orgulhoso para seu escravo e não pôde furtar-se a um grito de admiração.

— Bravo, Tay-Lha! Bravo!

Mas não houve tempo para comemorações, pois o barulho da luta despertara a atenção dos outros guardas do templo, que, correndo em direção aos dois invasores, aos gritos, atacaram.

Eram dez homens armados contra dois, mas tanto Ollantay como Tay-Lha não se intimidaram e, em vez de recuarem, atiraram-se contra os guardas armados de lanças. A desvantagem era grande, e, embora lutassem bravamente, viram-se encurralados num canto do muro de pedra. Os guardas do templo entrepararam, lanças em riste, ameaçadores.

— Entreguem-se! — ordenou o oficial da guarda, um pouco à frente de seus homens.

— Nunca! — gritou Ollantay.

— Nunca! — repetiu Tay-Lha, fazendo menção de atacar.

Nesse momento, ouviu-se uma voz, vinda do portão de entrada do templo.

— A mim!

Quinze homens encapuzados, espadas nuas nas mãos, vieram correndo em direção aos guardas. O combate foi encarniçado, mas, com as forças tendentes para o lado do general e seu escravo, a luta terminou logo, com alguns poucos guardas mortos, outros feridos ou rendidos, pedindo mercê.

O que comandava os encapuzados aproximou-se de Ollantay e se descobriu. O general não pôde conter um grito de surpresa e alegria.

— Kajamac, meu bravo e querido amigo! — e estreitou em seus braços o capitão.

11
Os proscritos

Mbonga, cauteloso, olhou em todas as direções antes de sair da mata densa para a praia de areias amareladas, onde se via isolada a cabana do feiticeiro Ozambebe. Ali uma enseada formava uma pequena baia de águas claras e rasas.

Era alto, forte, cor de cobre escuro; cabelos lisos, muito pretos, desciam dos dois lados do rosto, caindo até a altura dos ombros. Vestia uma tanga de pele de veado curtida, amarrada na cintura por uma faixa de couro, onde, de uma bainha, aparecia o cabo de osso de uma faca. Pendurado no ombro esquerdo, uma espécie de bornal, também de couro, e, completando esta sumária indumentária, uma lança curta, com ponta afiada, que carregava atravessada nas costas.

Mbonga pertencia à aldeia dos owandos, situada ao norte de Ophir, cercada por um deserto que se estendia até os contrafortes de uma montanha de alcance quase inacessível; era herdeiro único do chefe Abukalem. Os owandos eram uma raça orgulhosa, por essa época quase primitiva, que não colaborara com os visitantes do céu, os venusianos, e, por esse motivo, haviam sido segregados para o interior da selva, para além do grande deserto, onde se estabeleceram com sua cultura, sua arte e seus costumes inalteráveis. Embora pacíficos, não admitiam qualquer intromissão em suas leis ou sua maneira de viver. Eram um povo respeitado, em coexistência harmoniosa com Ophir e suas cidades satélites.

Um estalido forte à direita de Mbonga fez o gigante cor de cobre virar-se, a tempo de avistar enorme sucuri, já quase em cima de suas costas. Com agilidade espantosa, Mbonga desferiu potente golpe com a lança, que atingiu em cheio a cabeçorra do ofídio e, mais rápido ainda, com uma das mãos parecida com tenazes, segurou firme o corpo da sucuri e, com a outra mão, vibrou com a faca afiada, que tirara da bainha, um golpe preciso que separou o corpo do ofídio em dois.

Uma voz se ouviu, tirando a atenção do gigante da parte posterior da cobra que se enrolara em uma de suas pernas.

— Bravos, Mbonga! Foi um belo golpe!

— És tu, Ozambebe? — E, sem mesmo virar-se, continuou com o trabalho de livrar sua perna da metade da sucuri. — Temos bastante carne para hoje.

O feiticeiro aproximou-se, segurando Zorade, a onça preta dente-de-sabre, pelo cachaço.

— Era bem grande esse bicho — disse, procurando aquietar a onça, que, sentindo o cheiro de sangue, começou a rosnar de forma ameaçadora.

— Tem carne para ti também — E Mbonga atirou um pedaço alentado para Zorade. — Traz uma vasilha, Ozambebe, vamos dividir esta carne toda.

— Não vais levar nada contigo?

— Uma pequena parte; Owando fica longe daqui e não precisamos tanto de carne. Temos por lá em grande quantidade.

— Não queres entrar um pouco? Quem sabe tomar um gole de água fresca? — perguntou Ozambebe, ao mesmo tempo em que acondicionava em duas grandes panelas de barro nacos generosos da sucuri, cortados por Mbonga.

— Não, o Sol já vai alto e ainda tenho muito que caminhar.

— Vai sobrar muita carne — disse o feiticeiro, olhando para a sucuri retalhada por mãos hábeis, espalhada aos pedaços pelo chão.

— Sempre pensei que essas cobras gostassem mais d'água doce — disse Mbonga, jogando o que sobrara da sucuri no mar.

— Este bicho vive tanto na água salgada quanto na doce.

— Por falar em água salgada, diz-me, Ozambebe: o mar está sumindo?

— Por que perguntas? — respondeu o feiticeiro com outra pergunta, encarando Mbonga.

— Tenho reparado que o mar está cada vez mais raso.

— Mais raso?

Baratzil - A Terra das Estrelas

— É, isso mesmo! Tenho ido pescar algumas vezes e chego a caminhar com água pelos joelhos distâncias enormes. Tenho reparado também que os desertos estão crescendo. Próximo a minha aldeia, de uns ciclos solares para cá, o deserto que circunda as terras owandos já está com o triplo do tamanho que tinha. Torno a perguntar, Ozambêbe, o mar está sumindo e os desertos crescendo?

O outro ficou algum tempo calado antes de responder.

— Só posso dizer-te, meu amigo, que o mar muito em breve vai desaparecer totalmente.

— Totalmente?

— Sim, Mbonga. Grande parte desta terra será no futuro um grande deserto. Talvez, quem sabe, quando este solo for umedecido pelas grandes águas doces, transforme-se em uma enorme floresta.

— De verdade? — e o guerreiro owando arregalou os olhos de espanto.

— É o que vejo no futuro.

— Quando acontecerá essa tragédia?

— A data precisa não sei te dizer. Só posso te afirmar é que tudo isso que te falo vai por certo acontecer.

— Como sabes?

— O que é que não sei! — afirmou com orgulho Ozambebe e, depois de alguns minutos, em que Mbonga parecia refletir sobre os assustadores acontecimentos do futuro, perguntou: — Terias um lugar em tua aldeia para um feiticeiro, uma velha onça e uma coruja que já há muito tempo nem pia mais?

— Claro, meu amigo! As terras owandos estão sempre à disposição daqueles que admiramos e a quem somos ligados por laços de amizade. Mas Ozambebe, se tudo que dizes vai acontecer, tanto faz ficar aqui ou em Owando!

— A região em que fica situada tua aldeia será poupada da catástrofe.

— Só minha aldeia?

— Não, outras regiões serão também poupadas.

— Diz-me, Ozambebe, se é que sabes, qual será a causa de tudo isso?

— Eu sei de tudo, amigo Mbonga, por isso vou te contar o que sei. — E o feiticeiro fez uma pausa proposital para tornar o que tinha a dizer ainda mais prodigioso. — Um grande maremoto acontecerá nos dois oceanos e, junto com os fogos internos que vomitarão, lava incandescente enrugará partes da crosta terrestre. Novas terras aparecerão, outras vão desaparecer nos abismos formados por essas convulsões. Toda a fisionomia da terra Paititi será modificada, a ponto de regiões inteiras tornarem-se irreconhecíveis. Um novo Baratzil surgirá, com um futuro admirável.

Mbonga escutava, mudo de espanto, as palavras do feiticeiro, com admiração e respeito.

— Como sabes tantas coisas? — conseguiu perguntar.

— O que é que não sei! — tornou a repetir Ozambebe, um estranho sorriso nos lábios finos.

O Sumo Sacerdote da cidade norte, Araduc-Shintá, na nave central de seu templo, qual fera enjaulada, andava de um lado para o outro. Tentara inúmeras vezes, sem o menor sucesso, um contato com o mago Oduarpa, porém não obtivera qualquer sinal ou indicação do que fazer. Estava Araduc-Shintá bastante preocupado com o rumo que os acontecimentos haviam tomado e agora se encontrava em um beco sem saída.

Contrariando ordens expressas do grande mago, Araduc-Shintá deixara-se levar pelas emoções e, sem raciocinar, na reunião geral com todos os sacerdotes e o Mestre Thamataê, quando houve a indicação do sacerdote Pacamac de Madir para suprema autoridade religiosa em Ibez, insurgiu-se contra essa designação e, em palavras irritadas, fizera ameaças, expondo-se e tornando-se vulnerável. Fôra duramente admoestado por Thamataê, apoiado pelo Imperador e o Conselheiro Schua-Ram, que o intimaram a calar-se e a retirar-se, aguardando em seu templo as penalidades decorrentes desse ato de insubordinação.

Foi nesse estado de espírito que Abi-Karam encontrou seu mestre na nave central do templo de Shadir.

— Trago novidades, senhor.

— Boas ou más? — perguntou o Sumo Sacerdote sem mesmo se virar para seu auxiliar.

— Temo que sejam más, meu senhor.

— Diga logo, Abi-Karam — disse Araduc-Shintá, com

visível irritação.
— Conforme o senhor determinou, procurei o supremo Conselheiro Schua-Ram, que me comunicou...
— O que comunicou? — interrompeu o Sumo Sacerdote, com voz alterada.
— Comunicou, senhor, que já existe uma ordem para que sejais suspenso do vosso cargo por quinze dias. A ordem vos será enviada por escrito, com o selo do Imperador Pachamac-Inti.
— Isso é humilhante para um Sumo Sacerdote de Paititi — retrucou em voz surda Araduc-Shintá. O outro não disse nada e, em atitude submissa, aguardou as ordens de seu senhor. — E se eu não aceitar essa ordem e publicamente me insurgir contra essa arbitrariedade? Eu ainda detenho alguma influência no Império!
— Com todo respeito, senhor, mas, pelo que pude observar nas altas esferas e das posições tomadas pelos outros sacerdotes e o próprio Conselheiro, isso me faz supor que vossa influência diminuiu bastante.
— Acreditas realmente?
— Infelizmente, senhor. Constatei sondando várias autoridades religiosas e governamentais. Se vossa graça adotar essa postura, será na certa preso.
— Preso! Achas que eles ousariam? — E havia ainda o maior orgulho na pergunta do Sumo Sacerdote.
— Ousariam tudo, senhor. É forçoso lembrar que a prisão agrícola fica a algumas léguas daqui e, com todo respeito, vos pergunto: ali esquecido, quem se lembraria de vossa augusta pessoa? O senhor, Eminência, sabe melhor do que eu que aquelas terras são presídios que, além de infestadas de monstros, logo perigosíssimos, ainda enterram vivos seus ocupantes, que acabam desaparecidos.
Abi-Karam referia-se à prisão Itassuapina,[1] localizada no deserto, ao norte da cidade Madir. Além da pedreira e os campos de trabalhos forçados na vertente do morro, a prisão propriamente dita era uma sólida construção de pedra lisa, com uma entrada estreita que dava para um corredor escuro, que se perdia nas entranhas da terra. Ali todos os prisioneiros eram iguais em tratamento, independente de sua posição anterior.

---

1 Itassuapina: vem de **Ita** 'pedra', **assu** 'grande' e **apina** 'sem vegetação': "O grande rochedo ou a pedra lisa sem vegetação".

No antro escuro de seu interior, iluminado por velas, todos trabalhavam sentados numa enorme mesa de pedra, descascando um tipo de coco, de onde era separada uma polpa branca, tempero muito usado na época, e um óleo viscoso, amarelado, usado nas refeições como azeite. Ali havia um lema, repetido em todo o Império: "Itassuapina é muito fácil de entrar, mas muito difícil de sair."

Araduc-Shintá conhecia muito bem aquele lugar; ele próprio havia mandado uma dúzia de infelizes para morrerem naquela prisão, por isso, a simples menção daquele local lhe provocou um calafrio que não conseguiu disfarçar.

— Tens razão, Abi-Karam — disse após uns minutos de silêncio —, mas não vejo outra solução. Ou prisão ou a humilhação de ser suspenso do meu cargo.

— Com vossa permissão, senhor, existe uma outra solução.

— Qual? — Araduc-Shintá estava realmente apavorado.

— Fugirmos!

— Fugir! Dizes fugir?

— Sim, amável Mestre!

— Fugir para onde? Diga, para onde? — O pânico era tal, que o Sumo Sacerdote abandonara sua postura orgulhosa e autoritária e pedia orientação a seu subalterno.

— Se não podemos contar com a proteção do grande mago Oduarpa, quem sabe não poderíamos ter auxílio ou abrigo com seu discípulo Ozambebe.

— Seria a melhor solução? — perguntou para si mesmo Araduc-Shintá, profunda ruga a lhe sulcar a testa.

Não era a primeira vez que acontecia. Desde que ocupara o corpo de seu discípulo Uiran, Thamataê vinha tendo quase toda noite o mesmo sonho. Era uma linda moça, de beleza invulgar, que se aproximava e, em voz doce, melodiosa, lhe dizia: "Amado meu, vida de minha vida". Seus olhos amendoados, banhados de luz, pareciam sorrir, e seus lábios carnudos, entreabertos, prometiam as delícias de sonhos impossíveis junto a felicidades eternas. Um impulso irresistível o envolvia e, como que magnetizado, a abraçava, num amplexo demorado que não desejava que tivesse fim. Quando procurava seus lábios para selar com um beijo aquele instante de enlevo maravilhoso, a moça desvanecia-se no ar, deixando-o com uma sensação de vazio e frustração.

Não conhecia aquela linda mulher, disso Thamataê tinha certeza, mas, ao mesmo tempo, no fundo de sua alma, havia a sensação de que já a encontrara em vidas pretéritas. Thamataê sabia não se tratar de um sonho astral, ou melhor, um deslocamento de sua consciência neste veículo. Sua raça dominava totalmente esse mundo suprafísico, não havendo para os venusianos detalhes mínimos que não conhecessem ou dominassem, logo, ele concluiu: devia tratar-se de um sonho do cérebro físico, vivências e impressões do passado que agora chegavam à consciência. Recordações do cérebro de Uiran, agora usado por ele, mas ainda sem total posse completa ou controle.

Thamataê já se havia apoderado das funções voluntárias e involuntárias de seu novo corpo, porém, algumas volições cerebrais ainda estavam sendo aos poucos ajustadas para seu corpo mental, muito mais delicado e perfeito, é óbvio, do que o de seu discípulo Uiran.

"Preciso esquadrinhar melhor os subterrâneos mentais de Uiran" — pensou. — "Este ginete imponderável precisa ser imediatamente domado!" — E, com essa determinação, levantou-se de suas almofadas de penas, sem entretanto conseguir afastar de sua mente poderosa a imagem de uma linda donzela que lhe sorria, um sorriso de ternura, que prometia toda a felicidade do mundo.

12
Fugitivos

— Apressa-te, meu amigo — disse Kajamac —, ainda tens muito que caminhar. Não perde tempo, amanhã cedo os homens de armas do Imperador, os esbirros dos templos, todos estarão procurando-te, vasculhando cada palmo de terra.

Ao mesmo tempo em que o capitão, nervoso, insistia para o general ter pressa em sair dali, os homens encapuzados ergueram as lanças e exclamaram em coro:

— Viva o general Ollantay! Viva o Titã dos Andes!

— Isso prova, meu amigo, que a maioria dos homens de armas dessa terra venera seu comandante e lutariam em qualquer circunstância. — E Kajamac sorriu, um sorriso triste, pois antevia naquele momento o destino de Ollantay e Coyllur, mas, mesmo assim, punha-se de forma incondicional à disposição do seu general. — Estou aqui com meus homens para o que der e vier!

— Meu querido amigo, não quero o sacrifício de ninguém, tampouco prejudicar a carreira militar de quem quer que seja, principalmente a tua, Kajamac. — E Ollantay, com os olhos marejados de lágrimas, encarou o capitão.

— Quem se importa com carreira!

— Eu, quando se trata de quem se ama.

Houve um curto silêncio; foi Kajamac, balançando a cabeça em sinal de aprovação ou desaprovação, quem falou:

— Segue na direção do norte até encontrar a região onde o mar se estreita e, parecido com um rio caudaloso, atravessa a grande cordilheira, pois ali, por alguns quilômetros, a grande montanha inexplicavelmente não existe. Lá irás encontrar um barqueiro, que, com sua balsa, vai levar-te até a floresta, próxima de Paititi. Estarás então em segurança, junto com tua amada. Se saíres agora, pela manhã bem cedo chegarás ao teu destino, mas torno a te dizer: não podes perder tempo.

Os dois homens se abraçaram e o capitão começou a reunir seus homens para a retirada do templo, quando Ollantay, indicando seu escravo, pediu ao amigo:

— Kajamac, este é um homem valoroso, Tay-Lha é seu nome. Veio para Tawantinsuyo como meu escravo, mas agora o faço um homem livre. Se não voltar mais, peço que o tomes como teu auxiliar; verás que ele poderá ser de grande utilidade.

— Senhor — disse Tay-Lha, ajoelhando-se em frente de Ollantay —, leva-me, meu caminho é teu caminho, tua luta é minha luta!

O general ficou por uns momentos olhando admirado para seu ex-escravo.

— Levanta, meu amigo, nunca mais te ajoelhes diante de quem quer que seja. Vamos juntos enfrentar mais esse desafio.

— Para a vida e para a morte, senhor! — E os dois entraram no templo em busca de Coyllur.

Alguns escravos tentaram timidamente barrar seus passos, mas brandindo suas espadas, Ollantay e Tay-Lha afugentaram os serviçais. Correndo pelo longo corredor, os dois enfrentaram alguns sacerdotes, que também tentaram opor resistência. O caminho enfim estava livre.

— Coyllur! Coyllur! — gritou diversas vezes Ollantay. — Até que no final do longo corredor um vulto apareceu, a princípio receoso, mas, depois de se certificar de que era seu noivo, acompanhado por um desconhecido, Coyllur correu ao seu encontro, caindo-lhes nos braços. Algumas portas se abriram e, tímidas, diversas donzelas, as virgens do Sol, apareceram curiosas, mas logo em seguida voltaram para seus aposentos.

— Veste depressa uma capa e apanha uns poucos pertences, vou te tirar daqui. Vai, meu amor, rápido, temos que manter a maior distância possível dos nossos perseguidores, que virão, tenha certeza, logo que o Sol nascer.

A fuga não foi nada fácil: uma mulher delicada, não afeita a longos percursos em terreno acidentado, dificultou bastante. Por alguns momentos, Coyllur, nos lugares piores, era carregada no colo por Ollantay, até que os dois homens pudessem improvisar uma espécie de liteira feita com dois troncos finos de cada lado, a eles presas embiras trançadas por Tay-Lha, formando uma esteira em que a moça sentada ou reclinada era levada com mais facilidade.

A manhã já raiava quando chegaram ao ancoradouro improvisado onde uma balsa, ali amarrada, balançava-se ao sabor da maré. Não havia nenhum sinal do barqueiro e Tay--Lha resolveu procurá-lo, deixando Ollantay e Coyllur sentados na amurada do cais.

— Cansada, meu amor?

— Um pouco, mas, estando contigo e fora de Inti-Shinan, minhas forças e esperanças voltaram.

Ollantay beijou sua testa com carinho e afagou seus cabelos desalinhados, puxando-a delicadamente de encontro ao peito. A moça suspirou fundo e deixou-se ficar aconchegada, protegida pelo seu amor, quase esquecida das provações da viagem pela noite fria e as apreensões durante a fuga do templo.

Pouco demorou e já Tay-Lha chegava com o barqueiro. Ollantay não perdeu tempo com explicações, a pressa era fundamental para escaparem.

— Aqui tens — disse entregando ao barqueiro pequeno saco de couro, cheio de pepitas de ouro. — Esta gratificação, que será suficiente para viveres por muito tempo sem preocupações, é para nos levar até as terras de Paititi.

O barqueiro nem pestanejou, sopesou a sacola, avaliando o peso de seu conteúdo e, ato contínuo, apenas disse, enquanto desamarrava a corda que prendia a balsa no cais:

— Entrem, senhores, senhora, vamos aproveitar o vento da manhã — e ergueu a vela.

A balsa corria pelas águas calmas, aumentando a velocidade quando atravessaram a passagem aberta na cordilheira. O mar agora se alargara e perdia-se no horizonte. Somente céu e água, mas o barqueiro sabia o que fazia e se orientava rumando sempre em direção leste. Entardecia quando avistaram uma sombra escura na frente e, depois de algum tempo, chegaram em uma praia, limitada ao fundo por uma floresta densa, selva formada por grandes árvores.

— Sigam na direção do nascer do Sol e chegarão em um dia de marcha pelas trilhas da mata a Madir, cidade que fica a oeste de Ophir do reino Paititi — disse o barqueiro, deixando-

-os na praia e logo desaparecendo com sua balsa.
— Com fome, amor? — perguntou Ollantay para Coyllur, que, exausta, sentara-se no chão de areia.
Foi Tay-Lha quem tomou as rédeas da situação. Abriu seu bornal e, sorrindo de satisfação, anunciou:
— Carne seca de lhama, meu general! — E entregou a Ollantay e Coyllur dois grandes nacos de carne. — Temos também água.
— E retirou do bornal uma espécie de cantil de couro.
"Tay-Lha era realmente um homem especial que pensava em tudo", conjeturava Ollantay, enquanto Coyllur devorava a carne seca, àquela altura um verdadeiro manjar dos deuses.

Um barulho de galhos de árvores arrancadas e folhagens esmagadas na fimbria da floresta por algo descomunal tirou os três para fora de seus pensamentos. Não houve tempo para nada, já saía da mata um réptil enorme, avançando em grande velocidade na direção de nossos fugitivos.
— Corra para a floresta com Coyllur, vou tentar distrair o monstro! — disse Tay-Lha, e, fazendo grande barulho, agitava os braços acima da cabeça, correndo de um lado para o outro.
— Não, amigo, combateremos juntos!
— Fuja, senhor! Fuja enquanto é tempo!
Coyllur recuou tremendo de medo e, agarrando o braço de Ollantay, suplicou baixinho, com medo do som de sua própria voz.
— Vamos, amor, vamos...
O sáurio disforme, roncando ameaçador, avançou contra Tay-Lha, que, mais rápido que o bote do enorme lagarto, jogou-se no mar. Ollantay e Coyllur, correndo, entraram na floresta, parando ofegantes numa clareira e, em uma árvore gigantesca subiram, sentindo-se mais seguros no alto de seus galhos.
Tay-Lha não teve a mesma sorte; quando já se sentia fora do alcance do réptil, que parara na beira da água, sentiu uma de suas pernas ser presa por um tentáculo. Lutou com quantas forças tinha, mas o polvo gigante que o enlaçara aos poucos, com os outros tentáculos, foi afogando-o lentamente nas águas calmas da enseada. Nem toda bravura, nem toda a luta do jovem atlante foi suficiente. Esmagado naquele abraço mortal, sucumbiu sem soltar um grito, impotente ante o monstro marinho.
Escurecia quando Ollantay e Coyllur, que não quis ficar ao abrigo da árvore, saíram a procurar nas imediações Tay-Lha.

Nada, apenas o silêncio quebrado pela marola na beira-mar na praia iluminada pela Lua cheia, que agora refletia sua luz suave nas areias amareladas. Gritaram várias vezes por Tay-Lha, arriscando-se a serem ouvidos pelo monstro, mas não houve resposta alguma.

— Feliz é o homem que tem um amigo que se dispõe a morrer para salvá-lo — disse com tristeza na voz.

Coyllur enxugou uma lágrima que teimava em descer pelo seu rosto. A donzela também, nesse espaço de tempo, aprendera a amar e respeitar o amigo de seu noivo.

— Vamos, meu amor, não há mais nada a fazer. Tay-Lha escolheu morrer como um homem valente que era. Que os deuses de seus antepassados o acolham em seu reino e que o poderoso Inti lhe dê guarida em sua morada eterna.

O restante da viagem dos fugitivos em demanda a Paititi foi penosa, difícil e exigiu dos dois muita força de vontade, um esforço hercúleo, com muitas vicissitudes, provações e grandes sofrimentos. Logo que o Sol nascia, abandonavam a árvore ou caverna que havia servido de abrigo noturno e punham-se a andar, enfrentando a mata inóspita, os mosquitos, os animais predadores e toda sorte de empecilhos naturais que uma floresta virgem oferece àqueles que a enfrentam. Foram quatro dias terríveis. A comida acabara e a água era conseguida com dificuldade, quando encontravam um rio ou uma queda d'água, o que não era freqüente. Mas muita coragem e determinação de encontrar abrigo em uma das cidades que sabiam existir, acrescido do instinto de conservação, àquelas alturas bastante forte, fizeram com que os dois chegassem, quase ao final do quarto dia de caminhada pela floresta agreste, ao grande deserto que ficava à frente de Madir, a cidade oeste de Paititi.

Exaustos, com as últimas reservas de forças que ainda conservavam, atiraram-se no chão de areia, procurando buscar um resquício de vitalidade para prosseguir.

— Nunca chegaremos — disse num fio de voz Coyllur, chorosa, cabeça apoiada na perna nua de Ollantay.

— Chegaremos sim, meu amor. Ouvi falar deste deserto, uma das cidades fica a poucas léguas além.

— Ó! Inti poderoso! Ajuda-nos!

O general procurou com palavras de carinho acalmar Coyllur, afagando seus cabelos revoltos, empapados de suor e sujeira. Ele também começava a duvidar que pudessem chegar a qualquer lugar. Ficou em silêncio, absorto, o Sol abrasador queimando e dardejando com seus raios, setas incandescentes de maus pensamentos. Ollantay sacudiu a cabeça, como se quisesse jogar para longe aquelas ideias negativas. Não só os pensamentos foram alijados de sua mente, como o torpor, o desânimo momentâneo foram desaparecendo.

— Precisamos continuar — disse Ollantay, voz firme, procurando incutir em Coyllur a coragem necessária. — Vamos, meu amor, é preciso sair daqui. Não devemos estar muito longe do nosso destino — mentiu, fazendo a moça se levantar.

Coyllur suspirou e a custo, amparada pelo seu noivo, levantou-se cambaleando e aos tropeços recomeçou, choramingando e gemendo, a lenta jornada.

Por volta da metade do dia, o calor era insuportável, e a sede maltratava mais que a fome os fugitivos.

— Sempre para frente! Para frente! — exclamou, voz agora insegura, o general que também se encontrava no fim de suas forças.

Coyllur, que caminhava quase arrastada por Ollantay, não parecia ouvir as palavras de incentivo de seu noivo. Olhos fechados, cambaleou, estatelando-se na areia escaldante do deserto. Dentes cerrados por firme determinação, Ollantay, reunindo as reservas de forças que ainda possuía, ergueu Coyllur, mantendo-a em seus braços e, passos inseguros, com ela reencetou a caminhada. Sabia que, se parasse ou se entregasse ao desespero, ali morreriam e tudo estaria acabado para sempre. Era preciso, era necessário prosseguir. O restante do dia foi de dor, esforço para manter-se em pé e vencer passo a passo o que faltava para atravessar o deserto.

Foi com Coyllur desmaiada em seu colo que Ollantay pode enxergar, com seus olhos enevoados, inchados e vermelhos, as muralhas de Madir, a cidade oeste de Paititi. Aos tropeções, quase caindo, alcançou a ponte sobre o fosso, guardado por seis homens de armas.

— Parado! — gritou uma voz saída da guarita suspensa, que ficava acima da muralha. — Quem são? O que querem do reino de Madir? — continuou aos gritos perguntando.

— Asilo — conseguiu responder Ollantay, antes de cair desmaiado.

13
Itaoca

Schua-Ram, o Supremo Conselheiro de Paititi, que exercia seu ministério em Ophir, dirigiu-se ao palácio do Imperador Pachamac-Inti, que já o esperava na sala do trono.

— Que os deuses vos sejam propícios e que o imortal Inti esteja no vosso coração! — saudou o Conselheiro, unindo as palmas das mãos em frente ao peito.

O Imperador repetiu o gesto e, sem mais delongas, perguntou:

— Querias falar-me? — E mandou o Conselheiro sentar-se nas almofadas a sua frente.

O Imperador era alto, magro, rosto comprido e olhos negros, em contraste com Schua-Ram, que era baixo, cheio de corpo, rosto redondo de bochechas coradas e olhos claros. Ambos vestiam camisolões amarelos bordados a fios de ouro, cabeças descobertas. O Imperador ostentava um cordão grosso de ouro puro, pendente na altura do peito, com varias voltas.

— Trago-vos, Divino filho de Inti, as instruções finais do grande Mestre Thamataê.

— Quais são? — A fisionomia do Imperador era séria, parecia concentrado.

Schua-Ram fez uma pequena pausa antes de responder.

— Dentro de três dias vai começar a migração para Ibez.

— A nova cidade está inteiramente pronta?

— Sim, Majestade, toda pronta, inclusive vosso palácio com a maioria de seus servos, providenciando tudo que se faz necessário para vosso conforto.

— Ótimo! — O imperador esfregou as mãos uma na outra

em sinal de satisfação. Pelo menos foi o que Schua-Ram pôde entender desse gesto.

— Os servos, os escravos, os artesãos e alguns militares estão indo hoje para Ibez. Amanhã deverão seguir os sacerdotes e autoridades dos diversos templos e palácios, bem como a nobreza do Império. Finalmente, no terceiro dia, o Sumo Sacerdote Pacamac, o grande Mestre Thamataê, Vossa Graça e eu completaremos a migração.

— Diga-me, Schua-Ram, e a segurança durante a viagem?

— Quanto a isso, Magestade, não tendes com que vos preocupar. As armas de luz mortal estão prontas e em número suficiente.

— Fico bem mais aliviado com essa informação.

— Os grandes barcos já estão todos equipados, e acredito que as 85 embarcações de que dispomos serão suficientes para que em dez viagens de cada uma, levando em média duzentas pessoas de cada vez, faça-se toda a transferência para Ibez. Os casos que mereçam outras providências serão analisados e resolvidos pelos nossos dirigentes.

— Haverá transporte especial para os sacerdotes, os diretores dos palácios e a nobreza?

— Não se preocupe, senhor, já possuímos mais de cinqüenta barcos voadores para fazer esse transporte. São vimanas pequenas de dois lugares, além do condutor, e as maiores de quinze lugares, mas todas mais que suficientes para conduzir até Ibez as classes dirigentes.

Essas vimanas eram constituídas de um metal levíssimo, desconhecido por nós, bem parecido com esse papel laminado, prateado, embora mais grosso, construídas sem emendas, de aparência inteiriça. O interior era forrado por macia camada de uma espécie de feltro, com poltronas presas ao chão, mas rotativas, com movimentos em várias direções. Um painel simples em frente à poltrona do condutor, com dois mostradores, um marcando a velocidade, o outro a altitude. Essas vimanas deslocam-se no ar a grandes velocidades e sem fazer o menor ruído, pois eram impulsionadas pela energia solar, acumulada em um grande cristal branco situado logo abaixo dos mostradores no painel de comando.

O Imperador, depois de satisfeito com as respostas do grande Conselheiro, levantou-se, dando por encerrada a entrevista.

— Eu e a Imperatriz ficaremos aguardando a hora do embarque.

— Em meu nome e do grande Mestre Thamataê, desejamos que tenham uma feliz viagem — disse, despedindo-se.

Schua-Ram estava bastante atarefado e, sem perder um minuto, foi executar as ordens do seu Mestre. Havia sido encarregado das instruções finais aos sete templos de Ophir e aos quatro palácios, comunicando e organizando junto aos sacerdotes e diretores todos os planos detalhados da grande migração. Tudo foi realizado a contento, pois todo o planejamento havia sido elaborado e estudado minuciosamente com grande antecedência.

Quando Schua-Ram chegou ao Templo de Cristal Rosa para dar conta ao seu Mestre do que havia sido encarregado, encontrou o sacerdote de Madir acompanhado por um casal desconhecido na ante-sala do salão principal.

— Salve, sacerdote Pacamac! Já foste anunciado?

— Já, grande Conselheiro, estou aguardando ser chamado para essa audiência que já havia solicitado.

Nem bem acabara de falar com Schua-Ram, quando a porta do salão foi aberta e o grande Mestre dirigiu-se a eles. Tal comportamento de Thamataê era totalmente inusitado, mas, naqueles dias que antecederam a migração para Ibez, os hábitos haviam-se modificado um pouco. Não é pois de se estranhar que o grande Mestre, contrariando os padrões vigentes, adotasse atitude tão surpreendente.

Todos se curvaram reverentes, e foi o sacerdote Pacamac quem lhe dirigiu a palavra.

— Divino Mestre — começou, sem qualquer preâmbulo —, trouxe a vossa presença os dois estrangeiros que pediram asilo em nosso Império, o general Ollantay de Tawantisuyo e sua noiva, Coyllur.

Durante quatro décadas, Utary-Hamam, discípulo de Kalamy, por ele instruído e nomeado Sumo Sacerdote de Itaoca, a Cidade das Pedras, havia governado sem qualquer problema esse vasto Império. A magia negra tinha sido erradicada e os magos da sombra, impedidos de exercerem seus poderes maléficos, tinham fugido de Itaoca ou desaparecido sem que ninguém mais ouvisse falar deles.

Porém, nos últimos dez anos, Utary-Hamam se viu a braços com esse problema, e aqui e ali houve notícias de que a magia negra era novamente praticada. O Sumo Sacerdote, tão logo teve conhecimento de que já começava a haver perturbação da ordem, procurou seu Imperador Ypanca-Paycha, para juntos estudarem as medidas que tomariam no combate imediato desse poder negro avassalador que novamente ameaçava a estabilidade de Itaoca.

Utary-Hamam, tão logo adentrou o salão de audiências do Imperador, depois das saudações de praxe, sem delongas abordou o assunto que o levara ao soberano. Muito embora, na Cidade das Pedras, Ypanca-Paycha fosse mera figura decorativa, pois reinava sem reinar, seu posto e seu cargo ilustre eram respeitado por todos, representava o poder da realeza. Por esse motivo, era natural o Sumo Sacerdote prestar conta de seus atos, render homenagem, como também trocar opiniões e buscar conselhos sobre medidas a serem tomadas.

— Senhor, estamos novamente ameaçados pelos irmãos da mão esquerda — e, sem a menor cerimônia, sentou-se nas almofadas de penas, em frente de Ypanca-Paycha.

O Imperador arregalou os olhos, fitando espantado Utary-Hamam.

— Já possuis alguma ideia, ou melhor, algum plano para combater esses... esses feiticeiros?

— Isso é que vim conversar com Vossa Magestade.

— Sei que farás o melhor, aliás, como sempre fizeste.

Utary-Hamam não deu importância ao elogio e, indiferente, prosseguiu:

— De acordo com os fatos, com tudo que me foi informado, constatei que o caso é sério e exige providencias radicais e imediatas.

— Outorgo-te todos os poderes necessários para que possas executar tudo que achares conveniente. — O Imperador fingia que detinha todo o poder, o que não passou despercebido por Utary-Hamam, que apenas deixou escapar um leve sorriso.

— Sei perfeitamente, Magestade, mas queria que soubésseis o que está acontecendo.

— Conheço de sobra tua dedicação e respeito à casa real.

— O Imperador não abandonava sua posição lisonjeira.
— O problema, senhor, é que os acontecimentos referentes às ações dos magos negros são efeitos de uma causa que foge ao nosso controle.
— Efeito! Dizes efeito?
— Sim majestade, a causa, ou melhor, o foco dessas atuações está além de nosso alcance.
— Além de nosso alcance?
— Muito além!
— Como assim?
— O cerne, o âmago desse problema se situa na Atlântida, em Ruta, precisamente em Ramakapura.
— Existe alguma coisa a ser feita?
— Muito pouco.
— Mas deve existir — insistiu o Imperador.
— Soube que quem detém todo esse poder e o manipula de acordo com sua vontade, ou seus interesses, é o mago negro Oduarpa.
— Ele não pode ser neutralizado?
— Muito difícil! Precisaríamos agir em seu território, em seu terreno, na cidade que ele domina. Seu poder, no momento, estende-se por quase toda a grande ilha de Ruta.
— Já que é de todo impossível atuar em seus domínios, poderemos ao menos impedir sua nefasta ação e de seus discípulos aqui em Itaoca?
— Para isso é que estou aqui, para juntos chegarmos à melhor decisão.

O Imperador ficou pensativo e, quando afinal falou, foi para fazer nova pergunta.

— Se, como dizes, tomaste conhecimento de ações que se iniciam, poderemos abortar essas... essas atividades em seu nascedouro?
— É o que pensava fazer, muito embora não seja medida definitiva.
— Temos outra alternativa?

Utary-Hamam não respondeu. Quando falou, foi para anunciar ao Imperador novo problema que o preocupava.

— Os selvagens da tribo Kilambo atacaram nosso posto avançado na beira do deserto, ao mesmo tempo que alguns chegaram às muralhas de nossa cidade.

— Foram derrotados? — Havia apreensão na pergunta do Imperador.
— Tivemos que usar a luz mortal. Matamos alguns, os outros fugiram, mas, como não ignorais, esses selvagens são numerosos e a cada dia se tornam mais atrevidos.
— Eles teriam alguma ligação com os magos negros?
— Já pensei nessa possibilidade. Quero acreditar que não, embora, quem sabe, seja até provável.
— O que diz seu globo de luz? — Ypanca-Paycha se referia a um globo de cristal puríssimo, imantado por Kalamy, que o legara ao seu discípulo Utary-Hamam para que pudesse ver o passado e o futuro refletidos nessa esfera mágica.
— Os acontecimentos que vão modificar de forma radical os destinos de Itaoca ainda se encontram em um futuro distante — desconversou o Sumo Sacerdote, uma ruga profunda sulcando sua testa.
— E as predições de que o oceano interno ia desaparecer, as matas seriam destruídas por erupções vulcânicas, maremotos e outros cataclismos, que fariam de todo Baratzil um grande deserto?
— A predição existe, Alteza, mas também em um futuro muito distante — tornou a atenuar Utary-Hamam. De que adiantava, contra o inevitável, alarmar o povo de Itaoca e seu Imperador?
— Então podemos contar apenas com nossos próprios recursos para combater os magos negros e as tribos selvagens que nos ameaçam?
— Exatamente, Alteza. Vou reunir os sacerdotes dos templos e o general do palácio das armas e começar imediatamente a campanha contra nossos inimigos — e o Sumo Sacerdote, frustrado por não ter nenhuma solução para os problemas apresentados, pois esperava que o Imperador tivesse ao menos alguma ideia, alguma sugestão para discutirem, preparava-se para sair, encerrando a entrevista malograda, quando foram surpreendidos pelo oficial da guarda particular do Imperador.
— Majestade, capturamos um barco voador que veio de Shadir, cidade norte de Paititi.
— Isso é atribuição tua! Como ousas interromper uma reunião? Desde quando te dei essa liberdade? — O Imperador estava vermelho de cólera.

— Perdão, senhor — e o oficial curvou-se até o chão. — Viajava nessa vimana o Sumo Sacerdote Araduc-Shintá e seu auxiliar, que insistem numa audiência. Dizem que não podem perder tempo e que o assunto é de grande interesse para Itaoca.

Utary-Hamam e Ypanca-Paycha se entreolharam.

— Traga esses dois até nossa presença — disse o Imperador, intrigado com aquela interrupção inesperada.

Nesse exato momento, terminava a grande migração para Ibez.

14
Os owandos

Radatayan recebeu naquela tarde, no Palácio das Armas em Ophir, um sacerdote munido de uma ordem escrita do grande Mestre Thamataê, solicitando que lhe fosse entregue uma vimana pequena sem condutor.
O Diretor do Palácio das Armas examinou detidamente aquele homem a sua frente. O papiro estava em ordem e não despertou a menor suspeita; era procedimento comum a solicitação de vimanas por altas autoridades do Império, mediante ordem escrita e aprovada com o sinete de Thamataê. Mesmo assim, o cauteloso e desconfiado Radatayan começou a interrogar o sacerdote, que impassível aguardava.
— Que nome os deuses te deram?
— Abi-Karam, senhor!
— Estou vendo aqui nesta ordem que representas o Sumo Sacerdote Araduc-Shintá. — E Radatayan examinou novamente o papiro em suas mãos e o sinete do Mestre.
— Exatamente, senhor Diretor. Meu Mestre tem muita pressa, querendo utilizar esse barco voador imediatamente.
O Diretor do Palácio das Armas não se impressionou nem um pouco com a pressa do sacerdote, e foi de forma displicente que perguntou:
— Alguma missão especial? — E antes que o outro respondesse: — Eu pergunto não por curiosidade, longe de mim querer me imiscuir nos negócios de um Sumo Sacerdote, mas pelos inúmeros pedidos que desde ontem chegam solicitando vimanas. Seria, Abi-Karam, devido à migração que vai aconte-

cer daqui a poucos dias?
— Talvez, senhor Diretor, talvez! — E o sacerdote, querendo o mais breve possível terminar aquele diálogo incômodo e tomar posse da vimana, perguntou: — Tudo em ordem, senhor?
— E, antes que Radatayan respondesse: — Meu Mestre, se lhe interessa saber, vai comigo nesta vimana executar importante missão secreta para o Divino Thamataê.
Não restava outra alternativa ao Diretor do Palácio das Armas, a não ser refrear sua curiosidade e entregar ao sacerdote o barco voador.
Araduc-Shintá agira com a maior rapidez; aproveitando o movimento incessante em todas as cidades, às vésperas da migração para Ibez, e ainda o fato, que lhe era extremamente favorável, de não ter sido divulgada a ordem de sua substituição do cargo de Sumo Sacerdote, conseguiu um papiro falso, com autorização válida, para obter um barco voador a fim de fugir de Shadir.
Araduc-Shintá fez uma grande curva com a vimana, manobra que evitava passar por sobre a cidade, podendo despertar alguma suspeita. Em poucos minutos, a vimana voava sobre o grande deserto para, costeando as praias do mar interno, atingir a zona onde a mata, quase impenetrável, formava uma barreira verde entre Paititi e as terras selvagens dos owandos. Descrevendo um largo semicirculo por sobre a cabana de Ozambebe, a vimana do Sumo Sacerdote aterrissou suavemente nas areias amareladas da pequena enseada.
O feiticeiro parecia esperar por Araduc-Shintá, pois quase de imediato a porta da cabana se abriu e Ozambebe, não aparentando a menor surpresa pela presença dos dois, resmungou algumas palavras à guisa de cumprimento.
— Vieram mais cedo do que esperava — disse tão logo os sacerdotes desceram da vimana.
— Mais cedo por quê? — perguntou Araduc-Shintá. — Tu não ignoravas que viríamos. Agora, mais cedo ou mais tarde, que importa?
O outro não respondeu. O Sumo Sacerdote encarou Ozambebe, alongando seu olhar em direção à porta aberta da cabana, demonstrando de forma muda o desejo de que o feiticeiro perguntasse se não queriam entrar.
Ozambebe percebeu a intenção de Araduc-Shintá, mas não

deu a perceber, nem arredou um passo.

— Aconteceu o que eu previa. Não adiantam conselhos ou instruções dadas por nossos superiores. Somente quando tudo desmorona é que às vezes se aprende alguma lição.

— Por que dizes isso, Ozambebe?

— O grande mago não te deu instruções detalhadas?

— Deu!

— Mas tu não seguiste!

— Pensei estar fazendo o melhor.

— Pensou! Pensou! Agora, de tanto pensares, te encontras nessa situação!

— O que posso fazer?

— O que devias ter feito.

— Mas Ozambebe...

— Não tem mais nem menos — interrompeu o feiticeiro —, não seguiste as ordens de Oduarpa, que eram para ficar em silêncio, sem tomar qualquer atitude; ignoraste as determinações de teu mestre, caíste em desgraça e agora não sabes o que fazer.

— Pensava em pedir tua proteção — disse Araduc-Shintá em tom de voz humilde.

— Continuas pensando! Pára de pensar e age, homem!

— Agir como?

— Já que não queres ouvir o teu mestre Oduarpa, conserva-te calado e afastado de tudo e de todos. Isso é também uma forma de agir quando estamos com tudo perdido, sem poder fazer nada. É preciso saber recuar para mais tarde poder atacar com mais precisão.

Abi-Karam, que acompanhava o diálogo calado, aprovou com um gesto de cabeça e um meio sorriso.

— Tu achas, Ozambebe?

— Ainda perguntas! Claro! De que adiantou te rebelares na hora errada contra Thamataê?

— De nada.

— A ordem não era para agir somente no momento certo?

— Era.

— Devido ao teu orgulho, de te achares auto-suficiente, perdestes teu cargo, estás ameaçado de ser preso e ainda por cima não tens para onde ir, sem possuir nada de teu. — o feiticeiro estava realmente zangado.

— Pensava em pedir teu auxílio. Pensei também em te pedir asilo.
— Ainda pensando? Não pensa mais, Araduc-Shintá, pois, toda vez que pensas, só cometes asneiras.
— Este é o juízo que fazes de mim?
— É, para não citar o pior!
— Mas te enganas numa coisa.
— Ainda tens alguma coisa?
— Tenho, Ozambebe — e dirigindo-se a Abi-Karam —, a bolsa!
O outro retirou de dentro de seu balandrau uma bolsa de couro, que entregou ao Sumo Sacerdote.
— Toma, é teu! — E entregou a bolsa ao feiticeiro.
— Que é isso?
— Vê tu mesmo. É tudo teu!
Ozambebe examinou o conteúdo, cheio de pepitas de ouro. Balançou a cabeça, resmungou qualquer coisa ininteligível e, sem dizer mais nada, guardou a sacola no interior de sua bata. Ficou olhando algum tempo para os dois e depois disse, dando-lhes as costas:
— Vamos entrar.

Abukalem, supremo chefe da tribo dos owandos, esperava impaciente pela volta de seu filho Mbonga, que havia mandado com missão específica a Itaoca, ou mais precisamente ao chefe Abilhambos da aldeia Kilambo.
Era uma jornada de dez dias atravessando parte da floresta, do mar interno e do grande deserto que formava um verdadeiro cinturão de proteção à Cidade das Pedras, e isolava os kilambos, que viviam assim em segurança das agressões das forças da natureza e alguns enormes animais que ainda restavam. Mas Abukalem estava preocupado. Já se haviam passado quarenta e cinco dias e Mbonga não regressara.
"Teria meu filho sofrido algum acidente?" — pensava —, "teria caído prisioneiro?" Estaria ferido, ou pior, morto? Todas essas interrogações passavam pela cabeça do chefe dos owandos. "Qual o motivo da demora em receber notícias de meu filho?".
Mbonga partira com dez guerreiros e informações precisas

para Abilhambos, informações essas obtidas por intermédio de Ozambebe, em quem os owandos confiavam e a quem davam crédito. Mbonga deveria fornecer todas as comunicações, tendo carta branca para deliberar e discutir com os kilambos quais as medidas imediatas ou que de futuro tomariam.

Mbonga chegou com seus guerreiros no meio de uma batalha. Os kilambos, usando a tática que sempre empregavam, dividiram-se em seis grupos, que atacaram, em intervalos regulares, várias regiões de Itaoca, inclusive os postos avançados que ficavam à beira do deserto. Os kilambos possuiam alguns tubos de luz mortal, que haviam conseguido de inimigos mortos em combate, que agora usavam com parcimônia. Lentamente avançavam sobre a Cidade das Pedras, tendo alguma facilidade nas lutas de guerrilha, pois contavam com aliados internos entre aqueles que praticavam a magia negra.

As batalhas foram sangrentas, com baixas consideráveis em ambos os lados, porém, melhor organizados e com mais poderio, quer em quantidade de homens ou de armas, os exércitos de Itaoca pouco a pouco rechaçaram os invasores, que, vendo a inutilidade de prosseguir a batalha, bateram em retirada para suas terras.

Foi este o panorama que Mbonga encontrou quando chegou com seus guerreiros à aldeia dos kilambos.

— Salve, grande chefe Abilhambos! — saudou, adentrando a oca maior da tribo. — Sou Mbonga, filho do cacique dos owandos, Abukalem! Que a paz de Inti esteja em tuas terras, entre teu povo e no teu coração!

Abilhambos, cercado por seis guerreiros fortemente armados, examinava uma espécie de mapa, desenhado num retângulo de couro; desviou sua atenção do desenho e encarou o filho do seu amigo Abukalem.

— Chegou em má hora, bravo guerreiro Mbonga — disse, abraçando-o —, nossa situação perante nossos inimigos é bastante delicada, perdemos muitos homens e tivemos que recuar, fugindo qual coelhos assustados para nossas terras, mas, mesmo assim, és bem-vindo. A nação kilambo é tua e de todos os owandos!

— Perdão, grande chefe, pela hora imprópria.

— Nada! Como disse, és bem-vindo. — E dirigindo-se a um de seus homens: — Vejam as necessidades de nossos hóspedes;

mesmo em plena guerra, em Kilambo ainda temos respeito por nossos amigos e não esquecemos os deveres hospitaleiros.

— Em meu nome e de meus guerreiros, agradeço.

— Infelizmente não posso oferecer melhor acolhida. Tivemos grandes baixas e com isso inúmeros problemas, que tivemos que resolver de uma hora para outra. Na invasão de Itaoca, contávamos com aliados internos que falharam e nossas armas, bem inferiores em número, não puderam fazer quase nada.

— Talvez o momento do ataque não fosse adequado.

— Não foi essa a ordem que recebi do sacerdote aliado, discípulo do mago Oduarpa. "Ataquem de surpresa, nós dentro dos muros de Itaoca faremos o resto" — dizia a mensagem que me enviaram.

— Mas parece que não fizeram sua parte — disse Mbonga, observando as fisionomias cansadas dos guerreiros kilambos.

— É verdade, agora temos que nos reorganizar novamente.

— Diz-me, grande chefe, se é que posso saber, qual o real motivo de terem atacado Itaoca?

— Os sacerdotes negros me fizeram crer que a Cidade das Pedras, em nosso poder, seria um posto avançado no Baratzil para implantação de nova ordem. Os seguidores da Cruz Invertida[1] depois tomariam posse de Paititi e de Ibez. Mas acho que falhamos, ou então os sacerdotes da mão esquerda que militam em Itaoca não entenderam direito as instruções que vieram de Ramakapura.

Mbonga escutou calado as explicações de Abilhambos e, quando o chefe kilambo terminou sua exposição, o guerreiro owando tomou a palavra.

— Trago revelações importantes de meu pai, Abukalem, que não deixam de ter relação com tudo que acabaste de me revelar. Como não deves ignorar, o discípulo principal de Oduarpa, Ozambebe, ora encarnado, nos avisou da extrema necessidade de união entre os povos owandos e kilambos. Diz ainda que devemos concentrar nossa atenção em Ibez, pois é lá que deve começar a funcionar a Ordem da Cruz Invertida. — E

---

[1] A cruz invertida é a suástica (cruz com as pontas dobradas) inclinada para a esquerda, sentido anti-horário, símbolo da magia negra. É a suástica o antiqüíssimo Wan dos ários, que posteriormente se tornou o Wan dos budistas. A cruz é um símbolo sagrado, porque é por meio dela que se manifesta no universo visível o Deus transcendente, porque Deus, manifestando-se, sacrifica a Si mesmo na cruz da matéria. "O sacrifício cosmogônico do Pai por intermédio do Filho."

Mbonga contou em detalhes para o chefe Abilhambos tudo que soubera sobre os cataclismos que cairiam sobre o Baratzil, sem esquecer um detalhe sequer do que lhe informara o mago Ozambebe.

Abilhambos escutou com atenção tudo que Mbonga lhe confiara e, depois de uns minutos de concentração, fez duas perguntas.

— Ozambebe se encontra nas terras Owandos?
— Está com meu pai em nossa aldeia.
— Quando e em que lugar reuniremos nossas forças?
— A ordem virá diretamente do mago Oduarpa. Teremos que aguardar.
— Devemos então evitar todo e qualquer confronto com Itaoca?
— Penso que sim, grande chefe. Posso adiantar-te que meu pai vai enviar dois sacerdotes de Paititi para Itaoca.
— Sacerdotes de Paititi? — perguntou Abilhambos espantado.
— Dois dissidentes de Thamataê que caíram em desgraça. Foram protegidos por Ozambebe e agora fazem parte do plano de Oduarpa. Eles chegarão em Itaoca como emissários do grande Mestre Thamataê, com a missão de organizar junto ao Sumo Sacerdote a defesa da cidade contra as intempéries e catástrofes que advirão e a luta contra os magos negros.
— Ah! — fez o outro — compreendo. — E mudando de assunto: — Quando voltas para Owando?
— Tão logo descansem meus guerreiros.
— Vou remeter para o chefe Abukalem, por teu intermédio, um relato de tudo que aconteceu, qual a situação das forças armadas de Itaoca, quantos homens de armas possuem, quais os armamentos de que dispõem, por fim, detalhes de toda nossa campanha. Enviarei também minha palavra de adesão à nação Owando e meu interesse em lutarmos juntos contra nossos inimigos comuns. Vá, bravo guerreiro, vá descansar, amanhã conversaremos melhor.

Os dois homens selaram o acordo, juntando as palmas das mãos em frente ao peito e depois tocando com a ponta do dedo indicador o coração.

15
Thevetat

Thamataê não conseguia tirar os olhos de Coyllur a sua frente. Uma atração irresistível, uma espécie de fascinação não o deixava, mesmo que quisesse, afastar seu olhar da moça. Ele, a bem da verdade, lutava com quantas forças tinha para afastar seus pensamentos e não encarar de maneira tão ostensiva e cobiçosa sua hóspede inesperada.

Coyllur também não conseguia desviar seu olhar de Thamataê. "Era aquele o homem de seus sonhos, de seus devaneios", pensamento idêntico ao do Mestre, que, naquele momento, reconhecia em Coyllur a mulher que por várias vezes divisara dormindo ou sonhando acordado.

Foi preciso que por três vezes o sacerdote Pacamac perguntasse ao grande Mestre onde desejava hospedar os dois estrangeiros. Thamataê parecia despertar de um sonho e, ainda alheio ao ambiente que o cercava, dirigiu-se a Schua-Ram e fez uma pergunta completamente fora de propósito.

— Diz-me, Schua-Ram, terminaste os preparativos para a migração? — E, não esperando resposta, dirigiu-se a Pacamac, mudo de espanto ante a atitude estranha do Mestre. — São estes os dois estrangeiros? — E outra vez ignorando qualquer resposta às suas perguntas inusitadas, mandou que todos sentassem nas almofadas espalhadas pela ante-sala.

— O general Ollantay de Tawantinsuyo e sua noiva, Coyllur — apresentou novamente os dois o sacerdote Pacamac.

Só neste momento o enlevo mágico que atingira o grande Mestre e Coyllur diminuiu de intensidade, e Thamataê, recobrando seu equilíbrio, pôde dirigir-se ao General, depois de um leve estremecimento, seguido de um balançar vigoroso de cabeça, como que procurando lançar para longe os pensamentos que a invadiam.

— Seja bem-vindo a Ophir e ao reino Paititi, general Ollantay — saudou, unindo as palmas das mãos em frente ao peito.

— Salve, grande Mestre; eu e minha noiva, Coyllur, agradecemos a acolhida e nos colocamos ao vosso inteiro dispor.

Outra vez os olhares de Thamataê e Coyllur se encontraram. Dava a impressão de que nada e ninguém mais se encontrava naquela sala, somente os dois enfeitiçados. O Mestre, depois de alguns minutos de silêncio, conseguiu tirar os olhos da moça e, como que impulsionado por força irresistível, dirigiu-se para Coyllur, tomando suas mãos, que segurou por um momento. A moça corou e seu rosto ruborizado foi notado por todos.

— Estás bem acomodada? — perguntou Thamataê, com ternura na voz. E, antes que ela respondesse, tornou a perguntar: — Não sentes falta de nada?

Coyllur, ante o contato daquelas mãos, contato que já sentira antes nos seus sonhos e visões, estremeceu, e um calor subiu pelo seu corpo, envolvendo-a totalmente. A muito custo conseguiu responder:

— Tudo... Tudo está muito bem, Mestre.

"Que voz musical" — pensou Thamataê. — "Como é linda e suave esta moça, que tenho certeza, já conheço há muito tempo." — E, ignorando mais uma vez os presentes, ficou, sem dizer uma palavra, olhando enlevado para Coyllur.

Foi Schua-Ram que amenizou a situação, procurando disfarçar a atitude inconveniente e pouco cordial do grande Mestre para com o General.

— Eles estão perfeitamente bem e descansados da viagem fatigante que fizeram.

O Mestre voltou à realidade e, fazendo um esforço para afastar seu olhar dos olhos de Coyllur, que também persistiam fixos nos seus, dirigiu-se ao seu hóspede.

— General Ollantay, Coyllur, desejo que façam de Ophir o seu lar.

— Agradeço, grande Mestre, mas não desejava apenas merecer a condição de simples hóspede.

— Qual é seu desejo, General?
— Desejava exercer no reino uma função qualquer. Gostaria de poder ser útil, fazendo aquilo que sempre fiz e sei fazer: servir nas hostes armadas de vosso reino.
— Iremos dentro de poucos dias abandonar Paititi. As sete cidades em breve desaparecerão e, na nova cidade, Ibez, viveremos todos para exaltar a glória de nossa civilização. Tão logo nos instalarmos no novo reino, General, meu Conselheiro Schua-Ram o colocará na função exata de tua competência e valor. Porém, enquanto não começar a migração para Ibez, quero que fiquem instalados neste Templo como meus convidados — terminou Thamataê, pedindo a Schua-Ram que tomasse todas as providências para que seus hóspedes fossem acomodados com todo conforto no Templo de Cristal Rosa.

O Imperador General Corona governava as duas grandes ilhas Ruta e Daytia, que tinham restado dos cataclismas que destruíram a Grande Atlântida. Corona já por uma década reinava no seu palácio-templo de mármore rosa, na bela capital Ramakapura de Ruta, quando sobreveio o ataque das forças bélicas dos magos negros, liderados por Oduarpa.

Depois de uma semana de violentos combates, as forças do Imperador Corona tiveram que se retirar para o sul de Ruta, abandonando a "cidade das portas de ouro". Ramakapura caiu em poder de Oduarpa e das forças comandadas pelos irmãos das sombras, que encetaram uma campanha armada para expulsar em definitivo de Ruta as hostes que ainda restavam do Imperador Corona. A nova batalha trouxe resultados desastrosos para os magos brancos, que, depois de grandes baixas, retiraram-se em fuga de Ruta nas poucas vimanas que restaram, dirigindo-se para Daytia, onde encontraram abrigo.

Em Ramakapura, cidade principal de Ruta, foi entronizado como rei Thevetat, Sumo Sacerdote das práticas mágicas negativas, com o apoio de Oduarpa e seus seguidores, que lhe outorgou o direito de poder agir sem restrições, e as primeiras ordens foram promulgadas pelo novo Imperador. Sanguinário e cruel, Thevetat imediatamente fez cumprir seus primeiros decretos: "Eliminar todos os prisioneiros e todos os feridos".

Foi um verdadeiro banho de sangue. Os prisioneiros e feridos eram muitos e todos, sem exceção, foram degolados, com supervisão feita por Thevetat, que pessoalmente comandou a chacina com indizível prazer. Sua segunda ordem foi para que fossem presos e, sem julgamento, mortos os suspeitos de simpatizarem com o Imperador Corona, e nova onda de mortes varreu o Império. O sobressalto e o medo faziam agora parte do cotidiano de Ruta, e Thevetat reinava poderoso e absoluto, amparado pelos sacerdotes da magia negra e pelas leis que ele mesmo fizera e que encontraram apoio no grande mago Oduarpa, que as aceitava incondicionalmente. Evidente que, além de cômoda a situação, era do interesse do grande mago negro dominar e impor pelo pavor sua vontade, que Thevetat satisfazia.

Depois de um período de aparente paz em toda Ruta, foi feita uma reunião no palácio real para deliberações sobre o destino do novo Império.

Thevetat era alto, magro, rosto sombrio, de olhos negros, ligeiramente estrábicos. Cabelos lisos, escorridos, que desciam até a altura dos ombros, queixo arredondado, lábios finos e dentes irregulares, quando apareciam num arremedo de sorriso, na realidade um esgar que franzia todo seu rosto, dando-lhe um aspecto sinistro. Trajava uma bata esverdeada, justa no tronco, descendo até os pés. Um colar de ouro na altura do peito prendia um medalhão, do mesmo metal, com estranhos desenhos gravados.

Thevetat desceu a pequena escadaria do trono e recebeu com todas as honras Oduarpa, que se fazia acompanhar por sete discípulos, seus lugares-tenentes. Ao lado do trono central, outros doze tronos o circundavam e o rei os indicou com um gesto de mão aos sacerdotes auxiliares do grande mago, antes de saudá-lo, curvando a cabeça em sinal de submissão e humildade.

— Que Amazarak, a divindade das sombras, lhe transmita sempre os grandes segredos de toda magia, augusto Mestre, mago supremo da lei que rege toda a matéria do Cosmo — saudou Thevetat, conduzindo Oduarpa para o trono que ficava ao lado do seu.

Oduarpa, antes de sentar-se, correu os olhos pelos presentes, sacerdotes em número de dezoito, cuidadosamente escolhidos para a reunião por Thevetat, que, em pé em frente aos tronos, postavam-se em atitude de prece, concentrados e mudos, cabeças curvadas. Encontravam-se também no salão quatro generais, comandantes das tropas do Imperador, e uns quinze nobres, simpatizantes da causa e que haviam-se empenhado em várias atividades e fornecido muito ouro para a conquista da vitória final.

— Convoquei-os para esta reunião — começou Oduarpa — para tomarmos uma posição definitiva quanto ao futuro de nossa terra, bem como quanto a nossa atuação, depois desta grande vitória. Sei que é desejo do nosso imperador Thevetat que se invada Daytia e se conquiste de uma vez por todas Aztalan. Eu não concordo, majestade; acho que devemos nos concentrar em Baratzil, mais especificamente em Itaoca e Ibez.

— Não seria mais lógico termos o domínio completo de Aztalan? — perguntou com todo respeito o monarca.

— Não, majestade, sei perfeitamente o que digo.

— Esclareça-nos melhor! — exclamou o general que se encontrava mais próximo do trono do Imperador.

— Sim! Sim! Esclarecimentos! — repetiram várias vozes.

— Grande Mago, suplicamos vossa generosidade em querer nos iluminar com vossos conhecimentos para podermos entender o que preconizais e assim sabermos a melhor maneira de atuar no maravilhoso plano que tendes para nosso futuro — disse um outro general, fazendo profunda mesura ao terminar.

Oduarpa não respondeu de pronto; limitou-se a encarar nos olhos o general que fizera a pergunta. Depois, sem pressa alguma, correu os olhos pelos presentes, demorando-se em cada um deles, que estremeciam de medo supersticioso ante aquele olhar que parecia esquadrinhar o fundo da alma e, finalmente, endereçando um de seus raros sorrisos ao Imperador, começou, mastigando bem as palavras, voz grave e sonora, mesmo musical:

— Meus senhores, ou melhor, meus irmãos! Acredito que falo em nome do Imperador Thevetat! Não posso concordar com uma aventura que não conduzirá a nenhum resultado prático. Como sou capaz de ver o futuro claramente, posso afirmar que o destino de Aztalan já está traçado, e é um destino bastante sombrio. — E fez uma ligeira pausa para ver o efeito que suas palavras produziam. O silêncio foi geral. — Por meio de minhas operações mágicas — continuou Oduarpa —, foi-me mostrado que Ruta muito em breve vai desaparecer tragada pelas águas do oceano, depois de grandes maremotos, erupções vulcânicas e outros cataclismos. Nosso interesse efetivo, rei, deve ter seqüência em Itaoca e Ibez, pois será nessas duas cidades que implantaremos nossa lei e governaremos usando nosso poder. A conquista desses dois impérios será um passo para termos em nosso poder todo o Baratzil. Aztalan já representa o passado, Baratzil é o futuro. Quero que todos saibam que já possuímos importantes aliados nessas terras. No momento exato, Thevetat, nosso imperador, avisado por meu intermédio de que chegou a hora, comandará nossos exércitos contra essas nações e, então, a glória de Ramakapura estará para sempre preservada na História.

Houve um silêncio prolongado após as palavras do mago. Não se ouviu uma palavra; todos se conservaram mudos, ou porque temessem falar, ou porque calara fundo no interior de cada um dos presentes a elocução de Oduarpa.

Thevetat levantou-se do trono e, adotando uma postura cerimonial, recitou as palavras de praxe:

— O que hoje aqui foi deliberado tem minha inteira e total aprovação! — E acrescentou de forma reverente: — Que o grande mago Oduarpa seja agraciado com todas as bênçãos e que suas palavras e previsões proféticas sejam nossos guias e metas para seguirmos e cumprirmos incondicionalmente — terminou o Imperador, dando por encerrada a reunião.

Oduarpa e Thevetat retiraram-se juntos do grande salão, dirigindo-se para os aposentos privados do imperador, no interior do palácio real.

Em Ibez, a vida corria normalmente. A migração fôra completada com êxito e, se falhas houve, podemos afirmar que não foram muitas, e depois de duas semanas a cidade funcionava em todos os setores com absoluta precisão. Mais outra semana transcorrida e podia-se dizer que tudo se havia normalizado e não se notava diferença alguma entre o cotidiano das cidades abandonadas e da nova cidade, agora centro de importante civilização.

Aos poucos, as funções de todos foram sendo exercidas com competência e Schua-Ram e o sacerdote Pacamac, a conselho do grande Mestre Thamataê, reuniram num só templo, que passou a se chamar "Templo do Futuro", todos os Sumos Sacerdotes das cidades satélites de Ophir, acabando assim com possíveis questões de poder, atribuindo a cada um deles a mesma importância e, desse modo, resolvendo um problema que poderia no futuro se tornar grave. A cada um deles foi dada uma incumbência.

Ao sacerdote Karicalca, uma previsão para o plantio de trigo e sua colheita; ao sacerdote Shatiac-Tupac, um estudo para a melhor maneira de se industrializar o mel de abelhas, tornando cada vez maior e mais útil essa atividade; ao sacerdote Amari-Itac, o planejamento e a execução de novas construções para moradia do povo mais carente; ao sacerdote Yuri-Patac, um levantamento completo de todos os cidadãos de Ibez, catalogando suas profissões e atividades; ao templo de Shadir, que fora ocupado por Araduc-Shintá, agora proscrito do reino e ocupado por Ravan-Akhar, foi designado um trabalho sobre as atividades das plantações e irrigações fora das muralhas de Ibez.

Todos esses sacerdotes, orientados e dirigidos pelo Sumo Sacerdote Pacamac, foram assim ocupados em suas atribuições, tiveram cada um sua importância no reino e puderam colaborar na obra do Grande Mestre, tornando cada vez maior o crescimento dessa esplendorosa civilização.

Terminava a manhã daquele dia de verão quando Coyllur percebeu que havia outra pessoa no jardim das rosas vermelhas, que ela freqüentava todas as manhãs, desde que chegara em Ibez. A moça adorava caminhar por entre os canteiros floridos e cismar, deixando seu pensamento voar livre para além, muito além do seu querido jardim e os muros de Ibez.

Um pequeno sobressalto e Coyllur, que ainda distante da realidade sonhava acordada, viu-se face a face com o intruso em seu jardim e seus sonhos.

— Tu! — conseguiu dizer, o coração batendo apressado, rosto tingido qual o colorido das rosas.

16
A invasão de Itaoca

Abukàlem, cacique dos owandos, e Abilhambos, dos killambos, haviam-se encontrado na tenda deste chefe para deliberarem sobre as últimas instruções que haviam recebido do mago Ozambebe. Abukalem se fazia acompanhar por vinte guerreiros fortemente armados e seu filho Mbonga, o qual estava sempre em contato com o feiticeiro, que agora habitava as terras dos owandos.

— É como digo, amigo Abilhambos, poderás contar com uma grande parte dos meus guerreiros para esta empreitada.
— Com quantos homens posso contar?
Abukalem não titubeou e respondeu com precisão.
— Com cerca de 450 ou 500 homens bem armados.
— O feiticeiro Ozambebe disse ser essa a hora oportuna para atacarmos? — Abilhambos estava reticente e queria mais detalhes.
— Disse — respondeu Abukalem — e me informou que era desejo do mago Oduarpa uma invasão de surpresa, sem perder tempo com planos de campanha. Temos dois aliados dentro dos muros de Itaoca que agirão no momento em que penetrarmos as muralhas e vencermos os vigias nos postos avançados.
— Hum! — fez o outro. — Com seus guerreiros e os meus, acho que teremos pleno êxito. — O que achas, meu filho? — perguntou, dirigindo-se a Kilamboico, que, junto a Mbonga, acompanhava com interesse o diálogo.
— Acho que temos tudo para vencer, pai. Mbonga também acha que é o momento ideal para atacarmos.

O chefe dos kilambos continuava reticente.
— Outra coisa, Abukalem, teremos apoio do Imperador Thevetat de Ruta?
— Teremos.
— E do mago Oduarpa e suas forças ocultas?
— Teremos, sem dúvida alguma.

Abilhambos ainda receava e não parecia muito confiante quanto ao ataque a Itaoca. Foi Kilamboico que lhe respondeu com firmeza.

— Pai — disse em voz firme — agora é o momento, não podemos recuar. Temos todas as condições para invadirmos Itaoca. Não podemos perder um minuto sequer, a vitória nos espera, pai! A glória dos kilambos e owandos será mostrada nos campos de batalha!

Abilhambos olhou para o filho a sua frente, olhos brilhantes, peito estufado, punhos cerrados e um ar de determinação e confiança. O chefe decidiu-se.

— Tens razão, meu filho. Abukalem, meu bravo amigo, reúne teus guerreiros e vamos invadir Itaoca!

No átrio do Templo da Luz Interior de Itaoca, àquela hora completamente deserto e silencioso, uma sombra movimentava-se, quase imperceptível, devido à pouca claridade existente. Era Magadar, serviçal do templo, e, muito embora fosse já tardia a hora, ela ainda se encarregava da arrumação do altar central.

Um pequeno ruído se ouviu para os lados da porta de entrada e Kellug, passos cautelosos, se dirigiu até onde se encontrava Magadar, que parecia esperá-lo, pois não fez nenhum gesto ou movimento de surpresa.

— Vim assim que pude — e o rapaz abraçou a moça, beijando-lhe a testa.

— Embora aqui não seja o melhor lugar para nos encontrarmos, vi que se tratava de uma emergência e um assunto sério quando recebi teu recado essa tarde.

— Muito sério, Magadar.

— Fala logo. Vamos sair rápido daqui antes que sejamos surpreendidos.

— Como sabes — começou Kellug com toda serenidade —, costumo apanhar lenha, madeira para meu trabalho, bem longe das muralhas de Itaoca e...

Foi interrompido por Magadar de forma brusca. A moça estava nervosa e queria acabar o mais depressa possível o encontro.

— Não foi para me dizer que és carpinteiro, coisa que estou farta de saber, que marcaste este encontro comigo neste lugar perigoso.

— Calma, meu amor, já vou te contar tudo.

A moça estava apreensiva. Inquieta, olhava para todos os lados e apertava com força as mãos do rapaz. Era um crime punido com severos castigos estranhos entrarem no templo, principalmente àquelas horas da noite. Daí o terror de Magadar.

Kellug abraçou com carinho a moça e, afagando seus cabelos, prosseguiu:

— Ouvi uma conversa muito interessante, sem ser visto, é claro, entre dois guerreiros da aldeia Kilambo.

Magadar estremeceu e se encolheu toda nos braços de Kellug.

— Que diziam? — conseguiu perguntar. — Fala de uma vez, pelo amor do sagrado Inti!

— Entre outras coisas, que dentro de três dias vão invadir Itaoca. Pelo que pude ouvir, as forças da aldeia Owando vão aliar-se a eles e, pela continuação da conversa, fiquei sabendo que as tropas do Imperador de Ruta vão engrossar essas hostes invasoras.

— Fizeste muito bem em vir contar-me o que soubeste. Mas vem, vamos sair daqui — e a moça, abraçada com o rapaz, saiu por uma das portas laterais do templo, que ela abriu com facilidade pelo lado de dentro.

Magadar ainda era bem moça. Baixa de estatura, corpo bem feito, de proporções harmoniosas, rosto redondo, queixo voluntarioso e olhos claros e grandes, encobertos por pestanas longas. Havia um contraste em relação a Kellug, que era alto, espadaúdo, olhos negros e penetrantes, rosto de traços bem delineados, cabelos escuros e revoltos. Era um pouco mais velho que a serviçal do templo, e isso se podia notar pelas rugas em torno dos olhos ou quando sorria e seu rosto mostrava várias marcas causadas pelo tempo, enrugando-se todo.

Por mais de um ano os dois se encontravam, pretendendo

se casar tão logo as coisas melhorassem e pudessem adquirir o necessário para começar uma vida nova. Aquela oportunidade era excelente para os planos de Magadar. O que Kellug lhe contara era de suma importância, pois, de posse dessas informações, comunicadas à pessoa certa, e essa pessoa Magadar conhecia, estariam resolvidos todos seus problemas, seus e do seu amado Kellug. Poderiam casar-se tranqüilos, sem pensar mais nas dificuldades da vida.

A moça, depois de despedir-se do seu noivo, apressada, rumou para o palácio das Reuniões, onde estavam hospedados os dois homens de Paititi, Araduc-Shintá e Abi-Karam, que ela conhecia muito bem. Havia sido encarregada pelo Sumo Sacerdote Utary-Hamam de todos os dias arrumar os aposentos dessas importantes personagens. Magadar, enquanto colocava as coisas em ordem, puxava sempre um dedo de prosa, e, principalmente Abi-Karam, que era falador, tinha constantemente muita coisa para perguntar. Evidente que, para ficar sabendo detalhes da vida e costumes de Itaoca, para seu proveito, e sobretudo, do seu Mestre Araduc-Shintá. Com o tempo, aumentou bastante a confiança e intimidade entre a serviçal do templo e o sacerdote.

O palácio àquela hora estava às escuras, mas Magadar, que conhecia bem o local, caminhou para a parte posterior do prédio sem ser molestada pelos guardas, que já eram velhos conhecidos de todos os dias. O aposento dos dois sacerdotes estava escuro e silencioso, mas, mesmo assim, Magadar bateu na porta com o nó dos dedos.

— Quem é? — perguntou uma voz, que pôde identificar como sendo de Abi-Karam.

— Sou eu, excelência, Magadar, a serva que faz a limpeza dos seus aposentos — respondeu a moça.

— Ah! Já vou abrir, mas entra, entra!

— Desculpe, senhor, essa invasão em hora tão imprópria, mas, como o assunto é deveras importante e de grande interesse aos senhores, vim o mais depressa que pude informá-los.

— Com o que fez muito bem — disse Abi-Karam, acendendo uma luminária[1] e convidando a moça a contar o que sabia.

Magadar narrou com detalhes o que Kellug lhe havia informado e, quando terminou, seu ouvinte interessadíssimo lhe agradeceu pelas informações, gratificando-a com uma pepi-

---

[1] A iluminação naquela época era toda feita por energia solar.

ta de ouro, que a moça, muito satisfeita, guardou em um dos bolsos do amplo avental que usava.

Quase ao final do terceiro dia, data aprazada para a invasão, Araduc-Shintá, seguido de perto por Abi-Karam, chegou até a ante-sala do Templo da Justiça. De posse da informação de que a invasão começara, aproveitando a confusão que se estabelecera em toda cidade, os sacerdotes não tiveram a menor dificuldade em chegar onde se encontrava Utary-Hamam. O Sumo Sacerdote conversava com o Imperador Ypanca-Paycha, quando irromperam pelo salão os dois sacerdotes. Utary-Hamam não teve tempo de pronunciar uma palavra sequer, o mesmo acontecendo ao Imperador. Sem um aviso, e aproveitando-se da surpresa, atiraram-se contra eles, adagas em riste e, em poucos minutos, o Imperador e o Sumo Sacerdote estavam mortos, com os pescoços cortados.

Os guerreiros owandos e kilambos concentraram-se no deserto, ao norte de Itaoca; logo em seguida, chegaram as forças armadas de Ruta, que, com seu poderio, passaram a comandar as ações. Vários tubos da luz mortal, roua marâ, foram distribuídos entre os guerreiros de Abukalem e Abilhambos, e uma metade dos 800 homens das tribos guerreiras passaram a estar armados com essa luz mortal.

Em número de 300 combatentes, as forças militares de Thevetat, com 5 generais comandantes, seguidores fiéis de Oduarpa, versados nas artes mágicas, ocuparam a vanguarda das tropas invasoras. Depois de uma profunda meditação, os generais, que pareciam alheios ao bulício e toda agitação dos beligerantes, criaram pelo poder da vontade formas simiescas gigantes que avançaram na frente dos homens armados. Contra essas formas mentais, esses artificiais, era muito difícil combater ou vencer. Além do pavor da população, que fugia em todas as direções, as tropas que defendiam a cidade tornaram-se impotentes ante tais figuras monstruosas, que os raios da morte não conseguiam molestar, tampouco as lanças ou espadas brandidas contra eles. Os generais, magos negros à frente dos guerreiros, usaram ainda os punhais voadores, que, por efeito de magia, saiam das bainhas e, certeiros, iam-se cravar no peito dos defensores de Itaoca.

As poucas vimanas que, devido à surpresa do ataque, conseguiram alçar vôo, foram logo abatidas pela luz mortal, e a cidade, com a população amedrontada e as forças armadas impotentes, caiu em poder das tropas invasoras. Sem piedade e sem clemência, os vencedores fizeram poucos prisioneiros, pois a maioria dos derrotados foi morta a golpes de espada ou de chuços dos owandos e kilambos.

Quando tudo estava sob controle dos conquistadores, uma vimana fazendo evoluções sobre a praça principal de Itaoca por fim aterrissou, e o Imperador Thevetat, chegado de Ruta, acompanhado por três oficiais, foi recebido pelos generais comandantes. Dali, o Imperador dirigiu-se para o palácio-templo de Ypanca-Paycha, onde recebeu em audiência vários sacerdotes, nobres e algumas autoridades, que lhe juraram obediência e vassalagem.

As forças trevosas que, por intermédio de Thevetat, haviam estabelecido o odioso império dos magos negros na ilha atlante de Ruta, conquistavam assim uma base no território do Baratzil.

Araduc-Shintá e Abi-Karam, que esperavam junto com os outros para falar com Thevetat, quando chamados, foram cheios de esperanças e repletos de confiança no futuro, em direção ao trono, prosternando-se diante do Imperador de Ruta.

— Araduc-Shintá e o sacerdote Abi-Karam, excelência, vossos humildes servos.

Thevetat dardejou seu olhar maléfico sobre os dois, ajoelhados, cabeça baixa, reverentes à sua frente.

— Informaram-me que ambos me serviram muito bem — começou na sua voz arrastada —, e todos que me servem merecem uma recompensa. — Fez uma pausa, continuando a fixar seus olhos estrábicos nos dois sacerdotes. — Logo — prosseguiu —, como sou um imperador magnânimo, vou agora agraciá-los com minha generosidade. — E, dirigindo-se ao general que se postava perfilado a sua direita: — Entregue estes dois homens ao chefe da guarda encarregado das execuções, mas, como sou devedor de seus serviços, quero que sejam mortos sem sofrimento e sem dor. — E, sem mais uma palavra, levantou-se e se retirou do salão, deixando pregados no chão, apavorados e sem ação, os dois sacerdotes traidores.

17
O amor comanda o destino

— Assustada? — perguntou Thamataê, olhando nos olhos da moça.

Não era a primeira vez que o Mestre visitava o jardim das rosas vermelhas. Ficava espreitando Coyllur, oculto por trás dos arbustos e das árvores, sem coragem suficiente para abordá-la. Todas as manhãs Thamataê cumpria esse ritual e, a cada dia que passava, ele, que lutava com quantas forças tinha para superar esse comportamento, mais e mais sucumbia ante os encantos e a atração que sentia por Coyllur.

Foram noites sem conta de insônia, em que travava batalhas que não tinham fim. A luta entre a personalidade, os veículos inferiores de Uiran, dono daquele corpo físico que usava, e seus veículos superiores, seu Ego verdadeiro, foi terrível e de grande sofrimento. Thamataê não conseguia dominar e manter submissa a vontade de seu discípulo, e, muito embora sua vontade fosse poderosa, dia a dia tornava-se mais fraca, a ponto de não conseguir concentrar-se nos sérios problemas inerentes a sua posição de dirigente supremo de toda uma civilização.

Todo dia pela manhã, Thamataê, ao levantar-se, depois de uma noite de vigília, noite de afirmações e negações, prometia para si mesmo que não iria ao jardim das rosas. Promessa infrutífera, pois, logo em seguida, como se fosse arrastado por força invisível, seus passos o levavam ao jardim, sem mesmo conseguir entender o que estava acontecendo.

Naquela manhã, foi diferente. Tomado de uma coragem que até então não tivera, foi ao encontro da moça. Coyllur sorriu, depois do pequeno sobressalto que a presença inesperada do Mestre lhe causara.

— Não esperava encontrá-lo. Foi a surpresa a responsável pelo susto. Mas já passou. — E a moça, ainda corada, encarou o Mestre.

— Não foi minha intenção perturbá-la. — E Thamataê, tomando as duas mãos de Coyllur, levou-as aos lábios, beijando-as.

Ao contato daquelas mãos, como que uma faísca elétrica passou por todo o corpo de Thamataê. O efeito também foi sentido por Coyllur, que, confusa, prendeu entre suas mãos as do Mestre.

— O senhor... senhor... — não terminou a frase.

— Por que esse senhor? Momentos atrás me chamaste de tu!

— Não acho certo chamar um Mestre de maneira tão vulgar.

— Um Mestre não é um ser intangível. Veja! Estou aqui em carne e osso, conversando. A não ser que queiras manter distância.

— De modo algum, Mestre.

— Por favor, me chame pelo nome.

— Não acho direito...

Foi interrompida por Thamataê, que, indicando um banco próximo, convidou-a a se sentar. O Mestre tomou o fio da conversa.

— E então, não concordas que os amigos devem tratar-se pelo nome e carinhosamente por tu?

A moça torcia as mãos, embaraçada, sem saber o que dizer.

"Como ela fica ainda mais bela quando envergonhada" — pensou o Mestre, não tirando os olhos dos lindos olhos de Coyllur.

— Tha... Thamataê — conseguiu articular a moça.

— Viu como é fácil?

— Preciso de tempo para me acostumar.

— Prometo que te darei todo o tempo necessário. Amigos?

— Amigos — respondeu Coyllur.

— Agora que somos amigos, posso vir todos os dias te fazer companhia?

— O senhor... tu... tu não precisas pedir nada. Tudo aqui te pertence. Eu sou apenas uma simples hóspede a quem tu, magnânimo, concedeste abrigo, a mim e ao general Ollantay.

— Tu és muito mais do que uma simples hóspede — disse Thamataê num arrebatamento.
— Mais que uma hóspede? — perguntou Coyllur, com certa malicia na voz.
— És... — Não terminou a frase. "Devo ousar?" — pensou o Mestre. "Te aquieta, coração!".
— O que ias dizer? — insistiu Coyllur, vendo o outro calado, sem terminar o que pretendia falar.
— Que és uma nova amiga, muito querida, ou quem sabe, velhos amigos que se reencontram.
— Acreditas em reencontros?
— Acredito.
— E em almas gêmeas?
Thamataê custou a responder, mas, fazendo um esforço, conseguiu sorrir, ocultando o que lhe ia no fundo da alma.
— Sou eu que pergunto. Tu acreditas em almas gêmeas?
— Sim, creio sinceramente! Em meus sonhos encontrei minha outra metade. Acredito que seja minha alma gêmea.
Thamataê, ante esta resposta, perturbou-se, mas, conseguindo manter o equilíbrio, continuou o diálogo.
— Conta-me esse sonho. Quem sabe não poderei contar o meu?
— Tu também tens um sonho? Neste sonho encontras tua alma gêmea?
— Encontro.
— Diz-me, é um sonho dormindo ou acordado?
— Os dois.
— Igual aos meus... Que interessante!
— Vamos fazer uma coisa. Tu me contas teus sonhos e eu depois te conto os meus. Concordas?
— Tenho vergonha.
— Vergonha! Por que ter vergonha? Sonhar não é crime, não temos por que os esconder.
Coyllur estava ofegante. Thamataê podia ouvir as batidas do seu coração.
"Ele é o homem do sonho, não resta dúvida, mas por que será que mexe tanto com meu coração, com meus sentimentos?" — E a moça divagava: — "Pelo sagrado Inti, será que isso é amor? Mas eu amo Ollantay! Será que amo mesmo?" — E, quando esses questionamentos vieram à tona, a donzela não

sabia o que fazer e o que dizer.

Thamataê estava prestes a contar tudo, a confessar seu amor, tomá-la nos braços e crivá-la de beijos, depois... bem, depois veria o que fazer, qual atitude tomar. Era aquele o momento, nada mais importava, somente se entregar por inteiro àquele amor fazia sentido.

Calados, os dois ficaram a se olhar. E como aqueles olhos disseram tudo que as palavras não puderam declarar, revelando promessas ocultas, desejos inconfessáveis e um amor enorme que ultrapassava os sentidos e fundia-se nas almas gêmeas por eles recém descobertas!

Quanto tempo ficaram ali, olhos nos olhos, perdidos um no outro, nunca souberam; e quando Thamataê, segurando as mãos de Coyllur, ia revelar o que se passava em sua alma, foram interrompidos em seu enlevo por Schua-Ram, que, respeitosamente, mantinha-se a alguma distância. Sua voz chegou até o Mestre como se vinda de muito longe:

— Perdão por incomodá-los, mas graves notícias me trazem a vossa presença.

Abruptamente, o encantamento terminou, e Thamataê, saindo do interior de um sonho cor-de-rosa, penetrou, mesmo sem querer, na cinzenta realidade da vida.

— Sim... sim, Conselheiro.

Coyllur não sabia o que fazer ou dizer; sentia-se igual a uma criança que rouba uma guloseima e é surpreendida por um adulto. Mas não era à toa que Schua-Ram estava no cargo de Conselheiro do reino. Com sua sensibilidade, deixou a moça à vontade:

— Perdão, senhora, minha intromissão, mas assuntos graves me tornaram um intrometido. Perdão — repetiu, curvando-se diante de Coyllur.

— Jamais passou pela minha cabeça essa opinião sobre o homem mais respeitado do reino. Se existe aqui algum intrometido, essa intrometida sou eu, por roubar o tempo de nosso Mestre. Eu me retiro para deixá-los à vontade.

— De maneira alguma — disse Thamataê – nós nos retiramos. — E, dando o braço ao Conselheiro, caminhou em direção ao portão do jardim. Antes de sair, voltando-se, dirigiu-se para Coyllur. — Amanhã à mesma hora continuaremos nossa interessante conversa.

Até chegar aos seus aposentos, Thamataê permaneceu calado, o mesmo acontecendo com Schua-Ram, que o acompanhava. Um turbilhão de pensamentos desencontrados passava pela cabeça do Mestre. "O que estava acontecendo? Por que não conseguia tirar Coyllur de sua mente?" Ao mesmo tempo, pensava: "Tampouco desejo que ela saia da minha vida. A razão me aconselha a abandonar esses sonhos insensatos, que não posso e não devo me entregar ao amor proibido para mim, mas o coração diz coisa bem diferente. Diz que agora que encontrei a felicidade, por que devo abandoná-la? Por que o amor é proibido para mim? Se ela me ama, e senti isso agora há pouco no jardim, por que renunciar à coisa mais maravilhosa que aconteceu em minha vida?". A luta interior de Thamataê continuava. Era um duelo difícil entre a razão e o coração, entre seu Ego superior e a personalidade de Uiran. Sem vencedor ou vencido, o Mestre foi arrancado do interior de suas dúvidas para os ininteligíveis sons da voz de seu Conselheiro.

— ... estou plenamente convicto de que devemos tomar sem mais demora uma providência.

— O que dizes? — Thamataê estava ainda envolvido em suas divagações.

— Digo, senhor, que não podemos deixar crescer a insurreição.

— Explique-se melhor — o Mestre voltava agora à realidade.

— Ontem, ao final da tarde, guerreiros da aldeia dos owandos atacaram nossos postos avançados, mas foram rechaçados.

— Será que eles pretendem invadir Ibez?

— É possível.

— Aconselhas atacarmos de surpresa?

— A surpresa sempre foi o melhor caminho para a vitória.

— Vou determinar que uma tropa de cem homens bem armados ataque as posições avançadas dos owandos. — E o Mestre, bastante preocupado, perguntou:

— Acreditas, Schua-Ram, que os owandos estejam aliados aos kilambos e tropas de Ruta nesta empreitada?

— Acredito, Mestre.

— Isso é altamente preocupante.

— Quem o senhor determina para ser o comandante de

nossas forças?

Thamataê ficou pensativo por alguns momentos antes de responder. A conversa e o encontro que tivera com Coyllur haviam sido bastante perturbadores. Uma ponta de malignidade se insinuou no seu interior, depressa cresceu e mais depressa ainda se exteriorizou.

— Manda o general Ollantay comandar nossas forças militares — respondeu num arranco, querendo livrar-se rápido das palavras, como se com isso não raciocinasse, completamente entregue às emoções.

Kalamy pressentiu que havia alguma coisa errada com seu irmão Thamataê. Imediatamente, ampliou sua consciência ao máximo e, como quem presencia uma cena numa tela astralina, construída pelo poder da vontade, assistiu boa parte dos acontecimentos que se desenrolavam no planeta azul.

Inicialmente, Kalamy viu, impotente, a invasão de Itaoca e o domínio dela pelas forças da magia negra. Depois, avistou, com maior tristeza ainda, o envolvimento de seu querido irmão numa cilada que ele mesmo tramara e na qual se enredara. A lei do carma, inexorável, caiu como um raio, subitamente, atingindo seu irmão. O perigo foi entrevisto por Kalamy e a causa e efeito foram-lhe mostradas com toda sua gama de conseqüências. Kalamy, pesaroso, afastou da consciência as cenas que ele mesmo invocara quando sentiu a presença de seu Mestre Aramu-Muru.

— Não posso fazer nada? — perguntou, curvando-se reverente.

— Nada.

— Mas não é justo!

— A aparente injustiça torna-se justa diante do curso da evolução.

— Mas Itaoca, que idealizei e criei com todo carinho, significa muita coisa para a Boa Lei.

— As cidades, nações e civilizações obedecem ao princípio imutável que rege toda fenomenologia material. Todas nascem, aparecem, crescem, atingindo seu apogeu, e decrescem para finalmente desaparecer. Idêntico aos seres humanos, que também nascem, crescem, atingem a maturidade, chegam à velhice e morrem. Mas, para teu alento, um pouco de consolo, pois vejo

que ainda estás preso aos liames invisíveis das emoções, Itaoca não ficará muito tempo em poder dos senhores das sombras.
— Não ficará?
— Não, meu filho; como não desconheces, um grande cataclisma destruirá quase completamente a cidade das pedras.
— É verdade! Quando vi Itaoca ser invadida e subjugada ao poder dos magos da mão esquerda, a única coisa que me preocupou foi arranjar uma maneira de salvá-la, até me esquecendo desse acontecimento futuro.
— Aprende, filho meu, os acontecimentos que ocorrem e ocorrerão em Bhûmi fogem totalmente a nossa ingerência. Já fizemos no passado o que precisava ser feito. Nós dotamos a humanidade do planeta azul de mentes para que pudessem caminhar pelos seus próprios passos, e não para, como marionetes, serem puxados seus cordéis para guiá-los à nossa vontade.
Kamamy ouviu com atenção, contrito, as palavras do Mestre, a mente povoada ainda de indagações.
— E meu irmão, Mestre?
— A cada causa corresponde um efeito. É a Lei. Somente ele, mais ninguém, pode atenuar ou fortalecer seus efeitos. Bom carma ou mau carma pertence a cada um.
— Mas Mestre, se já sabiam, se era do conhecimento que Thamataê não conseguiria dominar completamente o corpo emprestado do seu discípulo e cairia nas tentações carnais, não me parece certo ele ser penalizado. Com todo respeito, Mestre, levanto esta questão.
— Existe uma coisa de que tu, entregue às emoções, estás te esquecendo. O livre arbítrio, filho meu. A ampla liberdade de poder guiar seu destino.
— O que vai acontecer?
— O futuro dará essa resposta.
— Não me é dado o poder de antever e então ajudar de alguma maneira?
— Como já te disse, o futuro em Bhûmi não está mais sujeito a nossa previsão e controle. O Planeta Azul começa a atingir sua maioridade — respondeu o Mestre —, os humanos também começam a se libertar das cadeias da ignorância. Kalamy, filho meu, deixa que erros e acertos façam parte integrante da evolução dos homens para que estes possam alçar vôos mais altos em direção às estrelas.

— Meu pobre irmão! — lamentou Kalamy, com tristeza na voz. — Se pudesse, gostaria de voltar a Bhûmi e tentar ajudar Thamataê.

— Podes voltar, mas te advirto, tens três opções que poderás escolher. A primeira seria encarnar, o que não aconselho, pois perderias muito tempo até atingir a idade adulta; a segunda seria ocupar um corpo emprestado, o que também não aconselho, pois ficarias limitado à matéria e suas leis, com todas as conseqüências que adviriam, porque, intervindo com este novo corpo, criarias dois carmas, um para ti mesmo e outro para o dono da matéria corpórea, isso sem contar a luta para vencer a nova personalidade, que poderá ou não ser vencida; finalmente, a terceira opção, que reputo a melhor: irias para Bhûmi com seu corpo espiritual para executar no futuro um trabalho, uma missão de magna importância.

— Mas diga-me, Mestre, essa terceira opção que o senhor aconselha como sendo a melhor seria de algum proveito para meu irmão e alguma ajuda para Itaoca?

— Não seria na época presente, mas, como te disse, no futuro.

— Não entendo, Mestre.

— No futuro serás esclarecido e informado nos mínimos detalhes sobre essa incumbência que deverás cumprir. Posso adiantar, filho meu, que essa terceira opção é a única capaz de te libertar de modo definitivo das cadeias que ainda te prendem à evolução do Planeta Azul.

— Tenho alguma escolha, Mestre?

— Claro que tens. Torno a repetir, o livre arbítrio é um dos caminhos.

— Compreendo, Mestre.

— Fica em Shukra e segue tua evolução natural.

— Mas mesmo sabendo que poderei me atrasar evolutivamente se quiser voltar a Bhûmi?

— És livre para decidir.

— Só mais uma pergunta, Mestre. Se seguir essa terceira opção, ajudarei meu irmão Thamathaê?

Aramu-Muru sorriu. Seu belo rosto feito de luz resplandeceu e, olhando com todo carinho seu discípulo Kalamy, respondeu na sua voz doce:

— Sim, filho meu, ajudará muito.

18
Duelo de titãs

As vimanas com as tropas do general Ollantay aterrisaram próximo às grandes montanhas, na savana de terreno plano, que se situava antes das terras montanhosas dos owandos.

Ollantay reuniu seus oficiais na grande tenda que mandara armar para discutirem a estratégia da campanha. A cada um dos tenentes foi entregue a responsabilidade de comandar vinte homens; assim se formaram quatro grupos, sobrando para o General comandar o quinto grupo de vinte guerreiros.

Ollantay acreditava, e fez ver isso aos seus homens, que um ataque em massa, utilizando de uma só vez os cem homens de que dispunha, seria, com toda certeza, derrota fragorosa. Cada tenente comandando vinte guerreiros, concentrados em cada flanco, atacando por turnos, com ele próprio, enfrentando os owandos após a investida das quatro colunas, conduziria ao caminho mais propício à vitória.

Ficou determinado, depois de grandes discussões e várias opiniões, pois o General gostava sempre de ouvir os homens que comandava, que seguiriam o plano de Ollantay, ficando para a madrugada do dia seguinte a ação armada contra os owandos. Porém, o General ignorava que, enquanto decidiam as táticas da guerra, quatro pares de olhos observavam o acampamento, chegando mesmo a ouvir as palavras trocadas. Eram espias dos owandos, encarregados de vigiar as tropas invasoras do seu território.

Mal a claridade do Sol começou a tingir de luz e cor a savana, as forças armadas de Ibez se deslocaram, seguindo fielmente o plano de seu General.

A coluna do tenente Ytapuassu, que avançava pelo lado direito dos contrafortes da montanha, foi atacada de surpresa por um grupo numeroso de guerreiros owandos. A luta foi encarniçada e rápida, os selvagens eram maioria e, em poucos minutos, os vinte homens de Ytapuassu estavam mortos. Os owandos não faziam prisioneiros.

Pouco depois, as outras duas colunas, que se deslocavam pelo lado esquerdo, desobedecendo as ordens do General, e avançavam juntas, foram presas fáceis dos selvagens. Nova batalha, ainda mais feroz que a primeira, e logo estavam estendidos no chão, mortos, mais quarenta homens da tropa de Ibez. De nada adiantaram as armas de luz mortal ante a ferocidade e a crueldade dos selvagens owandos.

Quando as colunas comandadas por Ollantay e o tenente Yva chegaram praticamente juntas à elevação de terreno onde começava a se erguer a majestosa montanha, foram atacadas por todos os lados pelo grosso da tropa dos owandos.

A batalha foi das mais sanguinárias, de grande violência, mas, perto de cento e cinqüenta homens contra quarenta, só poderia dar um resultado: a derrota das tropas do General, que se viram encurraladas em um dos paredões da montanha.

Ollantay, coberto por seu próprio sangue e dos seus inimigos, olhando para seus bravos, caídos embolados, junto aos seus pés, levantou sua espada e, fixando o que parecia ser o chefe dos guerreiros owandos, exclamou em voz forte para ser ouvido por todos.

— Sou o general Ollantay! Sou o Titã dos Andes! Morro lutando com minha espada nas mãos!

Os selvagens entrepararam, e Mbonga, que os comandava, encarou nos olhos o General.

— Para trás, todos! — ordenou e, dirigindo-se a Ollantay:
— Sou Mbonga, filho do cacique da tribo Owando! Minha força vem da minha nobreza, por isso te digo: és livre para voltar para tuas terras. És um guerreiro valente. Eu, Mbonga, concedo-te a vida!

— Nunca, Mbonga! Nunca! Derrotado sim, vencido jamais! Fui batido por um número maior de combatentes. Não vejo desonra nisso. Desonra maior seria sair ileso, com a vida poupada por um inimigo.

Mbonga ouviu calado as palavras do General; então, cruzou os braços sobre o largo peito, dizendo para Ollantay:

— Se não queres a vida que te concedo, terás a morte honrosa que desejas. Somos dois homens valentes, dois guerreiros, vamos lutar até que um de nós caia vencido ou morto. Juro pelo imortal Inti que, se venceres, meus homens te deixarão ir livre, com todas as honras de um homem bravo. — E ordenando aos seus comandados: — Mantenham distância, de maneira alguma intervenham e, se eu for derrotado, faça-se cumprir minha palavra.

— Eu te saúdo, bravo Mbonga! Que vença o melhor!

Tornara-se mais que um hábito, já era uma obsessão, pois Thamataê, mal acordava, era possuído por uma ansiedade, seu coração disparava e só queria correr, o mais rápido que pudesse, para o jardim das rosas vermelhas ao encontro de Coyllur.

Todas as manhãs eram sempre iguais: o desejo incontido de ficar junto de seu amor, diferente das noites em que Thamataê reprovava suas atitudes amorosas e lutava desesperadamente contra elas. Eram noites angustiantes em que prometia, jurava para si mesmo que não veria mais Coyllur, mas, tão logo conseguia pegar no sono, sonhava com sua amada, sonhos felizes, acordando pela manhã cada vez mais apaixonado.

Durante quase um mês, quatro luas para se usar a contagem de tempo daquela época, Thamataê e Coyllur se encontraram naquele jardim. Os passeios de mãos dadas por entre as alamedas floridas evoluíram para confissões e juras de amor, beijos arrebatados e, finalmente, estavam perdidamente apaixonados.

Thamataê mudara completamente: já não se interessava mais pelos problemas do reino, pouco aparecia nas reuniões do Conselho, delegando plenos poderes para Schua-Ram. Somente um interesse ocupava seus dias e, porque não dizer, suas noites: o amor que sentia, que era cada vez maior, por Coyllur. Outra interrogação incomodava os dois amantes: como comunicar a Ollantay que estavam amando-se?

Thamataê, em seus aposentos particulares, andava de um lado para o outro, escolhendo em voz alta as palavras que diria ao General, quando foi interrompido em seu deambular e ponderações por uma luz dourada intensa que inundou todo o ambiente.

— Paz a todos os seres! Paz em teu coração! — saudou o Maha-Deva, materializando seu corpo espiritual.

Thamataê sobressaltou-se e, meio temeroso, respondeu à saudação, curvando a cabeça, mãos unidas em frente ao peito.

— Salve, Mestre! A paz esteja convosco!

— Estás bem consciente do que vens fazendo? — e o Mestre, sem qualquer preâmbulo, entrou direto no assunto.

— Mestre... eu... eu... — gaguejou Thamataê, sem saber o que responder.

— Tinhas conhecimento de que não podias envolver-te com uma mortal?

— Tinha, Mestre.

— Mesmo assim, na primeira oportunidade, deixaste que acontecesse.

— Mestre... — foi a única coisa que conseguiu balbuciar.

— Por intermédio do cérebro físico do corpo que agora ocupas, foi-te mostrada a alma gêmea de Uiran, não a tua como imaginas.

— Sempre pensei que Coyllur fosse minha alma gêmea.

— Suponhamos que fosse, eu disse suponhamos; mesmo assim, foste advertido de que não poderias ter qualquer contato mais íntimo.

— Tudo aconteceu independente da minha vontade — tentou justificar-se Thamataê. — Foi o destino que conspirou contra nós dois.

— Não há justificativa, filho meu. Um discípulo adiantado, no grau em que te encontras, cuja mente já ultrapassou as cadeias que a prendem na matéria, condição normal evolutiva de Shukra, "é dono do seu destino e comandante de sua alma".

— Esse erro imperdoável, minha fragilidade, ações inconseqüentes, ficaram fora do meu controle. Inti é testemunha de que lutei muito contra eles, mas sucumbi, Mestre, infelizmente não soube nem pude dominar este corpo e suas volições cerebrais.[1]

---

[1] O processo de "ocupação de corpo", embora raro e complexo, não é tecnicamente inviável: trata-se de desligar/religar chacras e condutos energéticos que conectam os veículos do homem uns aos outros. Entretanto, o comando integral dos corpos inferiores (mental concreto, astral, etérico e físico) demanda algum tempo.

— Mas não lutaste o bastante, não te dedicaste ao teu dever, teu compromisso com o grande Mestre Aramu-Muru. Ouve, filho meu, quando um espírito alcança um estágio evolutivo capaz de usar um corpo emprestado para executar uma missão, já não se pertence mais, é um filho da Luz integrado com todo o cosmo. Tua vontade deve ser sempre soberana, tua sabedoria o bastante para entender que o amor universal está acima do amor pessoal egoísta e, finalmente, alicerçado nestes dois requisitos, tua atividade, decorrentes deles, tem que ser sempre harmonia e união com todos os seres. Falo-te essas coisas todas porque te amo, filho meu, mas nem o grande Mestre Aramu-Muru, ao qual sirvo fielmente, poderá ajudar-te. Ajuda-te que te ajudarei, diz a Lei, e ainda: não produzas mais causas e verás que os efeitos desaparecerão por si mesmo.

— Perdão, Mestre, perdão! — E Thamataê prosternou-se no chão, olhos marejados de lágrimas.

— Quem sou eu para te perdoar? Somente tu mesmo poderás alcançar, por esforço e vontade própria, este perdão.

— Perdão, Mestre, perdão! — tornou a implorar Thamataê.

— Cometeste um delito grave e terás que sofrer as conseqüências. Pelo crime que cometeste, ninguém vai punir-te, mas tua transgressão produziu um irremediável efeito, pois mandaste conscientemente um ser humano, um teu irmão, para a morte, para te livrares de um rival e ficar de posse de sua mulher. Isso é imperdoável, filho meu.

— Estava inteiramente dominado pelo amor, cego e surdo a tudo que não fosse o objeto do meu desejo.

— Tens plena consciência do que fizeste, não é, meu filho?

— Estava fora de mim, não sabia mais o que fazia.

— Este crime está plasmado em teus átomos primordiais[2] e, enquanto criares causas, este acontecimento permanecerá indelével no teu ego.

— Mestre, eu suplico, poderia ter outra oportunidade?

— Muito tarde, filho meu. Como conseqüência de teus atos

Enquanto não for total, ficam atuando fortemente os automatismos mentais, emocionais e físicos próprios da personalidade original — o "dono" do corpo. Os impulsos, paixões e sentimentos, que residem no corpo astral como uma programação comportamental, continuam se manifestando, como um programa de computador em execução, que precisa ser fechado para que se possa iniciar outro.

2 Átomos primordiais: são átomos que existem nos sete veículos do homem, denominados também de átomos permanentes, pois em todas as encarnações são sempre os mesmos e trazem impressos todos os acontecimentos vividos.

impensados, terás que devolver este corpo que usas ao seu legítimo dono.

— O que vai ser de mim?

— Irás para uma zona neutra do mundo astral de Bhûmi até que tenhas condições de encarnar neste planeta.

— Não, Mestre, pelo amor de Inti, suplico-vos, não me punais com tanto rigor!

— Punir! Quem falou em punir? — E lágrimas parecidas com pingos de ouro desceram lentamente do rosto, que fulgurava como um Sol, do Maha-Deva.

— Vós, Mestre, vós!

— Não, filho meu, tu estás punindo-te; tu, somente tu, és responsável por essas vicissitudes.

— Quando... quando se dará minha... minha saída deste corpo? — E Thamataê, pálido de receio, esperou com temor a resposta do Mestre.

— Ainda hoje — respondeu com tristeza na voz o Maha--Deva.

A luz de repente diminuiu de intensidade e foi-se apagando lentamente, deixando no quarto, às escuras Thamataê, caído no chão, chorando baixinho.

19
Capitão Kajamac

O capitão Kajamac olhou em torno e só viu desolação, acompanhada por um silêncio profundo, quebrado apenas pelo ruído do vento agitando as folhas secas que rolavam pelo chão. Os prédios abandonados e vazios haviam-se tornado impotentes ante a vegetação selvagem e a areia do deserto que os circundavam e já começavam a invadir suas estruturas, apresentando um quadro desolador.

O capitão havia percorrido com seus homens toda Paititi e o cenário era o mesmo. Sete grandes cidades completamente abandonadas. Kajamac chegara com duas vimanas e trinta homens bem equipados e armados. Durante quase seis meses, havia lutado incansavelmente, sem sucesso, para resgatar a memória do general Ollantay, anular sua proscrição e poder integrá-lo na vida normal do reino. Então, foi favorecido pela inesperada morte do Imperador, seguida pela do Sumo-Sacerdote Uilac-Hama. Achara no seu herdeiro, príncipe Tupac-Icá, boa vontade em acolher suas pretenções, e não foi então difícil limpar o nome do Titã dos Andes e perdoar Coyllur. Solicitou e obteve do novo Imperador licença para trazer de volta ao seu cargo Ollantay, adorado por todo o povo de Tawantinsuyo. Toda essa facilidade foi conseguida sem grande esforço, pois o Imperador desejava com esse ato tornar-se mais querido por seus súditos e com isso fortalecer seu reinado.

Foi fácil para Kajamac chegar até Paititi, império por demais conhecido naquela época, mas logo foi tomado pela frustração de encontrar todas as cidades abandonadas, o que se refletiu em sua fisionomia de traços fortes e no comentário que fez ao tenente Itacap, que o seguia de perto.

— Tudo vazio, tenente! E agora, que fazemos? — E não dando tempo para o outro responder, continuou: — O que terá acontecido?

— O que aconteceu não sei dizer. Só posso concluir, pelo aspecto das cidades, que foram abandonadas às pressas!

— Algo deve ter acontecido, não resta a menor dúvida — murmurou para si mesmo o capitão —, de nada adianta ficarmos olhando para esses prédios vazios fazendo conjecturas. Temos que procurar Ollantay. Não creio que ele tenha morrido, nem tenha conseguido chegar até aqui, entretanto...

Foi interrompido pela súbita aparição de um velho, que caminhava com dificuldade, apoiado num grosso bastão.

— Salve, senhor! — E, dirigindo-se aos trinta homens que haviam descido de suas vimanas: — Salve, senhores! Sejam benvindos à velha Shadir, em vias de desaparecer para sempre.

— Sou o capitão Kajamac, este é o tenente Itacap — respondeu indicando seu auxiliar. — Viemos de Tawantinsuyo procurando nosso general, o Titã dos Andes, Ollantay.

— Sou o sacerdote Chucu-Yrandu do Templo da Luz Interior — apresentou-se. — Não quis ir embora com os outros.

— O que aconteceu com Paititi?

— As cidades foram abandonadas e o povo todo migrou para Ibez, novo centro da civilização Paititi — respondeu o sacerdote.

— De repente? — perguntou o capitão, agora curioso.

— Não foi de repente. Houve uma planificação e depois, em duas luas, o povo das sete cidades abandonou este lugar.

— Qual foi o real motivo, sacerdote Chucu-Yrandu?

— O motivo, capitão, é que havia uma previsão de um grande cataclismo que destruiria toda Paititi.

— Houve uma confirmação? Uma prova concreta de que haveria esse cataclismo?

— Sem a menor dúvida, capitão. Nosso grande Mestre Thamataê jamais se engana em suas previsões — respondeu sem a menor hesitação o sacerdote.

Kajamac permaneceu em silêncio, observando o velho à sua frente.

— O senhor ouviu falar no general Ollantay, conhecido

como Titã dos Andes? — afinal perguntou.
— Não, nunca ouvi este nome.
— Ibez fica longe daqui?
— Em vôo direto na direção sudeste, em torno de três tempos de um dia solar.[1]
— O senhor gostaria de ir conosco? — perguntou Kajamac mudando de assunto. — Não me custa nada levá-lo.
— Agradeço, capitão, mas já estou muito velho para mudar de cidade ou de templo. Já fiz meu relatório de vida para Inti e agora só desejo morrer em paz enquanto existir minha cidade.
— Se assim queres, nada mais posso fazer ou dizer. Vamos, Itacap — disse dirigindo-se ao seu tenente, que permanecera calado durante todo o diálogo, e, sem uma palavra de despedida, deu as costas ao velho sacerdote, entrando em sua vimana.

Com a velocidade que tinham, as vimanas não demoraram mais que as três horas previstas para cruzar o espaço desde Paititi, na região da Amazonia brasileira, até Ibez, na Serra do Roncador.

Os barcos aéreos deram uma grande volta por cima de Ibez. A cidade imponente e belíssima, por seus templos de mármore branco com cúpulas douradas, os edifícios enormes e as casas brancas com terraços, era toda edificada em forma circular. Os templos e palácios no centro, as casas dispostas em quarteirões circulares ao redor e os silos de proporções gigantescas logo atrás das altas muralhas. A cidade estendia-se por 40 quilômetros de comprimento no sentido leste-oeste por 35 quilômetros de largura e era inteiramente pavimentada por lajotas brancas e arborizada por árvores frondosas que davam a qualquer hora sombra fresca e acolhedora aos transeuntes. Por essa razão, Ibez ficou conhecida e proclamada pelos atlantes como a jóia do Baratzil.

O capitão, depois de efetuar uma grande volta pelo ar, acompanhado pela vimana de Itacap, aterrisou num espaço aberto que julgou apropriado. Foi recebido pelo capitão da guarda, que, com sete homens sob seu comando, já esperava as duas vimanas, tão logo elas sobrevoaram a cidade.

— Sou o capitão Kajamac de Tawantinsuyo — apresentou-se assim que desceu de seu barco aéreo —, vim em missão

---
1 O mesmo que três horas.

de paz, representando meu Imperador. — E, ato contínuo, juntou as palmas das mãos em frente ao peito.

O capitão de Ibez correu os olhos pelos homens de Kajamac já desembarcados e depois repetiu o gesto.

— Seja benvindo a Ibez de Paititi. Vou levá-lo à presença do nosso grande Mestre, que já o espera, enquanto um de meus homens se encarrega de alojar e servir em suas necessidades seus comandados.

— Eu agradeço. — E dirigindo-se ao seu imediato: — Este é o tenente Itacap, que seguirá para onde o senhor indicar com seus trinta homens.

— Não se preocupe com seus barcos aéreos. Providenciaremos para que sejam abrigados em nossos silos do Palácio das Armas.

— Mais uma vez agradeço!

— Acompanhe-me — limitou-se a dizer o capitão de Ibez.

Os dois contendores se enfrentaram dentro do largo círculo formado pelos guerreiros de Mbonga. Ollantay, espada na mão direita, e o gigante owando, armado com sua lança curta, ficaram por alguns instantes, olhos nos olhos, se estudando.

— Se o sangue espalhado em meu corpo te impressiona, posso num instante me lavar — disse Ollantay com toda calma.

— Nada me impressiona nesta vida. Mas és um homem bravo e valente, digno de duelar com Mbonga.

O general não disse mais nada e atacou, desferindo um golpe de espada com tal violência, que o outro a custo amparou com sua lança, o que não impediu que fosse jogado para trás, equilibrando-se o melhor que pode para não cair. Com a rapidez do relâmpago, Mbonga revidou o golpe e foi a vez de Ollantay recuar, depois de impedir que a lança o atingisse. Os dois gigantes entrepararam por alguns segundos, mas logo Mbonga atacou de novo. A luta continuava, ora um, ora outro atacando e recuando, estimulados pelos gritos dos owandos, que apreciavam uma boa luta. Meia hora havia-se passado e nenhum dos dois conseguia derrotar seu adversário. Foi quando Mbonga entreparando, coberto de suor, ofegante, propôs ao general:

— Ollantay, bravo guerreiro de Tawantinsuyo, sugiro uma

trégua para que possamos refazer nossas forças e prosseguirmos o combate.

— Seja, se assim o desejas, bravo guerreiro owando — disse Ollantay, fazendo o mesmo elogio.

Depois de ligeira pausa, o combate foi reiniciado e outra meia hora se passou sem vencedor. Então foi a vez de Ollantay propor outra trégua.

— Somos dois guerreiros invencíveis, pena que um de nós tenha que morrer — e o General, arfando e procurando absorver o ar que faltava, sentou-se no chão, no que foi imitado por Mbonga, que o fitava com olhar da maior admiração.

Um murmúrio alto dos selvagens owandos se ouviu, cada um deles mais surpreso, mais assombrado pela luta que parecia não ter fim. Ollantay havia-se tornado alvo do maior respeito, pois todo guerreiro owando prezava a coragem numa luta leal e a bravura de um homem.

— Proponho que se combata com os punhais — disse Mbonga levantando-se.

— Seja! — E Ollantay jogou sua espada no chão.

A tácita aprovação pelos dois em usar os punhais foi decorrente do fato de estarem exaustos e quase não conseguirem mais manter a espada e a lança em riste.

— Se vencer — falou o guerreiro Owando —, quero que saibas que és o homem mais valente, mais honrado e mais valoroso que conheci, e sinceramente ficarei muito triste de ter que o matar.

— O mesmo te digo, Mbonga dos owandos, é com profundo pesar que terei que matá-lo.

Sem mais uma palavra, os gigantes se enfrentaram de novo. Quis a fatalidade que Ollantay tropeçasse numa pedra e, perdendo o equilíbrio, abrisse sua guarda. Rápido, Mbonga atirou um golpe certeiro, com a ponta do punhal atingindo o General no coração, que, soltando um grito abafado de dor, desabou no chão. Mbonga correu em direção ao corpo caído ainda com vida, mas já agonizando.

— Meu bravo guerreiro! — exclamou, segurando com toda delicadeza a cabeça do general, procurando colocá-lo em uma posição mais confortável.

Os guerreiros owandos que acompanhavam atentos a luta ergueram suas lanças em uma saudação muda ao valente guerreiro vencido.

— Lutamos bem, hein, Mbonga! — E uma golfada de sangue saiu de sua boca.

— Não fala, meu amigo. Descansa!

— Quero que saibas que pela primeira vez perco um combate — a voz de Ollantay tornou-se mais fraca, mas ainda audível. — Me alegro que tenha sido para um dos homens... mais... valentes e nobres que... que conheci... — o gigante general falava com dificuldade.

Ollantay fechou os olhos, arfava, seu largo peito procurando sorver o ar que já faltava. Conseguiu a custo levantar a cabeça dos braços de Mbonga.

— Por Inti sagrado — conseguiu dizer —, é Kajamac, meu amigo, meu irmão.

Como que por um milagre, o capitão estava ali, ajoelhado ao seu lado. Kajamac, soluçando, atirou-se na direção de Ollantay e, tirando-o dos braços do guerreiro owando, abraçou-o e, desesperado, procurou incutir-lhe a vida que se esvaia rapidamente.

— Por Inti! Pelo sagrado Inti! Não nos deixe! Não nos deixe!

— É preciso que me vá... é preciso — e, dando um gemido, seguido de um estremecimento, ainda conseguiu dizer: — Foi... foi uma... uma luta leal...

Ollantay fechou os olhos, inclinando a cabeça no peito de Kajamac, inteiramente molhado por suas próprias lágrimas.

20
Helau-Zadig

Quanto tempo Thamataê ficou contido nas sufocantes, densas e negras nuvens que toldavam sua visão, nunca pôde precisar. Estava no meio do nada, cercado por todos os lados por uma espécie de volutas escuras de fumaças imprecisas, que mudavam constantemente de posição, mas que não o deixavam avistar o que se encontrava adiante. Por entre aquela massa de nuvens negras, Thamataê movimentava-se, debatia-se, querendo romper aquela barreira do nada para atingir, ele mesmo não sabia, qualquer coisa que o libertasse da escuridão em que estava mergulhado.

Depois de um tempo que lhe pareceu interminável, exausto, parou de se debater e lutar contra o imponderável e a muito custo aquietou-se, tentando acalmar-se. Foi quando um foco enceguecedor de luz penetrou nas nuvens negras e iluminou toda a escuridão reinante. Uma voz de timbre grave pareceu sair do foco de luz:

— Quero crer que vais aprender rápido a lição que esqueceste! — ouviu-se, como se o som saísse de uma câmara de eco.

— Quem sois? — conseguiu perguntar Thamataê, tapando os olhos com as duas mãos para atenuar o efeito da claridade intensa.

— Não importam nomes! Importa esclarecer-te.

— Que lugar é esse? Por favor, diga-me onde me encontro.

— O lugar que tu mesmo criaste — foi a resposta.

— Quanto tempo ficarei encerrado nesta escuridão? — Thamataê continuava perguntando, embora o fizesse de maneira temerosa.

— O tempo que tua alma determinar. Quando entenderes que és encarcerado e carcereiro.
— Não entendo.
— Porque não queres entender.
— Depois que devolvi o corpo que usava para Uiran, não me recordo de mais nada.
— Devias ficar feliz por não te lembrares do que sucedeu após essa operação.

Thamataê parecia refletir. Um vazio enorme na sua mente, outrora tão brilhante e perspicaz, mas agora embotada, não o deixava raciocinar corretamente e, então, continuou perguntando.

— Estou no mundo astral de Shukra?
— Não. Estás no mundo astral de Bhûmi, em uma zona neutra, porque teus veículos astral e mental concreto são inadequados para este mundo.
— Se não possuo um corpo denso nem etérico, pois sempre prescindi deles, para onde irei?
— Só tens um caminho a seguir.
— Qual?
— Encarnar em Bhûmi.
— Por quê? — Thamataê não estava nem um pouco convencido.
— Porque criaste um carma, ou melhor, vários carmas de uma só vez.
— Meu destino será resgatá-los?
— Correto! Terás que tomar um corpo de carne e provar de toda dor de uma existência física, até que possas queimar, esgotar todas essas causas.
— Como posso encarnar se não possuo os veículos inferiores?
— Tua futura matriz, a mãe que foi escolhida para ti, apropriada para te receber, será responsável pela substância para formação de teu novo corpo físico e do etérico. O trabalho de construção do corpo mental concreto fica por conta dos quatro Devarajás, também conhecidos como Lipikas ou senhores do carma. Reúnem, esses excelsos seres, os átomos primordiais, átomos permanentes, onde se encontra plasmada, registrada, toda a história pretérita do ego que vai encarnar e por meio desses atributos positivos ou negativos é que vai trabalhar uma nova entidade denominada de "elemental do desejo". A futura

mãe vai modelar, segundo esse arquétipo determinado pelos senhores do carma, o corpo denso do futuro nascituro. Como criaste carma, terás que passar por esse processo, esquecendo todo o passado e, preso aos laços da matéria, começar a caminhada ascencional rumo à libertação.

— Como é tortuoso e complicado o caminho para um ego poder encarnar no Planeta Azul! — disse Thamataê, depois de ouvir as detalhadas explicações.

— Esqueces-te de que a humanidade de Shukra não possui corpo denso nem etérico, portanto, sempre se exprime, ou encarna, como quiseres, em estado de consciência.

— É verdade! Mas diga-me, ficarei preso e limitado na matéria até não gerar mais causas para novas conseqüências?

— Exatamente!

— Posso escolher onde encarnar?

— Não. Tua futura mãe já foi escolhida e, conseqüentemente, o lugar de teu novo nascimento já está determinado e será no local onde ela se encontra.

— Terei alguma recordação do passado?

— Fortuitas recordações. Para teu próprio progresso espiritual, é necessário que teu passado fique encerrado nas sombras do esquecimento.

— Tenho outra alternativa?

— Não! — foi a seca resposta da voz, totalmente impessoal.

— Se esse é o único caminho a seguir, poderá ser feito o mais breve possível?

— Só depende de ti.

— Como só depende de mim?

— Só depende de quereres sair desse estado em que te encontras.

— Que venha então essa redentora encarnação! — disse Thamataê com resignação.

Nem bem terminara de dizer essas palavras, as nuvens negras se dissiparam para dar lugar a uma ampla planície e um céu azul. A voz calara-se com a transformação do cenário e então uma outra voz se ouviu, a do seu Mestre Aramu-Muru, bem nítida aos seus ouvidos astrais. Embora Thamataê não visse seu Mestre, sua presença era sentida em toda plenitude.

— Filho meu, por que mantiveste os ouvidos surdos à voz de tua alma? — perguntou o Mestre de forma doce.

Uma claridade dourada envolveu Thamataê e uma onda tépida de calor aqueceu seu coração entristecido.
— Não sei, Mestre! Não sei!
— Sempre te ensinei o caminho da Luz, mas acho que não aprendeste a diferenciar a claridade das sombras. Sempre te mostrei os dois pólos da manifestação.
— É verdade, Mestre, falhei de maneira lamentável.
— Tudo se manifesta em aparência dual. No universo físico, o Uno se reparte em dois para existir. Nada pode ser real em sua contraparte. Por essa razão, sempre afirmamos que o mundo objetivo é mâyâ, uma ilusão, é nada mais que um pensamento visto por outro pensamento. Sabias, filho meu, que a mulher e o homem não existem "per se", são o masculino e feminino contrapartes do homem real, o homem-mulher, a mulher-homem. Jamais podias entregar-te ao amor egoísta, separatista, que afirma gritando alto "eu sou". O amor perfeito jamais diz eu, mas apenas nós. Tu enxergaste teu reflexo, amaste este reflexo, a contraparte que deixa de existir quando o eu se liberta de suas limitações. Não entendendo que perseguias uma ilusão, quiseste te livrar daquele que te impedia de conseguir o objeto de teus desejos. Porém, filho meu, cada ato corresponde a outro igual e contrário. Deves agora colher aquilo que plantaste.

O Mestre calou-se e Thamataê, soluçando de arrependimento, vacilante, voz tímida, dirigiu-se a Aramu-Muru:
— Do fundo do meu coração, arrependo-me de tudo que fiz e suplico humildemente vosso perdão.
— Perdoado já estás, filho meu, porém, a roda das encarnações é qual uma engrenagem que, posta em movimento, tem-se que deixar desenrolar-se até o fim. Vais encarnar em Itaoca; teu pai será um antigo sacerdote e tua mãe uma vestal dos templos. Assim, terás todas as condições para que sigas, numa vida proveitosa, em direção à Luz. Vais esquecer todo teu passado e terás que aprender tudo que sabes novamente. Teus poderes atuais serão mínimos, o suficiente para, bem empregados, servirem para teu adiantamento espiritual. Que o Inefável sem nome se apiede de tua alma, filho meu e, entregue à lei dos homens, possas progredir na senda estreita do conhecimento, e por meio do serviço alcances de novo tua libertação. Trabalha como os mais ambiciosos, mas mata a ambição! Projeta sem-

pre tua sombra além do teu corpo!

Aramu-Muru não disse mais nada. A claridade dourada desapareceu e Thamataê teve a impressão de que caía de grande altura, submergindo em total inconsciência.

O sacerdote Pachakinti procurou acalmar sua mulher Amaysha, deitada na cama de fibras trançadas, muito agitada, esperando a hora do nascimento do seu primeiro filho.

O sacerdote havia fugido de Itaoca quando começara a invasão pelas hordas de Thevetat. Magadar, serviçal do Templo da Luz Interior, onde Pachakinti era Sumo Sacerdote, conseguira convencê-lo a fugir de Itaoca com sua mulher, prestes a dar à luz. O sacerdote sempre fora bondoso com ela, e Magadar, arrependida de haver ajudado os sacerdotes de Shadir, naquele momento, talvez para se redimir aos olhos de Inti, fez o que acalmava sua consciência. A bem da verdade, não era esse o único motivo em querer ajudar Pachakinti; Magadar afeiçoara-se a Amaysha e logo nasceu um grande afeto para com eles.

Kellug, seu noivo, possuía uma cabana no final do deserto que delimitava as terras dos Kilambos, onde encontrariam abrigo e poderiam viver em paz, longe dos perigos que os invasores de Itaoca representavam. Ainda para maior segurança dos refugiados, Kellug desfrutava de um convívio pacífico com os guerreiros kilambos. Com seus amigos amparados, sem correr perigo, Magadar, para não despertar suspeitas, continuaria trabalhando no Templo de Itaoca e ainda estaria a par dos movimentos e ações dos invasores.

Aproveitando o escuro da noite e a confusão do povo que corria desordenado para todos os lados, Kellug, acompanhado de perto por Magadar, o sacerdote e sua mulher, esgueirando-se pelos cantos dos prédios e evitando a todo custo os homens armados, que também corriam de um lado para o outro, conseguiram chegar à porta sul da cidade, naquele momento apenas ocupada por homens de armas mortos caídos pelo chão.

À noite, a temperatura do deserto era fria e foi com facilidade, andando devagar, que conseguiram vencer as cinco horas que os separavam da cabana de Kellug.

— Seu chá, senhora — e Magadar estendeu para Amaysha a caneca fumegante.

— Acho que, em vez de chá, seria muito melhor uma bacia com água quente e panos de linho — disse Pachakinti, olhando com ternura para sua mulher. — O menino já vai nascer.

A clarividência altamente desenvolvida do sacerdote não só constatava o momento do nascimento de seu filho, como também o sexo da criança.

Amaysha gemeu de dor, balbuciando o nome de seu marido. Magadar colocou a mão em sua testa, afagando-lhe os cabelos.

— Já vou buscar tudo que é preciso — disse, saindo rápida do quarto, antes verificando que as contrações estavam agora mais freqüentes.

— Depressa, Magadar, a criança está nascendo! — pôde ouvir.

Não houve tempo para mais nada, um choro se ouviu e Magadar mal teve tempo de amparar o recém-nascido.

— É um menino! Um menino grande e muito bonito! — exclamou a moça, enlevada, com a criança no colo.

— Eu já sabia que era um homenzinho — disse para si mesmo o sacerdote; E, elevando a voz: — Vai chamar-se Helau--Zadig, o nome de seu avô, e há de terminar aquilo que comecei.

— Que assim seja, porque assim será — disse Magadar, um sorriso amplo iluminando seu rosto redondo.

Thamataê entrava na roda da vida por intermédio da mãe terrena, a sacerdotiza Amaysha, naquele momento imóvel em sua cama, como se estivesse desmaiada.

21
A outra história do general

Kajamac voltou das terras owandos com seus homens depois que Mbonga assumiu pessoalmente a cremação do corpo de Ollantay, em uma cerimônia com todas as honras devidas a um herói, o que um homem da importância do General merecia.

Após afirmar para Kajamac que ele era seu hóspede, não seu inimigo, concedeu-lhe todos os privilégios, afirmando que as terras owandos eram dele e dos seus amigos, ordenando que uma escolta o acompanhasse com seus comandados até onde se encontravam suas vimanas.

— Para a vida e para a morte! — E juntando as palmas das mãos em frente ao peito: — Leva contigo meu respeito e minha eterna admiração pelo teu bravo amigo, general Ollantay, Titã dos Andes, e agora também meu amigo. — E o guerreiro owando tocou com a ponta do dedo indicador seu coração e depois o de Kajamac.

— Parto com o coração tristonho pela perda de meu amigo, mas ao mesmo tempo levarei dentro do peito a certeza de que o Titã dos Andes, meu irmão querido, morreu como queria, lutando bravamente e tendo o reconhecimento de um guerreiro valoroso e valente como ele. Agradeço as homenagens com que o honraram. — E Kajamac repetiu o gesto de saudação de Mbonga antes de se retirar com seus comandados.

A notícia da morte de Ollantay pegou de surpresa Coyllur, que, sentada em um dos bancos dos jardins das rosas vermelhas, esperava por Thamataê. Kajamac aproximou-se da moça e, escolhendo bem as palavras, procurou atenuar da melhor forma possível essa notícia dolorosa.

— Coyllur, "a mais bela" — começou a falar —, eleita dos deuses da beleza, eu te saúdo pela graça e glória de Inti.

— Capitão Kajamac! — disse a moça, levando as duas mãos ao seio e parecendo sair de dentro de um sonho.

— Assustei-a, senhora?

— De modo algum, foi a surpresa inesperada.

— Temo não trazer as melhores notícias. — E Kajamac fitou Coyllur nos olhos.

A moça teve um leve estremecimento e foi balbuciando que conseguiu perguntar:

— Notícias de Ollantay?

— Sim, de Ollantay. Fui com alguns homens de armas até o povoado dos owandos. Houve um... um combate... combate entre seu noivo e o filho do cacique owando, Mbonga... — O capitão estava reticente, custava a encontrar as palavras certas para aquele momento.

— Continue, capitão — conseguiu dizer Coyllur, aflita.

— Ollantay, meu amigo... meu irmão... pereceu na luta que teve com Mbonga — disse afinal Kajamac com lágrimas nos olhos.

— Pelo sagrado Inti! — conseguiu falar Coyllur, arfando e torcendo as mãos, olhos marejados, até que cobrindo o rosto com as mãos, soluçou, dando vazão a toda sua dor. Depois, ficou por um enorme espaço de tempo calada, parecia orar, cabeça baixa, deixando escapar de tempos em tempos um soluço seguido de um gemido.

Quando conseguiu encarar Kajamac, que mudo, ao seu lado, não sabia o que fazer ou dizer para confortá-la, foi para falar em voz quase sumida:

— Sou a única culpada de sua morte — e prorrompeu em um choro convulsivo.

— Não digas uma coisa dessas. Tira de tua cabeça essa ideia sem sentido. O General morreu como queria, no campo de batalha, com todas as honras, inclusive do seu oponente, que fez questão de assumir o cerimonial de cremação, dedicando-lhe o título de "Grande Tuxauá[1] Ollantay".

Coyllur não disse nada, permaneceu calada, e, quando

---

[1] Grande Tuxauá: Chefe, cacique.

levantou-se, já estava com sua decisão tomada. Com voz agora firme, falou:
— Já sei o que vou fazer.
— Não faças nada precipitado para mais tarde não te arrependeres — aconselhou Kajamac.
— Não, meu amigo, tenho que expiar minha culpa da melhor maneira possível.
— Mas não tens culpa alguma!
— Tenho sim, capitão. Só eu sei como sou culpada. Vou voltar para Tawantinsuyo contigo e vou morrer para a vida mundana; pretendo encerrar-me no Templo das Virgens do Sol e dedicar o resto da minha vida ao sagrado Inti.
— Não, Coyllur, tu não tens a menor culpa, repito, do que aconteceu.
— Agradeço tua prova de amizade, mas eu, somente eu, sei o que se passa na minha alma. — E, dito isso, prorrompeu em choro novamente.

Kajamac fez um gesto, como se fosse ampará-la, mas Coyllur, sacudindo a cabeça e limpando os olhos com as mãos, agora de maneira firme e resoluta, disse:
— Capitão Kajamac, peço-te um grande favor.
— Pede o que quiseres.
— Não gostaria de ter que me despedir do Mestre Thamataê. Sei que não teria forças suficientes para isso.

Coyllur ignorava completamente que Thamataê tivesse deixado Ibez e que agora Uiran ocupava o seu lugar como Sumo Sacerdote e supremo Mestre. Embora estranhasse que durante três dias Thamataê não tivesse aparecido no jardim das rosas vermelhas, nem tivesse mandado qualquer recado justificando sua ausência, Coyllur ainda assim esperava a qualquer momento que seu amado aparecesse, mas agora, depois das tristes notícias trazidas pelo capitão, seu sentimento de culpa falava mais alto, impedindo que ela vivesse um amor que considerava o motivo principal da morte de Ollantay. Tudo isso passou muito rápido pela cabeça de Coyllur, culminando com o firme propósito de não ver nunca mais Thamataê, um amor que julgava ser pecaminoso.

— Mas claro — respondeu o capitão —, encarrego-me de tudo e não tenhas cuidados, que irei preparar o mais breve possível nossa viagem para Tawantinsuyo.

— Ficarei pelo resto da vida devedora de tua amizade.
— Só peço, Coyllur, uma única coisa de ti.
— Pois fala, meu amigo.
— Precisamos, tu e eu, reabilitar a história do Titã dos Andes e, para isso, necessito de tua colaboração.
— O que fizeres terá todo meu apoio — disse Coyllur, ainda chorosa.
— Eis o que precisamos fazer. — E Kajamac começou a contar para a moça, em detalhes, o que divulgariam por toda Tawantinsuyo. — Tu, Coyllur, continuarás sendo uma princesa, irmã do Imperador Tupac-Yupanqui e criada no templo dos "Dois Jaguares" pelo Sumo Sacerdote Uilac-Hama, prometida ao príncipe herdeiro Tupac-Icá. Negando-se a desposar o filho do Imperador, foste encerrada no templo Inti Shinan. O general Ollantay, depois de grandes aventuras e inúmeras batalhas, conseguiu libertar-te do Templo das Virgens do Sol levando-te para Ophir de Paititi, no Baratzil, onde se casaram. Após esses acontecimentos, e de Ollantay travar um sem número de campanhas e batalhas em defesa de Ibez, onde se encontravam, saindo de todas elas vencedor e coberto de glórias, sendo agraciado pelo Império Paititi com o título de "Nobre Titã dos Andes e Ibez do Baratzil", voltaram para Tawantinsuyo.

Kajamac jamais poderia prever que essa versão por ele imaginada ia não apenas ser aceita, mas através dos séculos se tornar um mito da história do Titã dos Andes e a "mais bela", princesa Coyllur.

— Toda essa história merecerá credito por parte do povo, dos nobres, militares e sacerdotes do Império? — perguntou Coyllur, um pouco incrédula.

— Creio que sim — respondeu Kajamac.

Essa história do general Ollantay ia-se perpetuar pelos séculos afora e se constituir numa odisséia épica que faria parte da tradição histórica dos Andes.[2]

O capitão Kajamac omitiu ao novo grande Mestre Uiran--Thaê a partida para Tawantinsuyo de Coyllur em sua companhia.

---

[2] Existem ainda hoje no Peru, no Vale Sagrado, próximo de Cuzco, as ruínas imponentes conhecidas como a Fortaleza de Ollantaytambo, impressionante conjunto de edificações de pedra, numa encosta de montanha. Ali, reza a tradição local que se refugiou o famoso guerreiro Ollantay com a princesa Coyllur, que ele raptara. Ao sopé da fortaleza, uma fonte chamada de "O Banho da Princesa" lembra "a mais bela" da tradição andina. Na povoação adjacente, a praça central guarda uma estátua do bravo guerreiro Ollantay.

Antes teve uma importante entrevista com o conselheiro Schua--Ram, que também lhe aconselhou nada falar ao grande Mestre sobre a partida de Coyllur. Experiente, o conselheiro achava que despedidas entre amantes sempre ocasionavam problemas e ponderou com o capitão que ele deveria agradecer a acolhida no Império e simplesmente apresentar suas despedidas.

Kajamac então, seguindo a orientação de Schua-Ram, apresentou seus agradecimentos ao Mestre Uiran, antes apresentando um relatório pormenorizado da campanha de Ollantay, de sua morte e a de seus homens no combate com os guerreiros owandos.

Três dias depois da partida do capitão Kajamac e Coyllur, Uiran, assumindo completamente seus veículos inferiores, teve consciência completa de sua alma gêmea, de como a encontrara nessa vida, a interferência de Thamataê e a luta desesperada que travara entre sua personalidade e o "eu real" do ocupante provisório de seu quaternário inferior.[3] Esse despertar de sua consciência foi marcada por lances de desespero, quando pôde entender que novo desencontro atingia sua vida e sua "outra metade" escapava de forma definitiva — assim acreditava — de seu relacionamento amoroso.

Procurou por Coyllur em seus aposentos, que encontrou vazios, e também no jardim das rosas vermelhas. E desesperado por não a encontrar, coisa que sua intuição já lhe havia mostrado, mandou chamar Schua-Ram a sua presença. A resposta do Conselheiro do Império, sem rodeios, seca, foi uma ducha de água fria em sua alma, muito embora fizesse essa pergunta já esperando tristes notícias.

— Coyllur "a mais bela" seguiu para Tawantinsuyo com o capitão Kajamac — foi esta a triste notícia já esperada.
— Deixou algum recado para mim?
— Nenhum, senhor.
— Nem uma palavra, nada?
— Nada, meu senhor — mentiu Schua-Ram. Kajamac lhe havia transmitido as saudações e despedidas de Coyllur.

Uiran atirou-se em suas almofadas, o corpo amargurado ali presente pela força de seu dever de dirigente máximo de um povo, a alma voando a quilômetros de distância, querendo unir-

---
[3] O chamado quaternário inferior é constituído de: corpo denso, corpo etérico, corpo astral e corpo mental concreto, a personalidade ou "eu pessoal".

-se ao seu amor que desaparecia, deixando incompleto seu ser, qual um mutilado que perdeu parte importante do seu corpo.

A escuridão da noite caía sobre Ibez e altas horas, no silencioso templo cor-de-rosa, Uiran ainda continuava na mesma posição em que o deixara Schua-Ram, cabeça entre as mãos, lágrimas descendo pelo rosto contraído pela dor.

Coyllur internou-se no templo das Virgens do Sol e, ali reclusa, viveu pelo resto de seus dias. A história dela e do general, contada por Kajamac, sobreviveu aos séculos, transformando-se em um mito, incorporado à história e tradição do Peru.

22
Pacto sinistro

Ozambebe foi introduzido na sala do trono do templo principal de Itaoca e se viu na presença de Thevetat, o sinistro imperador, que já por oito anos governava com mão de ferro aquelas terras invadidas e dominadas. Thevetat mantinha sob seu controle toda Itaoca, impondo pela força e pelo terror sua vontade, detendo todo o poder nas mãos.

Seus olhos penetrantes esquadrinharam o mago Ozambebe, que sustentou seu olhar, não desviando os seus. Houve um momento de silêncio que foi quebrado por Thevetat.

— Senta — disse à guisa de cumprimento, indicando com um gesto o trono menor ao seu lado.

— Mandaste me chamar? — perguntou Ozambebe, acomodando-se.

— Sim, necessito de teus préstimos.

— Meus préstimos? Pensei que eras invulnerável e poderoso demais para necessitar minha ajuda, acima do bem e do mal!

Thevetat pareceu ignorar o sarcasmo, pois não se alterou e prosseguiu:

— Sei que tens uma grande ascendência sobre os owandos, principalmente sobre o herdeiro, Mbonga.

— E o que tem isso a ver com meus préstimos?

— Tudo a ver!

— Não entendo aonde queres chegar!

— É muito simples — e o Imperador sorriu, um esgar sinistro que repuxou seus lábios finos, dando a sua fisionomia

um aspecto diabólico. — Como não ignoro, podes impor tua vontade e teus desejos aos guerreiros owandos.
— E daí?
— Daí que, separando a nação Owando da dos kilambos, isso me ajudaria muito.
— Com que propósito?
— Como estás farto de saber, esses dois povos unidos podem se constituir numa grande ameaça ao meu poder.
— Mas não te encontras em paz com os kilambos?
— Sim.
— Eles não te ajudaram a chegar à conquista e domínio completo de Itaoca?
— Ajudaram-me bastante.
— E então? Não consigo te entender.
— Minha relação com Abilhambos, o cacique kilambo, tornou-se perigosa.
— Como perigosa?
— Ele possui planos, e esses planos, se unidos aos dos owandos, me colocariam em posição bastante difícil.
— O que posso fazer nessa circunstância?
— Se convenceres o cacique Abukalem, que sei que te obedece incondicionalmente, que não deve mais fazer aliança com os Kilambos, minha posição se tornará favorável para fazer a guerra contra Abilhambos.
— Dividir para enfraquecer.
— Exatamente
Ozambebe ficou calado. Refletia sobre a argumentação de Thevetat. Por fim, decidiu-se:
— O que ganho com isso?
— Minha eterna amizade.
— É pouco.
— O que queres mais?
— O cargo de Sumo Sacerdote dos templos de Itaoca.
— É muito o que pedes.
— É pegar ou largar!
— Oduarpa me disse que eras mais cordato.
— Posso ser cordato sem ser idiota.
— Por que dizes isso?
— Porque sei que, sem minha ajuda, jamais conseguirás realizar teus planos.

Baratzil - A Terra das Estrelas

— Não tenhas tanta certeza.
— Ora, Thevetat, não vamos agora querer enganar um ao outro. Tenho absoluta certeza do que pretendes realizar.
— O que sabes, afinal?
— Tudo.
— Não achas que tudo é um pouco vago?
— Não, quando sei que desejas vencer e exterminar os kilambos, tendo antes triunfado sobre os owandos, para então atingir tua meta, Ibez.
— De que maneira ficastes conhecendo meus planos?
— Só não sei o que não desejo saber — respondeu com orgulho Ozambebe.

Foi a vez do Imperador ficar calado, estudando a fisionomia do mago, que, impassível, não moveu um músculo sequer do rosto.
— O que mais almejas? — perguntou afinal Thevetat.
— Somente este cargo, mais nada.
— E se me prometeres ajudar e depois não cumprires o compromisso?
— Sabes tão bem quanto eu que compromissos firmados entre irmãos de nossa confraria não podem ser quebrados, sob pena de conseqüências terríveis para aquele que deu sua palavra.
— Seja — disse o Imperador, levantando-se —, começa a trabalhar junto ao cacique Abukalem. Quando o trato estiver concluído, avisa-me, e a posição de Sumo Sacerdote será tua — finalizou sem qualquer despedida ou saudação, dando as costas para Ozambebe.

O mago permaneceu por longo tempo, sozinho, na sala do trono. Sua estratégia era perfeita, considerou. No cargo de Sumo Sacerdote, teria todas as condições para no futuro assumir o poder total de Itaoca. Com sua aliança feita com Mbonga, fazendo-o seu auxiliar direto, com também enormes poderes, estaria fortalecido em seu propósito, pois, com o apoio irrestrito dos owandos, depois de terem os Kilambos sido derrotados, não seria difícil obter o apoio de seu Mestre Oduarpa. Mesmo porque não seria do interesse de seu Mestre que Thevetat crescesse ainda mais em prestígio e poder. Oduarpa gostava de reinar absoluto e não iria concordar em ter um incômodo parceiro mandando nos destinos de Itaoca. "Depois" — pensou Ozambebe — "saberia o que fazer com Mbonga e os guerreiros owandos."

Assim raciocinando, Ozambebe entrou em profunda concentração, dilatando sua consciência ao máximo possível, começando a visualizar os acontecimentos que se desenrolavam ao seu redor.

"Às vezes aqueles mais inocentes, aqueles que não possuem importância, que são apenas humildes colaboradores, os que ocupam cargos subalternos, são os que podem, quando não se presta atenção neles, modificar planos preconcebidos e mudar os destinos. São estes a retaguarda da humanidade, que por vezes atrapalham o que os dirigentes determinaram" — pensava Ozambebe, dirigindo sua potente expansão da consciência para vasculhar, fazendo uma varredura mental, todos os serviçais inferiores dos templos, os sacerdotes menores e alguns militares e nobres sem importância.

Sua mente poderosa englobou todos eles, até que, por um processo peculiar de seleção, sua atenção caiu sobre um oficial de patente inferior da guarda de Thevetat e sobre uma serviçal do Templo da Luz Interior, Magadar.

"Esse é um elemento que necessita ser bem-observado e colocado a minha disposição" — pensou o mago, esquadrinhando as vibrações e os corpos sutis da moça. "Ela tem uma estreita relação com o cacique dos kilambos e pode atrapalhar meus planos".

Ozambebe, então, viu em uma tela mental à sua frente Magadar em uma cabana tosca, o antigo Sumo Sacerdote Pachakinti, sua mulher, a sacerdotiza Amaysha e uma criança de uns oito anos. Imediatamente Ozambebe reconheceu naquele menino uma encarnação de Thamataê.

"Preciso agir rápido, ainda há tempo de impedir o que é desfavorável para mim e modificar o destino" — pensou Ozambebe cheio de orgulho. — "Sou ou não sou afinal um daqueles eleitos que pode intervir no carma alheio?"

Magadar acabara de limpar e arrumar o altar-mor do templo e se preparava para sair. Tinha um longo caminho a percorrer até a choupana onde morava com Kellug, percurso de quase quatro horas a pé que fazia de três em três dias, dormindo nos outros no próprio templo, em um pequeno cômodo situado nos fundos.

Foi barrada em seus passos, quase na porta, por Ozambebe, secundado por três homens de má catudura que o acompanhavam.

— Precisamos falar, Magadar — disse com um sorriso estampado em seu rosto malévolo. — Vamos até os aposentos do Sumo Sacerdote do templo — e, sem esperar uma resposta, caminhou em direção a uma das portas laterais.

Magadar entreparou, mas foi quase atropelada pelos acólitos de Ozambebe, o que fez com que ela seguisse em silêncio os passos do mago. Sem a menor cerimônia, Ozambebe abriu a porta dos aposentos do sacerdote, àquela hora vazios. Com apenas um gesto, Ozambebe ordenou aos três homens para permanecerem do lado de fora.

— Entra, Magadar — disse, adoçando a voz — senta-te aqui.

Magadar, tímida, sentou-se e, reunindo o que restara de coragem, perguntou:

— O senhor me conhece?

— Perfeitamente bem — foi a resposta.

— O que deseja, senhor?

— Quase nada, apenas que me dês com a maior precisão possível a localização da cabana onde moras.

— Por que, senhor?

— Não te interessa — respondeu de modo ríspido Ozambebe.

Magadar encolheu-se, cheia de medo, não encarando o mago a sua frente.

— Perdão... perdão, senhor — balbuciou.

— Não tenhas medo. Se me disseres o que quero, nada de mal te acontecerá.

— Vou responder... vou responder — disse Magadar, os olhos cheios de lágrimas.

— Onde fica a localização exata da cabana de teu marido?

— Senhor... senhor... tenha piedade...

— É uma resposta simples.

— Tenho muito medo, senhor.

— Não vou te fazer nenhum mal, mas não adianta me esconder nada. Quero apenas poupar tempo. Se me disseres onde fica a cabana, ótimo, irei resolver esse assunto com rapidez e sem dor para ninguém. Se teimas em não falar, descobrirei onde fica essa cabana do mesmo jeito, só que perderemos algum tempo e todos sofrerão.

— Mas, senhor...
— Não desejas evitar o sofrimento de todos?
— Desejo, senhor, é o que mais quero.
— Fala e sairás livre daqui. A escolha é tua. A dor ou a liberdade!
— Senhor, eles não fizeram nenhum mal. São pessoas boas e inocentes.
— Não interessa o motivo, tampouco o que quero deles. Escolhe, mulher! — E o tom de voz do mago era agora agressivo.

Magadar começou a chorar alto, mas Ozambebe não se apiedou nem um pouco. Esperou que houvesse uma pausa entre os soluços e, quase encostando seu rosto no dela, fisionomia fechada, mais uma vez perguntou:

— Vais falar ou não? Pela última vez, mulher, diz o que eu quero!

Magadar enxugou os olhos com as mãos trêmulas e então, munida da pouca coragem que restara, conseguiu falar:

— Não posso, senhor... Não posso...
— Veremos se podes ou não. — E, elevando a voz, chamou outros homens que prontamente atenderam, adentrando a sala.

— Levem esta mulher para os subterrâneos do templo — ordenou, e, dando as costas para Magadar, saiu da sala calmamente.

Os dois brutamontes seguraram a moça pelos braços, arrastando-a brutalmente, enquanto o terceiro homem abria uma das portas laterais do aposento, atravessando um corredor interno até outra porta que escondia uma escada de pedra. Os degraus pareceram intermináveis para Magadar, que, carregada como se fosse um embrulho, batia com as costas e as pernas na dura pedra da escadaria.

Afinal chegaram a um salão sem janelas, completamente às escuras, onde jogaram a moça em um chão duro de terra. Os três homens, sem dizerem uma palavra, retiraram-se, deixando Magadar em completa escuridão.

Depois de algumas horas, que duraram uma eternidade para Magadar, uma luz bruxoleante apareceu em um dos cantos do salão. Ao aproximar-se, ela reconheceu o mago Ozambebe, seguido de perto por um enorme gigante negro. O homem vestia apenas uma tanga de couro, tendo em uma das mãos pesada corrente, onde se via em uma das extremidades uma enorme bola de ferro. A pesada corrente com a bola maciça parecia leve nas mãos do monstruoso negro.

— Resolveste falar? — perguntou o mago. — Minha paciência acabou. Ou falas ou te entrego ao meu escravo.

Magadar cerrou os dentes, obstinada, procurando não encarar nem Ozambebe, nem o escravo negro. Talvez tivesse ilusão de que poderia ganhar tempo.

— Faz teu trabalho — disse em voz impessoal o mago. E sem mais uma palavra afastou-se.

Foi apenas uma pancada, vibrada com toda força pelo braço musculoso do gigante de ébano. A bola de ferro atingiu Magadar na cabeça, na região parietal, afundando o crânio da pobre moça, que, sem um gemido, caiu morta no chão de terra.

23
O disco solar de ouro

Uiran-Taê levou algum tempo para se assenhorear completamente de seus veículos inferiores. A memória de Thamataê volta e meia invadia sua consciência e então se desesperava, pois ainda confundia seus sentimentos mais íntimos com os daquele a quem cedera seu corpo. Pouco a pouco, Uiran-Taê foi vencendo etapa por etapa toda sua insegurança e, quando Schua-Ram veio a sua presença para deliberar sobre o futuro de Ibez, já encontrou o novo Mestre, responsável pelos destinos dessa grande civilização, completamente sereno e cônscio de suas responsabilidades para com os súditos.

É necessário lembrar ao leitor que o Conselheiro do Império estava a par da devolução do corpo físico de Uiran-Taê pelo Mestre Thamataê.

— Salve, Mestre! — saudou Schua-Ram, curvando-se e juntando as palmas das mãos em frente ao peito. — Creio já ser chegada a hora de dotarmos nossa terra daquilo que foi preconizado pelo Mestre Kalamy. — E respeitosamente aguardou que Uiran-Taê se manifestasse.

O Mestre sorriu e, imitando o gesto de seu Conselheiro, disse:

— Eminente Schua-Ram, já estou completamente refeito e apto para começar a comandar nosso povo.

— Fico feliz com vossa decisão e estado de espírito, principalmente porque vejo que estais de novo inundado pela graça e pela glória do grande Maha-Deva.

— Assim seja, Schua-Ram! Mas vamos aos fatos.

— Vou fazer um relatório abrangente do que ocorreu enquanto Vossa Graça, digamos assim, se encontrava ausente. Em primeiro lugar, peço perdão por ter que falar em Coyllur e...

Foi interrompido pelo outro, que continuava sereno, com um sorriso nos lábios:

— Não há motivo para pedires perdão. Esses fatos, chamemos assim, fazem parte do passado e, como não ignoras, embora fosse meu corpo, minha personalidade aparente, o aspecto vontade não me pertencia. Podes falar sem qualquer preocupação. Fala como estivesses te referindo a outra pessoa.

— Como dizia, senhor, Coyllur partiu por sua livre vontade com o capitão Kajamac, e me atrevo a afirmar que essa pagina da história já foi virada e encerrada para sempre.

— Correto! Prossiga, Schua-Ram — e Uiran-Taê não demonstrou o menor sinal de emoção.

— Ibez cresce a cada dia rapidamente. Seu esplendor é decantado por nossos vizinhos distantes da Atlântida e Tawantinsuyo. Nosso comércio com Daytia e o general Corona, hoje responsável pelos destinos da grande ilha, prossegue, e constantes caravanas por mar fazem esse contato. Com o império do Oeste, a terra que o grande Mestre Manco Capac colonizou e fez progredir, atingindo estágios de grande civilização, acontece o mesmo. Posso vos dizer que nossas relações com o mundo exterior são excelentes.

— Ótimo, Schua-Ram, ótimo!

— Quanto a Ruta e Itaoca, não posso dizer o mesmo. Ambas caíram em poder do imperador negro, Thevetat, ajudado pelo grande mago Oduarpa. A cidade das portas de ouro, Ramakapura, foi invadida e hoje é a sede do governo desse mago negro.

Poderá parecer estranha ao leitor essa comunicação do Conselheiro, mas é facilmente explicável, pois Uiran-Taê, durante dois longos anos, ficou totalmente isolado de tudo e de todos, recluso no templo de cristal rosa, recebendo instruções diretas do Mestre Aramu-Muru, preparando-o para poder completar sua missão.

Houve uma pausa. Os dois pareciam refletir. Foi Schua-Ram quem quebrou o silêncio.

— Temos também mantido relações amistosas e comerciais com a colônia atlante situada na costa leste do Baratzil, a Terra de Zac.

— Contato direto?
— Sim, Mestre.
— Então nossas relações são feitas por mar?
— Exatamente, embora existam outras vias para se chegar a essa colônia.
— Outros caminhos? — Uiran-Taê estava curioso.
— Existem! Quando Mestre Kalamy esteve com seu irmão Thamataê, informou-nos que existem passagens subterrâneas interligadas por cavernas que levam até essa colônia, agora uma nação poderosa, chamada de Terra das Araras Vermelhas.
— Interessante! — E Uiran-Taê estava pensativo, mas, quando falou depois de algum tempo, que o outro aguardou em silêncio, foi para perguntar: — Alguém já esteve nessas passagens subterrâneas?
— Somente eu e o Imperador — respondeu de pronto.
— Mais alguém?
— Bem, apenas mais uma pessoa. Um oficial superior, homem de toda confiança que conduziu a vimana.
— Por que o segredo sobre essas passagens subterrâneas?
— As cavernas guardam documentos importantes sobre toda nossa tecnologia e a história completa da colonização, pelos habitantes de Shukra, de Paititi e Tawantinsuyo. Segredos que devemos conservar ocultos para que não caiam em mãos erradas.
— Concordo! Que tem mais, além desses documentos?
— Alguns aparelhos, máquinas, instrumentos, que acredito que serão usados no futuro, mas que no presente só iam causar impactos prejudiciais, portanto devem ficar ignorados por todos, guardados com todo sigilo.
— O que mais, Schua-Ram?
— Aquilo que reputo ser da maior importância. O Disco Solar de Ouro do Templo da Luz da grande Atlântida. O Mestre Kalamy deseja que esse objeto mágico seja trazido para o Templo de Cristal Rosa de Ibez.
— O Disco Solar de Ouro! — exclamou admirado Uiran-Taê — Eu sempre pensei que fosse um símbolo, uma imagem criada por nossos antepassados para que, por meio de mentalizações e exercícios, fixados nessa figura mental, pudesse proporcionar curas e alterações das dimensões.
— Não é uma imagem mental, Mestre, é um objeto concre-

to, se assim se pode dizer, muito bem oculto em uma das cavernas pelo próprio Mestre Kalamy.

— Quando poderemos trazê-lo para Ibez? — perguntou Uiran-Taê, impressionado com as revelações de seu Conselheiro.

— Quando Vossa Graça determinar.

— Põe de sobreaviso o condutor da vimana que já fez essa viagem e amanhã, nosso Imperador, tu e eu visitaremos essas cavernas.

No dia seguinte, bem cedo, seguiram na direção da costa leste. A vimana, seguindo as instruções de Schua-Ram, foi em linha reta até uma região montanhosa. Num terreno arenoso, desértico, que adiante se elevava formando uma cordilheira, a vimana aterrisou, depois das dunas de areia que ocultavam o mar interno. Caminharam em direção à montanha onde Schua-Ram parecia procurar alguma coisa, até que, na base da pedra íngreme, de grande altura, coloração avermelhada, onde havia uma inscrição quase imperceptível, um desenho em baixo relevo, um círculo com um ponto no centro, o Conselheiro abaixou-se, escavando com as mãos a terra fofa, encontrando uma argola de ferro que puxou sem aparente esforço. Um barulho estridente de metais roçando-se foi ouvido, seguido de um estalido alto, e parte da rocha moveu-se no sentido lateral, deixando a descoberto uma caverna escura.

Com assombro, todos puderam observar que a parte do rochedo que se movera não apresentava emendas antes, parecendo compor-se de uma peça única.

Schua-Ram e o condutor da vimana iluminaram a abertura escura com lanternas de cristal ativado pela energia solar, deixando a caverna de grande proporções totalmente iluminada, clara como dia. Os quatro homens, com o oficial à frente iluminando a passagem, enveredaram por um comprido corredor, de largura e altura considerável, que desembocou, depois de algum tempo, pois o corredor parecia não ter fim, em outra caverna, essa bem maior que a primeira.

Schua-Ram e o oficial penduraram as lanternas na anfractuosidade da rocha e todos puderam ver que seu interior estava atulhado dos mais variados objetos.

— Esses são os aparelhos, Mestre, que falei que estavam depositados nessas cavernas — disse o Conselheiro com certo orgulho na voz.

Chamavam logo atenção quatro estátuas de homens nus, perfeitas esculturas em seus mínimos detalhes. A primeira era de cor negra e tinha de seis metros a seis metros e meio de altura; a segunda era de cor vermelha de aproximadamente três metros e oitenta a quatro metros; a terceira, de cor amarela, tinha de três metros a três metros e meio; e finalmente a quarta figura era de cor branca e tinha de dois a dois metros e oitenta de altura.

— Essas esculturas representam as quatro raças humanas de nosso planeta — disse Uiran-Taê, examinando de perto as estátuas.

Os outros pareciam estar impressionados com a riqueza de detalhes e a perfeição das figuras, pois permaneceram em silêncio, sem qualquer comentário.

Por entre essa infinidade de objetos, que ocupavam quase inteiramente a imensa caverna, um em especial chamou a atenção dos visitantes: uma espécie de órgão de enormes dimensões, com inúmeras teclas e pedais. Foi a vez de Schua-Ram explicar:

— Esse aparelho produz ultra-sons quando são acionados suas teclas e pedais; som capaz de reduzir a pó uma pedra de trezentas toneladas colocada em sua base — e apontou para um degrau existente na parte inferior do aparelho.

— Seriam esses aparelhos usados por nossos irmãos de Shukra para fazer experiências? — perguntou Uiran-Taê, não se dirigindo a alguém em particular.

— Acredito que sim — respondeu o Conselheiro, apoiado pelo Imperador, que até aquele momento se conservara calado.

— Falando em ultra-sons — disse o Imperador —, lembro-me do que nos contou um peregrino, abade vindo da ilha sagrada do mar de Gobi, acerca do som Kung, o som do Universo, vibrado na nota "fá", que provoca uma harmonia entre todos os sete reinos da natureza.

— Torna-se evidente que esses sons inaudíveis foram estudados e feitas experiências diversas pelos seres de Shukra — disse Uiran-Taê. — Precisaríamos passar vários dias nessas cavernas para descobrirmos a utilidade e serventia desses objetos, para nós completamente estranhos.

— Olha! — exclamou Schua-Ram, indicando para os outros uma estante do lado direito do suposto órgão, repleta de rolos de documentos, que, examinados apressadamente por Uiran-Taê, revelavam a história da terceira raça raiz, chamada posteriormente de Lemuriana, da quarta raça, dos atlantes, e relatos da atuação de seres adiantados da civilização do planeta Vênus, os "Senhores da Chama", suas intervenções no DNA do gênero humano, desenvolvendo a mente incipiente dessas humanidades. Depois que Uiran-Taê correu os olhos por esses documentos, bastante interessado, ordenou ao seu Conselheiro que providenciasse sem demora o envio daqueles importantes rolos de papiro para Ibez.

As três autoridades, alheadas, observavam detidamente este ou aquele aparelho, quando foram de repente tiradas de suas reflexões pela voz do oficial:

— Onde se encontra afinal esse Disco Solar de Ouro? — E logo após a pergunta, muito vermelho, pediu a todos muitas desculpas por sua intromissão.

Os presentes não pareceram importar-se com o atrevimento do capitão (naquela época era considerado falta grave um subalterno, quando não solicitado, dirigir a palavra ao seu superior), pois Uiran-Taê respondeu, dirigindo-se a todos:

— Acredito que o Disco se encontre na próxima caverna — e indicou a escura abertura de outro corredor.

Nova caminhada, esta mais prolongada, até que finalmente chegaram a nova caverna, que, quando totalmente iluminada, mostrou ser bem maior que a primeira. No fundo, em um altar quadrado de pedra, viram envolto numa espécie de plástico transparente o Disco Solar de Ouro, que emitia uma fraca claridade.

Com assombro, os quatro homens aproximaram-se e, de forma respeitosa, voz baixa, como se estivessem num templo rezando, ouviu-se num sussurro Uiran-Taê:

— Pelo sagrado Inti!

— Agora o Templo de Cristal Rosa de Ibez vai ficar repleto da glória e da graça do grande Mestre Aramu-Muru — disse Schua-Ram no mesmo tom de voz.

— Que assim seja — responderam Uiran-Taê e o Imperador Pachamac-Inti.

Um tenente das tropas armadas do Imperador Thevetat, comandando dez homens fortemente armados, aproximou-se de forma cautelosa, em silêncio completo, da cabana de Kellug, situada nos contrafortes da serra onde ficava a aldeia dos kilambos.[1]

A tropa entreparou a poucos passos da choupana.

— Ó de casa! — gritou o oficial. — Saiam todos desarmados com as mãos na cabeça — e repetiu a ordem. — Entreguem-se! A casa está cercada!

Não houve qualquer resposta. O silêncio só era quebrado pelo chilrear dos pássaros e o barulho das folhas agitadas pelo vento.

O tenente mais uma vez repetiu a ordem, sem ter qualquer resposta. Então, o comandante do pequeno grupo de homens armados deu sua ordem final:

— Queimem a cabana! Rápido!

Tochas foram acesas e logo a choupana de Kellug transformou-se em poucos minutos em escombros de cinzas fumegantes.

---

[1] Hoje é a Serra de Ibiapaba, no estado do Piauí, quase na divisa com o Ceará.

24
Shamballa

Haviam-se passado 54.880 anos terrestres e o Monastério dos Sete Raios do Vale da Lua Azul, na vertente norte do lago Titicaca, denominado na remota antiguidade de Chucuito, atuava de forma total, intensiva, em cada um de seus Raios de cor específica, comandados pelo Mestre Morya-El. Todo o conhecimento esotérico havia-se transferido do principal Templo da Luz de Ruta, na Atlântida, para o Monastério dos Sete Raios, no Tibet, e finalmente para a Ilha Branca, no mar de Gobi, hoje um deserto, de onde transferiu-se para a Cordilheira dos Andes.

A primeira ordem direta que emanou dos Dirigentes Planetários, classe de seres responsáveis pelo Planeta Azul, foi simultaneamente dirigida para o comandante Corona, em Daytia, Uiran-Taê, em Ibez, e Morya-El, que guiava de forma indireta toda Tawantinsuyo.

"Destruam todas as vimanas existentes" — dizia a ordem, que todos intuíram — "os documentos que indicam nos mínimos detalhes sua construção e o segredo de sua propulsão." — E continuava: — "É absolutamente necessário que essas civilizações fiquem isoladas uma das outras, com acesso apenas por mar ou por terra, para que possam, sem essa fácil comunicação, prosperar e crescer por seus próprios meios, conforme o determinado pelas leis de causa e efeito. Existe ainda outra razão para esta ordem: os seres humanos passaram a usar as vimanas não mais para viajar, para facilitar seu deslocamento no espaço de um lugar para outro, mas para destruir, usando os grandes tubos de luz mortal nesses engenhos, desvirtuando sua finalidade principal."

A ordem era bastante clara, não admitia contestações ou argumentações e deveria ser posta em execução imediatamente, o que foi prontamente obedecido.

Em Ibez, o Disco Solar de Ouro foi instalado no Templo de Cristal Rosa; apesar de ter dimensões gigantescas, era levíssimo. Todo feito de ouro líquido puro, suas moléculas e átomos eram coesos, interligados pela energia emanada do Sol Central, o que lhe dava aparência de solidez. Com seu diâmetro medindo trinta metros, oscilava ao pulsar, emitindo puríssima luz branca, cinqüenta centímetros para diante e outros trinta para trás. Seu movimento de lateralidade não era percebido devido à intensa luz de que ele estava circundado. Suspenso por finos cordéis de ouro puro, que se fixavam nas paredes laterais do templo, ficava a alguns metros do piso, dando a impressão de que estava solto no ar.

A primeira experiência de Uiran-Taê com o Disco Solar teve êxito absoluto. Colocou-se em frente dele, procurando entrar em profunda meditação, esvaziando a mente. Aos poucos, começou a receber as vibrações do Disco que pulsava, atingindo primeiro seu corpo físico, depois o etérico e por fim o corpo mental concreto e o abstrato. Seus chacras foram automaticamente alinhados e logo começaram a girar no sentido dos ponteiros do relógio. Uma sensação de exuberância se apoderou dele, sentiu que sua consciência se dilatava, teve a nítida impressão de que se deslocava no espaço, leve como uma pluma, depois viu tudo rodar ao seu redor e sentiu ou imaginou que caía de grande altura. Sua visão etérica e astral tornaram-se aguçadas, o mesmo acontecendo com sua audição. Percebeu a harmonia do cosmo — e, totalmente envolvido numa poeira prateada de luz brilhante, avistou a sua frente uma figura magnífica.

— Sou Aramu-Muru, vindo há muitos séculos de Shukra com vinte e cinco discípulos para completar o trabalho do Divino Sanat-Kumara, que aqui chegou há 18.000.000 de ciclos solares[1] com 1.200 discípulos, instituindo no Planeta Azul a Grande Confraria Branca para dirigir os destinos das raças e nações. Hoje o Divino Kumara, o Rei do Mundo, permanece com três discípulos, Sanandana, Sanaka e Sanatana, à frente da Grande Confraria e do Planeta Azul. Sem o "aprovo" desse grande Ser, ninguém é admitido nesta grande Ordem.

---
1 O mesmo que 18.000.000 anos.

A voz do Mestre era doce e harmoniosa, formando quando falava figuras geométricas perfeitas e coloridas, de um matiz de cor que não existia no mundo da matéria.

— Procedo agora da Ilha Sagrada, no mar de Gobi,[2] na Ásia Central, e represento no plano da manifestação o Senhor Maytréia, dirigente dos sete raios dos Choans, à frente de Shamballa, cidade santa dos Mestres Ascencionados.

Uiran-Taê ajoelhou-se aos pés de Aramu-Muru em sinal de devoção e humildade.

— Shamballa — continuou o grande Mestre — será futuramente transferida para o Baratzil, ao local onde existe um portal dimensional, que se localiza no interior da grande montanha que em um futuro distante será o planalto central dele. Ali Shamballa, em plano etérico, vai estabelecer-se, ditando todas as normas, regras e instruções para o adiantamento espiritual dos povos que habitam esse continente, como também da própria Terra das Estrelas, futuro centro da espiritualidade universal.

— Que eu possa compreender integralmente vossa sublime mensagem — disse contrito Uiran-Taê.

O Mestre Aramu-Muru prosseguiu:

— Shamballa estará em íntimo contato com Ibez, mas, lembra-te, no momento, somente tu, e mais ninguém, poderás alterar as dimensões e entrar em harmonia e sintonia com a cidade santa por intermédio do Disco Solar de Ouro. Posso ainda te comunicar que Ruta será destruída inteiramente por erupções vulcânicas, terremotos e maremotos. O carma caiu sobre a ilha devido à maldade de seus habitantes e da mais baixa magia negra. Itaoca seguirá o mesmo destino, também será destruída, quando o mar que liga os dois oceanos desaparecer e o deserto tomar conta de quase todo o Baratzil. Após esses acontecimentos, vai nascer nessa terra um grande rio que vai adubar o solo, trazendo de novo luxuriante vegetação. Ibez será poupada da catástrofe, e o general Corona estabelecerá a paz e reinará com bondade e justiça na grande ilha, Daytia. Tawantinsuyo terá um destino trágico: será invadida e saqueada por estrangeiros e muito pouco restará de

---

[2] Os hierofantes de todos os Colégios Sacerdotais relatam sobre essa ilha no deserto de Gobi, outrora um mar interno, ligada ao continente por uma ponte do tamanho da do Brooklin. Foi nesse local que desceram os "Senhores da Chama", que vieram da Cadeia de Vênus para dar um impulso evolucionário à humanidade existente. Dizem os viajantes que por ali transitam que às 18 horas se faz um silêncio absoluto, a natureza parece parar momentaneamente; é o Rei do Mundo orando pela humanidade inteira.

sua esplêndida civilização. O Mestre Morya-El vai retirar-se do Monastério dos Sete Raios e, em Shamballa, junto comigo, comandará os destinos de toda Paititi.

Todos esses acontecimentos poderão parecer cruéis, impiedosos, porém são absolutamente necessários para que a Terra das Estrelas, mudando sua fisionomia geográfica, renasça virgem, purificada, para poder cumprir o destino que já está determinado.

— E Ibez, Mestre, que acontecerá com a cidade dos templos de cristal?

— Ibez, em constante contato com Shamballa, vai progredir ao máximo, seu esplendor atravessará os séculos futuros, legando às civilizações que virão conhecimentos inimagináveis.

— Ibez permanecerá intacta até o advento da futura raça-raiz?

— Não, meu filho, Ibez em um futuro muito distante vai também desaparecer sem deixar quase nenhum vestígio material. Porém, presta bastante atenção, a herança espiritual dessa civilização será da maior importância, pois, séculos depois, todos os movimentos espiritualistas serão baseados na tradição esotérica, na magia cerimonial e nos conhecimentos ocultos daqueles que habitaram essa magnífica Ibez. Isso é o mais importante. Ibez é a semente das tradições e sabedoria dos magos da Atlântida e dos Mestres de Mu, que florescerá na importante raça ária, precursora da sub-raça azul do chamado Terceiro Milênio.

O Mestre Aramu-Muru calou-se. Uma nuvem de poeira brilhante, que enceguecia como um Sol, envolveu seu sagrado corpo de ilusão.[3] Aos poucos, o Mestre foi-se dissolvendo no ar e Uiran-Taê se viu novamente no salão do Templo de Cristal Rosa, em frente ao Disco Solar de Ouro, que pulsava emitindo raios puríssimos de luz branca.

Depois dessa entrevista, Ibez tornava-se o primeiro núcleo avançado de Shamballa, devido ao íntimo contato de suas vibrações harmonizadas. Começava, milhões de séculos atrás, o trabalho pioneiro de espiritualização da Terra das Estrelas, o Baratzil.

Quando Mbonga foi avisado de que havia um homem mal-

---

3 Corpo de ilusão: corpo transitório formado pelo poder da vontade e da mente.

trapilho querendo lhe falar, dizendo que era um guerreiro owando, foi bastante intrigado que mandou que o trouxessem a sua presença.

Já por oito anos Mbonga, com vinte guerreiros escolhidos, encontrava-se em Itaoca, como auxiliar direto do mago Ozambebe, com poderes quase ilimitados na condução dos negócios do Império no que dizia respeito à parte burocrática. Os vinte guerreiros constituíam-se em sua guarda pessoal e do mago, solução bastante prática, pois deixava tempo suficiente para o feiticeiro dedicar-se às suas artes mágicas. Fizera ver a Mbonga que não precisava consultá-lo e podia livremente tomar decisões e providências quando os assuntos fossem pertinentes a sua área. Criou até um cargo de título pomposo: Vice Sumo Sacerdote Auxiliar.

Mbonga não se tornou insensível ao poder e, depois que provou o gosto da autoridade, era agora outro homem, indiferente aos problemas alheios, somente interessando-se por sua postura despótica. Essa atitude de Mbonga era altamente apreciada por Ozambebe, que cada vez mais podia manipular seu auxiliar.

— Salve, grande Mbonga, invencível guerreiro owando! — saudou ao entrar, prosternando-se aos seus pés.

— Que queres? — interpelou, sem qualquer saudação.

— Trago importantes notícias da aldeia Owando.

— Fala! — A voz de Mbonga era totalmente impessoal.

Queria, essa é a verdade, terminar a entrevista o mais rápido possível.

— Seu pai, o grande Abukalem, estava agonizando quando saí da aldeia. O povo está dividido, guerrilhas estouram todos os dias, pois dois guerreiros pretendem ser caciques. A nação Owando está bastante enfraquecida.

— Que desejas que eu faça? — a atitude de Mbonga era de indiferença.

— Que volte, senhor, e tome posse de sua realeza. Talvez haja tempo de sufocar as revoltas e estabelecer de novo a ordem em Owando.

— Que nome os deuses te deram? — perguntou, encarando o homem maltrapilho, parecendo ignorar as graves notícias.

— Ugorindo, senhor — notava-se um tom de orgulho na voz do guerreiro.

— Bem, Ugorindo, e meu pai? Acreditas que ainda está vivo?

— Não sei dizer, senhor. O que posso vos assegurar é que o grande cacique Abukalem estava muito doente.

Houve uma pequena pausa. Mbonga ficou pensativo e, quando falou, sua voz estava menos irritada.

— Não posso voltar agora, tenho missões importantes para cumprir aqui na Cidade das Pedras.

— Perdão, meu senhor, é com humildade que suplico. Volte, grande chefe, não deixe que a nação Owando desapareça! — E o guerreiro se curvou, batendo com a testa no chão.

— Embora não lhe deva satisfações, vou repetir de novo: tenho consideráveis trabalhos a realizar. De maneira alguma posso deixar agora esta cidade — disse, ignorando o homem prostrado aos seus pés.

Ugorindo levantou-se devagar e, de joelhos, suplicou novamente:

— Grande guerreiro invencível, presenciei vosso combate com o Titã dos Andes e fui tocado por vossa nobreza. Por vinte e quatro luas[4] caminhei até aqui, sofrendo toda sorte de provações, por amor ao meu rei, o cacique Abukalem, e ao meu povo, para rogar ao homem mais generoso, mais magnânimo que conheci que salve os Owandos da destruição total.

Ugorindo, quando acabou de falar, tremia, lágrimas desciam pelo seu rosto e outra vez, dando um gemido, jogou-se por terra, testa encostada no chão.

Essas palavras tocaram fundo no coração do guerreiro Mbonga. Havia ainda nele, embora adormecida, nobreza de caráter, qualidade que o outro invocara. Uma luta terrível se passou em seu íntimo e, vencendo todo orgulho da autoridade, a insensibilidade do domínio dos poderosos que se colocam acima de tudo e de todos, Mbonga vacilou entre o amor filial e a terra que escolhera para viver.

O homem continuava na mesma posição. Finalmente Mbonga pareceu sair vencedor da luta interior que travava.

— Levanta, guerreiro owando! Tens minha palavra de que vou estudar teu pedido. Por ora é o que posso prometer — e, chamando um serviçal, ordenou que cuidassem de Ugorindo e lhe dessem vestes limpas e alimentação.

Ainda por longo tempo Mbonga permaneceu no mesmo lugar, o pensamento voando ora numa direção, ora noutra. A

---

[4] Vinte e quatro luas: o mesmo que seis meses.

decisão parecia difícil. Afinal, depois de longas reflexões, decidiu-se. Quando se preparava para ir ao encontro de Ozambebe para consultá-lo sobre qual caminho tomar, este penetrou no salão. Admirado com a coincidência — seria mesmo coincidência? —, nem teve tempo de falar.

— Decidiste abandonar teus deveres com Itaoca e partir para Owando? — perguntou o mago.

— Não... não sei... ainda... — titubeou. — Meu pai precisa de mim... Não só meu pai, mas toda a nação Owando.

— É essa tua decisão?

Mbonga não respondeu diretamente.

— O mensageiro que esteve aqui, além de me relatar que existe uma revolução interna, disse que meu pai enfermo e enfraquecido precisa de mim.

— Faz quanto tempo que esse mensageiro saiu de Owando?

— Disse que há vinte e quatro luas.

— Vinte e quatro luas é muito tempo. Tudo pode ter acontecido em Owando.

Ozambebe rejubilava-se interiormente. Seu plano estava dando certo. O enfraquecimento desse povo dividido por lutas internas só aumentava as possibilidades do fim da raça Owando, que planejara. Sem poderio, não podiam fazer aliança com a nação Kilambo, o que era ideal para os sonhos de poder do feiticeiro.

— Que devo fazer, Ozambebe? — Mbonga ainda era totalmente dependente do feiticeiro.

— Vamos ver o que está acontecendo em Owando.

— Farias isso por mim?

— Faria! Vem, vamos até meus aposentos. Lá tenho todas as condições para minha vidência — mentiu Ozambebe, querendo ganhar tempo para raciocinar melhor e planejar o que dizer ao seu auxiliar.

A alguns quilômetros distante dali, um acirrado combate acontecia na terra dos owandos. O morticínio foi enorme e, depois da última batalha, Abukalem, sitiado na aldeia central, rendeu-se junto com os poucos guerreiros que o apoiavam. O vencedor foi inclemente, entrando na tenda de Abukalem, que, muito enfermo, encontrava-se deitado na rede, e, com suas próprias mãos, brandindo uma espada de dois gumes, cortou a cabeça do grande cacique owando.

25
A invasão de Ruta

Precisamos recuar no tempo, e vamos encontrar Helau-Zadig brincando sentado no chão em frente à cabana de Kellug e Magadar, onde morava com seus pais.

O menino crescia rápido, forte e saudável e, quando o encontramos nessa época, já tinha oito anos de idade. Grande sensitivo, podia, tanto dormindo quanto acordado, visualizar o mundo invisível e seus habitantes com bastante clareza, podendo receber mensagens e revelações do outro plano. Suas premonições eram precisas: nunca errava um vaticínio, e, quando se encontrava sozinho, era comum sua audição aumentar consideravelmente, e, então, podia escutar as vozes da natureza e dos mundos suprafísicos. Era freqüente, quando menos esperava, ver um rosto a sua frente que lhe trazia uma saudade indefinida: o rosto de seu irmão gêmeo, Kalamy. Era também comum ver cenas em que se encontrava em um lugar desconhecido, mas ao mesmo tempo familiar; nessas ocasiões, sentia-se tomado por grande felicidade, mas logo após sentia uma tristeza que não conseguia entender ou explicar.

Seu pai, versado nas coisas do oculto, incentivava-o a prosseguir na busca desses fenômenos, ensinando-lhe todos seus conhecimentos e exercícios para o aprimoramento dessas faculdades inatas.

Helau-Zadig, distraído, enquanto brincava com algumas conchas na areia, de repente viu as cenas aparecerem a sua frente. Horrorizado, tapou os olhos com as mãos para não enxergar mais nada. Foi inútil. Com toda clareza visualizou

Magadar sendo morta brutalmente por um negro enorme. Deu um grito de dor, mas a visão continuou, independente de sua vontade. Agora era a cabana que habitava, destruída pelo fogo, ateado por homens armados das forças militares de Itaoca.

Helau-Zadig levantou-se rápido e, correndo em direção à cabana, entrou aos gritos em busca de seu pai.

— Pai! Pai! Acabo de ver Magadar ser assassinada com violento golpe na cabeça.

— Calma, filho, calma! Conta-me bem devagar tudo que acabaste de ver.

O antigo sacerdote tinha absoluta confiança nas premonições de seu filho.

— Pai, Magadar está morta. Eu vi, pai! Eu vi! — E prorrompeu num choro convulsivo.

— Que foi, meu filho? — E sua mãe veio correndo dos fundos da cabana.

— Calma! Muita calma! Deixa o menino falar — disse o sacerdote Pachakinti.

Por entre soluços, Helau-Zadig contou sua visão, entrando nos mínimos detalhes, e, quando chegou à parte do incêndio, foi interrompido por seu pai e por sua mãe.

— Tens absoluta certeza de tudo que viste?

— Tenho, pai.

— Nunca duvidei de ti. Sei que é um dom divino que tens, mas isso é muito sério, meu filho. — E, abraçando Helau-Zadig, procurou acalmá-lo.

— Vi tudo que te contei muito bem. — E o menino começou a chorar de novo.

— Eu acredito em ti, meu filho. Sempre acreditei.

Amaysha começou a afagar seus cabelos revoltos, colocando-o no colo, dizendo-lhe palavras carinhosas. Pachakinti afinal se decidiu e, em tom de voz firme, tomou o governo da situação.

— Vamos sair o mais depressa possível daqui.

— Para onde iremos? — perguntou sua mulher, torcendo as mãos de aflição.

— Só temos um destino, a aldeia do cacique Abilhambos nas terras kilambos.

— E Kellug? Precisamos avisar Kellug — disse Amay-sha, ainda chorosa, dirigindo-se ao marido.

— Eu mando uma mensagem para Kellug — disse prontamente Helau-Zadig.

— Podes fazer isso? — perguntou o sacerdote, olhando admirado para seu filho.

— Posso, pai.

— Quem te ensinou a fazer esse deslocamento à distância, aparecendo e transmitindo mensagens?[1]

— Ninguém, pai. Sempre fiz isso, Kellug é testemunha, pois várias vezes apareci para ele, que ficava com muito medo.

— Bem, não importa, depois conversaremos sobre isso, filho. Não temos tempo a perder. Arrumem o que puderem levar e vamos rápido sair daqui — ordenou Pachakinti, olhando ainda muito admirado para seu filho, mas ao mesmo tempo orgulhoso.

Kellug encontrava-se nas proximidades das muralhas de Itaoca quando de repente viu o menino Helau-Zadig à sua frente. A notícia foi dada da melhor maneira possível, pois, embora ainda fosse criança, Helau-Zadig possuía uma bondade muito grande no coração. Dessa maneira, procurou atenuar a desgraça que se abatera sobre Kellug.

O marido de Magadar, tão logo recebeu essas trágicas comunicações, soluçando de dor, atirou-se no chão, dando vazão a todo seu ódio aos responsáveis pelo ocorrido, gemendo e gritando alto todo seu desespero. Depois de algum tempo, levantou-se devagar. Seu primeiro impulso foi correr para o templo central de Itaoca e enfiar seu facão no coração do feiticeiro Ozambebe e depois se matar. Pouco a pouco, fazendo grande esforço, procurou se acalmar e, tentando raciocinar, chegou à conclusão, contra sua vontade, que não era hora nem momento para vingança. "O revide, a desforra — pensou por entre lágrimas — "alimentado pelo ódio e embalado pelo tempo, só tende a se fortalecer e, quando acontece, tem sempre melhor sabor, dando maior prazer".

E, sacudindo a cabeça, como se jogasse para longe as negras ideias assassinas, caminhou em passos trôpegos em direção das terras kilambos.

Mas estava escrito que aquele seria o dia de acontecimentos dolorosos. Os crimes e as violências parece que se sucedem

---

[1] Faculdade inerente em todos os venusianos, colonizadores do Planeta Azul, e que Helau-Zadig trazia inconsciente de quando fora o Mestre Thamataê.

em série, encadeados uns nos outros. O moço não dera mais de vinte passos, quando foi abordado por uma patrulha que vinha em direção de Itaoca, os mesmos homens que haviam incendiado sua cabana. Foi reconhecido pelo tenente que comandava os homens de armas.
— Parado! — gritou.
Em um instante, Kellug foi cercado. Ainda possuído de todo o ódio que trazia no coração, procurou num gesto rápido tirar o facão da bainha. Tarde demais; o tenente foi mais ágil e com um golpe certeiro de espada atravessou o peito de Kellug, que, sem um gemido, caiu morto no chão.

A ocasião era propícia. Começava a época das grandes chuvas e os finais das tardes, invariavelmente, tinham grandes nevoeiros, a ponto de em alguns lugares não se enxergar a um metro de distância. O general Corona, que pretendia invadir Ruta, além desse fator que lhe era dado pelo clima, ainda contava com o elemento surpresa.

As atividades militares em Daytia, preparatórias para a invasão de Ruta, eram efetuadas com o máximo sigilo, à noite, e, aproveitando a topografia montanhosa da ilha, tudo era feito em enormes cavernas, longe de olhares curiosos ou espias de Thevetat.

Na tarde-noite determinada pelo general, os grandes barcos fundeados na costa sul, região oposta ao litoral de Ruta, começaram a navegar, velas enfunadas, em direção à ilha inimiga.

A estratégia era simples. Grupos de dez barcos, num total de setenta, todos equipados com grandes tubos de luz mortal, deviam ao mesmo tempo atingir diferentes locais do litoral de Ruta. Cada barco levava cem homens, todos armados com os pequenos tubos de luz mortal. A invasão por terra devia ser silenciosa, evitando combates nas províncias, só atacando em último caso, pois a meta era a cidade central, Ramakapura, onde reinava Thevetat, o mago negro.

As tropas do general Corona, aproveitando o negro da noite e o espesso nevoeiro, foram silenciosamente avançando e, uma por uma, as cidades satélites foram-se rendendo. A rapidez, aliada à surpresa, não deu tempo para os defensores de

Ruta usarem suas vimanas de defesa, o que ia retardar e complicar bastante o avanço das forças de Corona.

As muralhas de Ramakapura caíram e os defensores restantes que ainda resistiam foram recuando, até que se encontraram acuados e cercados dentro dos muros do palácio real.

Thevetat, que observava, atrás das muralhas, a manobra dos veículos equipados com os tubos de luz mortal que apontavam para os mais diferentes lugares do palácio, seguindo a opinião de seu Conselheiro, que lhe afirmou que, se os tubos de luz fossem disparados, a magnífica construção de mármore branco, seu palácio, seria reduzida a pó, não esboçou qualquer gesto de reação. A tática do cruel Imperador de Ruta era sustentar o cerco o mais que pudesse e assim ganhar tempo, esperando que o Sumo Sacerdote de Itaoca, Ozambebe, avisado, pudesse mandar reforços. Usando suas artes mágicas, tentou entrar em contato visual telepático com seu cúmplice. Tudo em vão, o feiticeiro estava envolvido com Mbonga, tentando minimizar as conseqüências das lutas internas nas terras owandos. Thevetat, vendo a inutilidade de sua mentalização, tentou mandar emissários para Itaoca, mas estes foram interceptados pelas forças invasoras.

A situação no palácio real estava insustentável e, com o correr dos dias, os alimentos e a água começaram a faltar. O restante dos homens armados da cidade invadida, sob o domínio de Corona, inferiorizados, nada podiam fazer, a não ser capitular e se render.

Com o agravamento da situação no palácio sitiado, onde os homens começavam a morrer de fome e de sede, Thevetat não teve mais escolha, mandou um de seus oficiais, com uma bandeira branca, negociar as condições da rendição.

— Meu Imperador pede clemência para seus homens e rende-se às forças invasoras do general Corona. — E perfilou-se.

— Minhas condições devem ser enviadas por seu intermédio ao Imperador de Ruta — disse Corona, ladeado por seu lugar-tenente.

— Pode enumerá-las, General. — E o oficial, um tenente de Ramakapura, nem pestanejou.

— O Imperador Thevetat tem dois dias para se retirar do palácio e de Ramakapura, com no máximo cinco homens. Todas as vimanas que se encontram no palácio devem ser destruídas, e todos os homens armados, depois da retirada do Imperador, devem entregar suas armas aos meus oficiais. Quem tentar resistir será morto sem qualquer julgamento.

— Vou comunicar vossos termos da rendição — disse o tenente. E, dando meia volta, retirou-se da presença do general.

Poucas horas depois, uma vimana levantou vôo e a colossal porta da muralha que cercava o palácio foi aberta.

— Tudo acabado — disse Corona para seu lugar-tenente.

— Não entendo como as vimanas de Thevetat não tomaram parte na batalha.

— Nem eu — respondeu Corona.

— Será uma cilada?

— É o que vamos ver nesse momento. Ordene às tropas que invadam o palácio — limitou-se a dizer o general Corona.

26
O último sonho de Uiran-Taê

Em um dos sub-planos do mundo Astral, Oduarpa reunia-se com três discípulos, seus subordinados. Pela expressão fisionômica do mago, podia-se observar que estava bastante contrariado, pois conservava o cenho carregado e dos seus olhos malévolos saíam chispas escuras capazes de amedrontar quem o encarasse.

— Que ordenais agora, Mestre? — perguntou um dos discípulos, evitando o olhar irritado de Oduarpa.

— O que ordeno? — respondeu com outra pergunta, esta não dirigida a nenhum deles. — Depois do que fez o imbecil do Thevetat, o que posso no momento dizer?

Foi Otamede, discípulo mais adiantado de Oduarpa, que teve coragem para inquirir o grande mago:

— Mas Mestre, com todo respeito, Thevetat não podia fazer nada. Sua cidade foi invadida de surpresa. Que culpa tem nosso irmão?

— Toda culpa.

— Perdão, Mestre, mas não conseguimos entender — disseram a um só tempo os outros dois magos negros.

Oduarpa pousou seu olhar severo sobre seus discípulos, parecendo esquadrinhar o âmago da alma de cada um deles. Levou algum tempo para responder e, quando o fez, foi para avisá-los com palavras duras de que não poderiam cometer erros, sob pena de sofrerem conseqüências terríveis.

— Thevetat tinha competência para desvendar o futuro. Logo sabia, se quisesse, prever o que ia acontecer. Mas não, preocupava-se apenas com suas conquistas materiais, seu conforto, alheio a tudo ao seu redor, empenhado em sua febre de triunfos de expansões territoriais, não ouvindo meus conselhos para se conservar o maior tempo possível em astral, imune às ciladas que a vida emprega quando estamos obnubilados pelas ilusões dos sentidos. Já o havia prevenido para não tentar atacar os kilambos, permanecendo, quando não estivesse em astral, em Itaoca, evitando ao máximo ficar em Ramakapura, e ainda nem pensar em conquistar Ibez.

— E agora? — continuou perguntando Otamede, ante o silêncio dos outros dois.

— Thevetat terá que arcar com as conseqüências que ele mesmo criou.

— E Ruta, Mestre? Ramakapura ficará sob o domínio do general Imperador Corona? — perguntou de forma tímida um dos discípulos que até aquele momento se conservara calado.

— Ele não ignorava que os dias de Ruta estavam contados. Corona vai governar uma ilha que em pouco tempo vai desaparecer sob as águas do oceano. Respondam! Para que perder homens e tempo defendendo aquilo que já estava fadado a desaparecer? Faz sentido uma coisa dessas? — Oduarpa agora estava furioso e nem esperou qualquer resposta de seus subordinados, pois continuou: — Thevetat agora é dono de seu destino e de Itaoca. Não vou mover um dedo para ajudá-lo. Torno a repetir: errando deu margem para que a Confraria Branca atacasse e o vencesse sem aparente esforço. Ele que continue a fazer o que fez até hoje e se destrua, destruindo também a Cidade das Pedras.

— Quer dizer, Mestre — perguntou ainda Otamede –, se bem entendi, o senhor retirou sua proteção à cidade de Itaoca e abandonou Thevetat a sua própria sorte?

— Retirei! Que futuro teria Thevetat? Sem meu apoio e proteção, ele não é nada!

— Mas tem Ozambebe — argumentou Otamede —, que tem agido de conformidade com vossos planos e diretrizes.

— Reservo para Ozambebe melhores oportunidades. Pretendo entronizá-lo como mago.

— Posição que ele merece dentro da Confraria — ousou dar sua opinião Otamede, ante o olhar severo de Oduarpa.

O discípulo, temeroso, esperou uma admoestação por ter-

-se intrometido, sem licença do Mestre, porém não houve repreensão alguma, e Oduarpa continuou:

— Ozambebe não passa de um feiticeiro comum com algumas pretensões; talvez, sendo um mago de verdade, eu possa tê-lo como um aliado, prestando-me serviços valiosos.

— Mestre, para quando será essa cerimônia?

— Tu és bastante curioso — respondeu Oduarpa, entre sério e divertido —, mas gosto de auxiliares curiosos; denota interesse pelo trabalho, e isso é muito bom.

— Obrigado, Mestre — disse Otamede, jubiloso pelo elogio.

— Quando Thevetat fizer a passagem, tratarei disso.

— Esse desenlace será breve? — atreveu-se a perguntar Otamede.

— Mais breve do que possas imaginar — foi a seca resposta.

Houve um longo silêncio; foi Oduarpa quem inquiriu de modo brusco:

— Por que não dizem nada? — e dirigiu seu olhar colérico aos dois discípulos, que até aquele momento pouco ou nada haviam dito.

— Preferimos ouvir e aprender o que nos ensina nosso Mestre — justificou-se um deles, enquanto o outro permaneceu calado.

Oduarpa não disse nada; quando falou, foi para dar a Otamede suas determinações:

— Quero que leves para esse imbecil do Thevetat o que ordeno que faça.

— Devo falar-lhe em corpo físico?

— Não, em corpo astral.

— Quais são as ordens, Mestre?

— Confio-te essa importante missão, porque nem quero ver aquele idiota. — E Oduarpa, só em falar em Thevetat, irritou-se, alterando o tom de voz, comumente tranqüila. — Ele deve ficar restrito aos muros de Itaoca — continuou, agora mais calmo — e não tomar qualquer decisão até novas instruções. Deve abandonar totalmente seus planos insensatos de fazer a guerra contra os kilambos. Essa recomendação serve também para Ozambebe, que, se for inteligente como acho que é, vai procurar dentro do possível ajudar seu auxiliar Mbonga, que lhe poderá ser de grande utilidade. Thevetat não deve nem pensar em atacar Ibez, tampouco sonhar com sua conquista. Avise-os sobre essas minhas ordens sem demora, depois veremos o que se pode fazer de prático.

— Assim farei, como é de vosso desejo — disse Otamede, orgulhoso por ser o portador das ordens do Mestre.

Oduarpa sabia de tudo que ia acontecer, mas guardou para si mesmo aquilo que adviria. Seu lema era muito simples: ou o serviam incondicionalmente, ou então entregava-os a sua própria sorte, sem se preocupar com o que poderia acontecer com eles. Naquele momento, Oduarpa não estava nem um pouco preocupado com os destinos de Itaoca, Thevetat ou Ozambebe. Adotava uma postura, um modo de agir conforme seus interesses. Enquanto fosse servido, aqueles que o faziam tinham toda sua proteção e apoio; depois, quando não mais necessitava deles, abandonava-os sem a menor comiseração, indiferente ao futuro de cada um. Este era o procedimento normal de toda a Confraria dos Irmãos da Sombra.

Haviam-se passado 56.880 anos terrestres desde a chegada do Mestre Aramu-Muru a Tawantinsuyo até a fundação de Ibez, que já florescia em constante adiantamento há mais de sessenta anos.

A cada ano que passava, a areia avançava sobre o mar interno, que parecia recuar, e grandes desertos já se formavam em toda Paititi do Baratzil. Quando aconteceu o tremor de terra, que coincidiu com o início do afundamento da parte sul de Ruta, pelo ano 48210 a.C., houve uma convulsão em quase toda a América do Sul e do Norte, delineando-se a América Central em quase sua inteira fisionomia geográfica atual. O mar interno que ligava os dois oceanos, Pacífico e Atlântico, desapareceu debaixo do solo arenoso e a fenda na Cordilheira dos Andes, por onde escoava esse mar, fechou-se, compondo seu formato atual. Ophir e as cidades satélites desapareceram, tragadas pela terra que se abriu em enormes fendas, que depois encerraram para sempre as sete belas cidades. As terras owandos quase nada sofreram, pois situavam-se em terreno elevado, o mesmo acontecendo com os kilambos. Nada ocorreu com Itaoca e Ibez, mas as pequenas aldeias que se espalhavam por todo o território do Baratzil desapareceram por entre escombros, soterradas nas areias dos desertos ou das florestas ainda existentes.

Onde hoje se situa o estado de Mato Grosso em sua parte norte, próximo ao estado de Goiás, elevou-se de sua topografia plana o que agora se conhece como Serra do Roncador, que guarda em suas cavernas interiores segredos referentes à colonização do Planeta Azul. Essa serrania situava-se ao lado de Ibez, emoldurando toda sua parte oeste.

Após esses acontecimentos, o Mestre Aramu-Muru instruiu Uiran-Taê, nessa época com sessenta anos, sobre o que deveria fazer para manter o Templo de Cristal Rosa invulnerável ao mundo exterior.

Os doze sacerdotes responsáveis por cada um dos templos sagrados mantiveram-se durante vinte e quatro horas reunidos em preces e mentalizações, com o objetivo de manter o equilíbrio vibratório de toda a cidade e a harmonia da contraparte etérica.

Foi traçado no espaço um triângulo fluídico de força, tendo um de seus vértices na cidade que é hoje Cadena, o outro vértice inferior em Araguaiana e o superior na cidade agora denominada Independência, entre o rio das Mortes e o Araguaia. Esse triângulo protegia toda a parte central de Ibez, principalmente o Templo de Cristal Rosa, impedindo que fosse visto por qualquer curioso ou estrangeiro que se aproximasse. Tornava-se invisível à visão comum. Bem no meio desse triângulo, coincidindo com esse templo de cristal, encontrava-se um dos chacras planetários, e ali se localizava o centro geográfico do Baratzil, onde hoje é a cidade de Barra do Garças.

Toda Ibez era vibrada, e tal vibração possuía tamanha potência, que os insetos enormes, sob a ação desse campo magnético, eram afugentados para longe de suas muralhas. Qualquer ser vivo que se aproximasse era desviado de sua direção, perdia-se em seus arredores, ficando completamente desorientado.

No mundo etérico e astral, Ibez já se encontrava construída em seus mínimos detalhes, cópia perfeita do original no plano físico, vibrando em harmonia total com Shamballa. Essa interligação propiciava a toda a região um magnetismo que podia ser percebido por todos seus habitantes, que, nessa época, devido a essa poderosa energia prânica, não conheciam doenças e viviam em estreita harmonia com a natureza e os mundos supra-sensíveis.

O comércio com outros Impérios era praticado de forma regular, principalmente com a cidade das portas de ouro, Ramakapura de Ruta, agora em pleno florescimento, governada pelo general Imperador Corona.

Uiran-Taê, depois de decorridos longos anos, sentiu que estava chegando o momento de procurar outro corpo emprestado, ou então seguir o curso natural da espiral evolucionária e prosseguir na vida imortal em outra dimensão. Refletia sobre as palavras sábias do Mestre Aramu-Muru, que ainda bem nítidas soavam em seus ouvidos:

— És livre, filho meu! A escolha é tua e somente tu deves tomar essa decisão. O homem liberto é dono de seu destino e comandante de sua alma.

Uiran-Taê estava decidido. Já havia escolhido o discípulo que ia continuar seu trabalho à frente de Ibez e, então, ele poderia desencarnar em estado de consciência para o plano que estivesse determinado por seu Mestre para executar a missão que lhe fosse confiada.

Mandou chamar a sua presença seu velho Conselheiro Schua-Ram e lhe comunicou seu desejo: seu discípulo mais adiantado, Ramath, havia sido escolhido por ele para ocupar seu lugar no comando dos destinos de Ibez.

— Vós ainda tendes muito tempo na matéria — disse Schua-Ram, fisionomia preocupada.

— Eu sei o que digo, meu amigo. Faça sem demora o que lhe peço.

— Por que tanta pressa? Parece que desejais deixar-nos!

— Já não possuo mais desejos, Schua-Ram. Meu desejo é o desejo de meu Mestre. Que se cumpra a vontade Dele, não a minha.

Schua-Ram, vendo a inutilidade de sua argumentação, deu um suspiro de resignação e perguntou:

— Deseja mais alguma coisa?

— Não, Schua-Ram, mais nada. Faça apenas o que lhe peço.

O Conselheiro curvou-se e, juntando as palmas das mãos em frente ao peito, saudou seu Mestre, retirando-se em silêncio.

Uiran-Taê ainda permaneceu sozinho em seus aposentos, sentado nas almofadas, quando vislumbrou uma luz azulada, muito clara, cercada por reflexos dourados, até que, pouco a pouco, delineou a figura de uma bela mulher.

— Amado meu! Contraparte do meu ser, vida de minha vida, eterna alma gêmea de meu infinito buscar! — a voz era musical e saía por entre seus lábios num sorriso angelical e doce.

— Meu amor, Coyllur, amada minha! — disse Uiran-Taê, comovido com a querida aparição. — Inti poderoso teve misericórdia e, finalizando minha saudade que jamais morreu, traz de volta meu amor, que julgava perdido, para amparar e fortalecer minha alma, que aos poucos fenecia, sem tua presença, sem teu afeto amoroso.

— Agora, do lado em que me encontro — disse Coyllur —, percebo claramente que nunca vivi de fato, porque só vivo quando vivo em ti. — E o corpo espiritual de Coyllur abraçou com ternura o corpo físico de Uiran-taê.

— Oh! Meu amor! Quanta saudade! — E sentiu naquele momento toda a felicidade do universo.

— Vem, vem comigo! Vamos viver num abraço único, numa vida única, extrafísica, para que quantas vidas vivermos estejamos juntos até a consumação dos tempos. Vem, amor meu! Esperei por esse momento uma vida terrena inteira. Vamos agora na outra vida, esta verdadeira, gozar toda nossa felicidade. Vem, meu amor! — E Coyllur estendia os braços súplices para Uiran-Taê.

O Mestre de Ibez sentiu que mergulhava num mundo de sonho e, repleto de esfuziante alegria, deixou-se ficar no regaço imaterial de seu perpétuo amor, no âmago de sua alma gêmea, idêntica, ali presente, que lhe acenava com toda a felicidade do mundo.

— Ah! Meu amor! — E suspirou fundo, deixando que sua alma se fundisse na alma semelhante de seu único e eterno amor.

No dia seguinte, quando o velho Conselheiro Schua-Ram, como de costume, foi apresentar seus respeitos ao Mestre e tomar conhecimento das determinações do dia, encontrou Uiran-Taê caído em suas almofadas, morto, um sorriso radioso nos lábios, mãos postas como em prece, olhos fechados, mas ainda refletindo brilhante luz azulada.

Schua-Ram, por sua grande sensibilidade, pôde ver flutuando no ar dois vultos azuis, confundindo-se um no outro e, por um lapso infinitesimal de tempo, divisou naquele abraço, naquele êxtase, Coyllur "a mais bela" e Uiran-Taê, como se fossem um só, sorrindo de felicidade.

27
Conspiradores

— Vou te mostrar o que acontece nas terras owandos — disse Ozambebe, mostrando para Mbonga uma bacia de cristal de rocha, branco-leitosa, colocando-a em cima de uma mesa atulhada de objetos os mais variados, situada bem no meio da sala.

— Estou ansioso por notícias de meu pai: —E Mbonga acomodou-se num tamborete em frente à mesa. — Mas, a propósito, onde está Zorade?

— Morreu já faz algum tempo — foi a resposta dita de modo indiferente. Dava a impressão de que o feiticeiro não queria falar sobre o assunto.

Mbonga ficou calado, um tanto impaciente, aguardando o que ia acontecer.

O aposento particular do mago tinha uma aparência sinistra. Era escuro, pouco ventilado, iluminado apenas por velas enormes que ardiam em castiçais da altura de um homem, colocadas nos quatro cantos da sala. Duas mesas de mármore cheias de retortas, trípodas com tubos de ensaio, balanças minúsculas, alfarrábios manuscritos espalhados por entre caldeirões e uma infinidade de aparelhos de tubos de cobre retorcidos, de onde saía uma fumaça cinzenta que envolvia o ambiente, tornando-o ainda mais assustador.

Ozambebe despejou um líquido esbranquiçado e viscoso na bacia de cristal, que produziu um chiado, ruído semelhante a um assobio, que agitou em ondas o fluido ali colocado.

— Em um momento, vais ver teu pai e o que acontece na tua terra. — E Ozambebe, com um bastão fino, mexeu no líquido da bacia, que, em redemoinhos, tornou-se límpido e transparente.

Na realidade, o mago não desejava mostrar nada para Mbonga, mas, pelo poder de sua mente e vontade poderosas, projetou na bacia aquilo que ele queria que o outro visse.

— Olha! — exclamou, apontando com a ponta da vareta.

Imediatamente apareceu Abukalem, tendo nas mãos sua lança de guerra. Logo em seguida apareceram vários prisioneiros, amarrados uns nos outros, caminhando em direção a uma cabana, guardada por dois guerreiros armados.

— São prisioneiros owandos revoltosos? — perguntou Mbonga.

— Sim, são prisioneiros de teu pai.

— Então meu pai está com saúde, comandando o povo owando?

— Como viste, é o que acontece agora.

— Diz, Ozambebe, põe um ponto final em minha angústia: então meu pai está bem e existe paz em todo o território Owando?

— É o que vimos na bacia de cristal — disse, agitando o líquido com a ponta da vareta, tornando novamente a água leitosa.

— Então, Ozambebe, por que o mensageiro me falou que meu pai estava enfermo, precisando de mim, e que havia uma revolta armada em toda minha terra?

— Talvez estivesse mentindo.

— Com que intuito?

— Não sei.

— Mas tu sabes tudo.

— Isso o líquido da bacia não nos mostrou.

— É muito estranho! — E Mbonga estava pensativo.

— Só tem uma solução — disse o mago, despejando o líquido da bacia em um depósito.

— Qual?

— Pergunta ao mensageiro, ele poderá te esclarecer, ou então... — Ozambebe interrompeu por breve instante a frase — tens vários recursos para fazer com que fale — completou o mago.

— Farei isso! — E Mbonga, agradecendo a seu amigo, saiu depressa daquele lugar, que já o estava sufocando e começava a lhe fazer mal.

Baratzil - A Terra das Estrelas

Tão logo se viu só, Ozambebe abriu uma porta disfarçada na parede por uma enorme tapeçaria, que deu para um corredor fracamente iluminado, desceu vários degraus, abrindo outra porta, que mostrou um salão de teto abobadado, profusamente aceso, despido de qualquer mobiliário, sem janelas, mas onde corria um ar refrescante, não se sabia vindo de qual lugar. Vinte homens encapuzados achavam-se reunidos e pareciam esperá-lo.

Logo que adentrou aquela sala, Ozambebe, sem qualquer saudação, dirigiu-se ao homem que se adiantou a seu encontro.

— Foram seguidos?
— Não. Tenho certeza.
— Agora todo cuidado é pouco.
— Já estás a par dos acontecimentos em Ruta?
— Estou.
— Thevetat, com cinco de seus oficiais de confiança, está aqui em Itaoca.
— Já sei de tudo — disse Ozambebe, enquanto os homens ali reunidos tiravam suas compridas capas e se descobriam.
— Quais são as determinações, já que chegou o momento?
— Presta atenção, Markuth e todos aqui presentes. Temos que nos assegurar de que em todas as classes sociais, em todos os segmentos, poderemos contar com líderes insatisfeitos com a situação atual. Só depois de termos certeza absoluta de que se pode contar com a maioria deles é que agiremos.
— Temos aliados entre os sacerdotes, os nobres, os homens de armas e a maioria dos generais; o resto, o povo em geral, pode-se manobrar. Estes não representam ameaça alguma e podem ser usados de acordo com nossos interesses — terminou aquele que havia sido designado com o nome de Markuth. Os outros homens aprovaram a breve fala daquele que parecia ser o líder dos conspiradores.
— Fizeste um belo trabalho de investigação e já tens, Markuth, um consenso levantado por teus homens sobre em quem podemos confiar e o que se respira de revolta em toda a Cidade das Pedras.
— Exato, Ozambebe. Temos todos nós absoluta convicção de que poderemos realizar com pleno êxito o movimento revolucionário. Só esperamos uma palavra tua.
— Logo, logo, a terás.

— E Thevetat? Ele ainda se cerca de alguns homens de prestígio e uma pequena força armada.
— Eu tenho Mbonga e seus guerreiros, minha guarda pessoal.
— Ótimo!
— Como não ignoras, Mbonga sozinho vale por vinte homens.
— Tens plena confiança nele? — perguntou Markuth.
— Sempre o tive e o tenho em minhas mãos.
— Marquemos então o dia e a hora — disse Markuth, seguido do murmúrio de aprovação de seus homens.
— Só existe um problema.
— Qual?
— Tenho que consultar o mago Oduarpa, ver se ele aprova essa revolução e, o principal, se podemos contar com seu apoio.
— Quando terás essa resposta?
— Acredito que hoje mesmo.
— Acreditas que terás o apoio desse grande mago?
— Tenho certeza.
— Só mais um detalhe — disse o chefe dos conspiradores — ainda não determinamos a posição que cada um ocupará no novo... novo Império.
— Teu posto de comandante supremo das forças armadas de Itaoca está assegurado. Serás o novo general comandante. Teus homens ocuparão cargos importantes que determinarás de acordo com tua vontade. Eu assumirei o cargo de Imperador e daremos a todos que nos ajudaram nesse movimento de libertação de Itaoca cargos adequados para nosso governo futuro.
— E Mbonga, Ozambebe, que é muito ligado a ti, que papel desempenhará?
— Papel importante. É meu homem forte, que, independente das artes mágicas que me protegem, me defenderá fisicamente se for necessário. Depois pensarei no que fazer com ele.
— Vais descartá-lo?
— Aprende uma coisa, Markuth. Somente enquanto nos são úteis é que devemos conservá-los conosco. Os Mestres da Confraria Branca não dizem sempre: "Serve e passa"? Então, meu amigo, nós dizemos: "Sirvam-nos e passem"! É uma regra inerente a todos os Irmãos da Mão Esquerda.

Markuth, embora fosse tão mau quanto seu superior, Ozambebe, estremeceu, sentindo um arrepio percorrer sua coluna vertebral. Recompondo-se, perguntou:
— Como faremos contato para ultimarmos nossa ação?
— Amanhã, nessa mesma hora, pedirás uma audiência ao Sumo Sacerdote. Eu te receberei no salão do templo para não despertar qualquer suspeita; lá acertaremos todos os detalhes.
— Ainda mais um detalhe. Começaremos o movimento de... de... libertação — Markuth preferiu usar este termo — pelos templos para depois atuarmos nos palácios com os generais, oficiais superiores e finalmente convocando os nobres fiéis a nossa causa?
— Exatamente nesta ordem, Markuth. Deves enviar teus homens de confiança a cada um desses segmentos de nosso Império. Essa convocação deve ser efetuada, se possível, ao mesmo tempo, isto é, de forma simultânea, para atacarmos ao mesmo tempo. Ação sincronizada.
— Assim será feito — limitou-se a dizer Markuth, correndo os olhos por seus homens, que curvaram a cabeça em sinal de aquiescência.
Ozambebe saudou cada um dos conspiradores em particular e despediu-se depois que viu todos os homens, de novo encapuzados, saindo por uma pequena porta lateral do templo.

Mbonga, seguindo a sugestão de Ozambebe, não perdeu tempo, atravessou em passos rápidos vários corredores, atingindo nos fundos do templo um pequeno quarto, que servia para abrigar viajantes em trânsito pelo país, onde numa enxerga ressonava o mensageiro de Owando.
— Já foi alimentado? — perguntou ao guarda que se perfilou diante da porta.
— Já, Excelência.
— Está dormindo há muito tempo?
— Depois de se lavar, colocar trajes limpos e se alimentar, caiu dormindo em sono profundo.
— Acorde-o — ordenou.
O homem, sacudido pelo guarda, acordou estremunhando, olhos arregalados, expressão de espanto.

— Que foi? Que foi? Onde estou? — E esfregou os olhos, sentando-se no catre.
— Calma! — E Mbonga abancou-se na beirada da enxerga.
— Estás em segurança em Itaoca, no templo do Sumo Sacerdote do Império.
— Ah! — suspirou o outro, ainda meio sonolento.
— Vamos conversar — começou Mbonga, procurando manter-se calmo. — Por que mentiste para mim dizendo que meu pai estava enfermo e as terras owandos enfrentando uma revolução?
— Não menti, senhor. Tudo que vos relatei é a pura verdade.
— Não mintas! — E Mbonga elevou a voz, um acento irritado.
— Juro pelo sagrado Inti que falei a verdade. — E o pobre homem encolheu-se no catre.
— Não jures falso! Mbonga, rosto ameaçador, aproximou-se mais do mensageiro.
— Juro, senhor, juro!
— Fiquei sabendo, ou melhor, vi por meio da magia do grande Sumo Sacerdote Ozambebe meu pai repleto de saúde, sufocando e vencendo alguns revoltosos em Owando.
— Por Inti, senhor! Ouça-me, eu imploro! Tudo que aconteceu e que vos contei é verdade, senhor! — O homem tremia e torcia as mãos em desespero.
— Tenho meios para fazer-te falar. Pela última vez, quero ouvir toda a verdade!
— Senhor, ouça-me, imploro. Por que, senhor, viajaria durante vinte e quatro luas, correndo vários perigos, enfrentando a morte e todo o tipo de vicissitudes, para depois chegar até aqui e vos contar mentiras? Diga-me, senhor, faz sentido inventar uma coisa dessas após tudo que passei? — E o pobre mensageiro agora chorava, cobrindo os olhos com as duas mãos.

Havia lógica no que o homem falava. Mbonga ficou indeciso, não sabia em quem acreditar. Por um lado, tinha inteira confiança em Ozambebe, mas a argumentação do mensageiro fazia sentido e era bastante coerente. Em quem acreditar, afinal? Encarou o homem que havia parado de chorar, olhando bem dentro de seus olhos. Tornou a perguntar:
— Quando saíste de Owando, meu pai estava doente?
— Estava, senhor.

— Muito doente?
— Muito, senhor.
— Havia uma revolta para derrubar meu pai do poder?
— Havia, senhor.

As respostas eram seguras, prontamente respondidas, o homem não titubeava. Mbonga ficou olhando para o mensageiro, procurando devassar sua alma. O outro sustentou seu olhar, atitude humilde mas confiante, sereno e seguro como todos aqueles que não falsearam a verdade. Lentamente, foi-se insinuando na mente de Mbonga uma desconfiança, que insidiosa foi crescendo pouco a pouco, até que invadiu todo seu espírito.

Estaria Ozambebe mentindo, fazendo-o ver aquilo que ele queria que fosse visto?" — pensou. — "Mas com que intuito? Seria para que ele não se afastasse de Itaoca? Por que motivo? Por que Ozambebe, que sempre considerara seu amigo, estaria agindo daquela maneira?

Todos esses pensamentos num átimo passaram por sua mente. Sinceramente, não acreditava que o mensageiro de Owando estivesse mentindo. Era ilógica tal atitude, mas também havia os anos todos de amizade entre ele e o feiticeiro.

"Tenho que falar com Ozambebe" — pensou decidido. — "Vou desvendar esse enigma" — e, dirigindo-se ao mensageiro:

— Fica tranqüilo, descansa sossegado. Vou descobrir toda a verdade. Não te preocupes mais com minha desconfiança.
— E saiu do quartinho, deixando entre espantado e temeroso o mensageiro sentado no catre.

No dia seguinte a esses acontecimentos, antes que Mbonga pudesse falar com Ozambebe, irrompeu a revolta armada contra o Imperador Thevetat. A luta foi renhida e, depois de algumas baixas em ambos os lados, pois havia ainda alguns defensores do monarca, este se viu cercado e acuado em seu palácio.

Foi proposta uma trégua e emissários foram enviados para parlamentar e combinar a rendição de Thevetat. Foi tudo inútil. O Imperador não concordou com os termos propostos e resolveu resistir. Aos poucos, aqueles que lhe eram fiéis começaram a se bandear para o lado dos revoltosos. Thevetat se viu sozinho, enclausurado em seus aposentos.

O ataque foi rápido, e as últimas resistências cederam ante a numerosa força comandada por Markuth. O novo general não teve clemência, seus homens passaram no fio da espada os poucos resistentes que se opunham às tropas revoltosas.

Quando Markuth, à frente de seus comandados, arrombou a pesada porta dos aposentos particulares do Imperador, encontrou-o sozinho, figura descomposta, olhos esgazeados, um rictus malévolo nos lábios finos, encolhido no canto do quarto.

Thevetat, procurando adotar uma postura condigna com seu cargo, levantou o braço direito, dedo em riste na direção de Markuth, que adentrara à frente de seus homens, e procurou dizer alguma coisa. Não houve tempo: o general, com um golpe seco, atingiu Thevetat no pescoço, separando a cabeça do corpo, que ainda deu um passo para frente, caindo de borco no chão, misturando-se com seu próprio sangue.

28
O novo imperador de Itaoca

Helau-Zadig, agora vivendo entre os kilambos com seus pais, protegidos pelo cacique Abilhambos, crescia forte e saudável. O mar interno havia desaparecido, deixando em certos lugares apenas vestígios lamacentos em extensões enormes de desertos, e agora o território Kilambo parecia uma ilha cercada de areia por todos os lados, a cavaleiro numa serrania que dominava toda a região.

Seu pai, o antigo sacerdote Pachakinti, ministrou-lhe todos os ensinamentos esotéricos milenares que possuía, e Helau-Zadig, grande sensitivo, que já trazia em sua memória ancestral grandes conhecimentos, despertos em sua consciência, pôde em pouco tempo assenhorar-se dessa sabedoria, tornando-se de grande importância para toda a comunidade kilambo. Essa importância tornou-se tão essencial, que, além de influente junto aos chefes, foi considerado necessário ao desenvolvimento material e espiritual de toda a nação Kilambo, para orgulho de seu pai. Desperta sua consciência, que aparecia com freqüência em relampejos de memória do passado, Helau-Zadig podia com precisão prever o futuro e expandir sua consciência para viajar em corpo astral. Podia também usar a energia vital com facilidade, empregando-a com fins curativos, por meio da imposição das mãos, o que foi considerado por todos como atos milagrosos, e se constituiu em grande proveito para Helau-Zadig, que, jovem ainda, foi escolhido por Abilhambos como "Senhor da Cura", cargo outrora ocupado por um velho feiticeiro. Depois dessa honraria, passou a fazer parte do "Conselho dos Anciãos",

Assembléia ocupada pelos sábios, dirigentes dos kilambos, com autoridade quase igual à do cacique Abilhambos e seu filho, o herdeiro Kilamboico.

Quando Helau-Zadig completou quatorze anos, idade considerada como adulta, pois perfazia dois ciclos de sete anos, o duplo sete, reputado como número sagrado, o grande cacique Abilhambos organizou uma festividade comemorativa onde houve várias solenidades, culminando com a "Glorificação na Graça de Inti" do jovem mancebo, que foi consagrado ao Deus Sol pelo próprio cacique e todo o Conselho de Anciãos.

As celebrações estavam terminando quando irrompeu, cambaleando, no meio do círculo formado pelas autoridades do evento, um homem coberto de sangue de inúmeros ferimentos, que caiu de bruços no chão. Kilamboico, que se achava mais próximo ao intruso desmaiado, correu em sua direção, tomando-o nos braços.

— Por Inti sagrado! — exclamou espantado, colocando a cabeça do homem inerte em seu colo. — É Mbonga! É Mbonga — repetiu. — É o herdeiro do grande chefe owando!

Ozambebe, sentado no trono antes ocupado por Thevetat, recebia as autoridades do reino em audiência no grande salão principal do palácio-templo.

Intimamente, regozijava-se com o rumo que os acontecimentos haviam tomado e, feliz, sentia-se um deus em potencial, detentor do direito absoluto da vida e da morte. Seu júbilo durou pouco tempo: teve um estremecimento, arrepiando seu corpo inteiro, quando de súbito, em questão de segundos, materializou-se bem ao seu lado o grande mago Oduarpa.

— Não me ias convidar para assistir a tuas importantes audiências? — perguntou, sentando-se no trono ao lado, um sorriso sinistro nos lábios finos.

— Mas claro que ia convidar-vos, Mestre. Mas não queria de modo algum vos perturbar com enfadonhas audiências — respondeu Ozambebe.

— Foi o que pensei — disse Oduarpa, mantendo o olhar fixo no seu discípulo.

— Jamais cometeria uma descortesia dessas. Mas, a propósito, Mestre, fiz tudo conforme vossas orientações?

— Manda evacuar o salão — ordenou, ignorando as palavras servis de Ozambebe.

Com um gesto, o feiticeiro mandou uma meia dúzia de nobres, sacerdotes e oficiais retirarem-se do salão.

— Sou vosso obediente servidor — disse, tão logo ficaram a sós.

— É fundamental que agora governes cercado de homens de confiança e também é de grande importância que primeiro reafirmes tua condição de Imperador para depois pensar em expandir o Império Itaoca.

— Assim farei, senhor.

— Deixa que Ruta se destrua por si mesma, porém, quanto a Ibez, nem pensar no momento em qualquer ação contra essa cidade. Ouviu bem? Nem pensar!

— Entendo perfeitamente, Mestre. — O feiticeiro economizava as palavras, procurando, temeroso, apenas ouvir.

— Outra coisa: esse nome, Ozambebe! Isso não é nome adequado para um mago, muito menos para um Imperador. Vais passar a usar o teu verdadeiro nome, Amatac. Imperador Amatac! Vês como soa melhor que esse ridículo nome, Ozambebe?
— E não esperando resposta: — Vou em breve transformar-te em um mago verdadeiro, pois hoje, muito embora Imperador, não passas de mero feiticeiro, quando muito, magista. — E riu divertido, um riso mau, que fez com que Ozambebe, ou Amatac, se encolhesse no trono, aceitando as humilhações, conformado.

— Que mais ordenais, Mestre?

— Tenho dois escravos, antigos sacerdotes de Shadir, Araduc-Shintá e Abi-Karam, que Thevetat, estúpido como sempre, mandou matar; eles me entregaram suas almas, que detenho em meu poder. Vou deixá-los submissos no mundo astral para te ajudar e, para isso, basta que saias nesse veículo, nesse plano, para ter dois servidores ao teu comando. Mas vê bem! Eles somente te serão úteis no mundo astral.

— Entendi, Mestre.

— No mundo da matéria, tens a teu dispor, para te servir e proteger, o guerreiro owando, Mbonga.

— Era sobre esse assunto que desejava vos falar.

— Pois fala.

— Mbonga esteve esses anos todos ao meu serviço e nossa

convivência foi sempre de amizade, nunca ele o servidor e eu o senhor. Considero desgastante essa relação nesses termos. Jamais serei para ele Amatac o Imperador, mas o feiticeiro Ozambebe, um seu igual, seu companheiro. Portanto, Mestre, gostaria de poder dispensá-lo dos meus serviços... e também...

Oduarpa, que tudo escutara calado, interrompeu o novo Imperador.

— Na realidade, queres sumir com ele, não é mesmo?

— Mestre, eu... eu... — gaguejou.

— Ouve, Amatac, considero Mbonga um homem que seria importante em teu governo, porém, não costumo me imiscuir em assuntos que dizem respeito a posições hierárquicas. És livre para te posicionar com o que for de tua vontade. Ninguém melhor que tu para saber escolher com quem deves contar para governar com competência. É tua e somente tua a decisão.

Nesse momento, Markuth, curvando-se reverente, dirigiu-se aos dois potentados.

— Desculpem minha intromissão, senhores, mas Mbonga encontra-se na entrada do palácio e quer a todo custo uma audiência com o Imperador. Só me atrevi a molestar-vos com minha presença porque o guerreiro owando, impaciente, tornou-se violento, querendo entrar usando a força.

Ozambebe e Oduarpa se entreolharam, mas foi o novo Imperador quem ordenou a Markuth:

— Diga-lhe, general, para aguardar um momento e, tão logo acabe esta indispensável conferência, irei recebê-lo. — O outro já ia sair, quando o Imperador completou: — Depois de dar meu recado a Mbonga, general, reúna uns vinte homens bem armados e, sem estardalhaço, prenda os guerreiros owandos, que devem encontrar-se agora no palácio das armas.

— Sem demora, meu Imperador. — E retirou-se em passo militar cadenciado.

— Sabes bem o que estás fazendo? — perguntou Oduarpa.

— Sei, Mestre. É preciso que o faça agora, antes que o mal cresça demais e se torne incontrolável.

— Faz o que achares melhor — foi a observação única do mago.

— Há outro assunto que gostaria de submeter a vossa aprovação.

— Qual assunto?

— Acredito que tenha chegado a hora de ter uma Imperatriz.
— Continua — limitou-se a dizer Oduarpa.
— Agora que detenho o poder em toda Itaoca, seria conveniente que um Imperador tivesse uma Imperatriz.
— Por quê?
— Creio que daria maior dignidade ao cargo.
— Já escolheste quem dividir contigo o reinado?
— Já, Mestre. É Raicha, uma sacerdotisa do Templo da Dança.
— Sabes perfeitamente que não poderás ter o menor contato carnal com ela.
— Sei, Mestre.
— A energia sexual, no teu caso, deve ser usada para vitalizar os chacras inferiores.[1] Somente um mago, o que ainda não és, pode usar o Kundalini, a energia do chacra sagrado na base da coluna, para finalidades sexuais. Os discípulos, os aspirantes a mago, não devem desperdiçar essa força poderosa, mas canalizá-la para atuar nos sete chacras inferiores e assim obterem os benefícios que esses chacras vitalizados produzem.
— Compreendo, Mestre. Então, posso eleger minha rainha?
— Podes, Amatac. Repara que em tudo que existe há sempre uma compensação. Embora não possas desfrutar das delícias da carne, terás como recompensa as delícias da dança. Ela em qualquer hora ou momento dançará para ti. — E riu, divertido, acompanhado pelo sorriso amarelo de Amatac.
— E quanto à cerimônia, as práticas e exercícios finais para que possa exercer os poderes de um mago?
— No devido tempo! — respondeu com uma evasiva Oduarpa e, mudando de assunto: — Otamede, meu discípulo adiantado, um mestre da magia, ora em corpo astral, te será enviado para assessorar-te. Faz dele teu Sumo Sacerdote. Daqui por diante, vai receber por intermédio de Otamede minhas instruções. Tão cedo não vou materializar um corpo físico.
— Eu lamento, Mestre.
— Agora vou dedicar-me inteiramente aos problemas referentes à Atlântida, em especial de Ruta. — E, sem uma despedida, abruptamente, Oduarpa desfez seu "corpo de ilusão", desaparecendo no ar do mesmo modo que aparecera ao novo Imperador.

---

[1] Existem sete chacras principais inferiores, usados na prática da magia negra.

Markuth, à frente de uma tropa de trinta homens fortemente armada, invadiu de surpresa o Palácio das Armas.

A maioria dos vinte homens que serviam Mbonga, aquartelados em uma das salas do prédio, dormia, enquanto os restantes, alheios ao que acontecia do lado de fora, conversavam ou se divertiam jogando as placas,[2] embora o burburinho de vozes de comando e passos pesados pelos corredores fosse grande.

---

[2] Placas: uma espécie de jogo de dados.

29
Os templos da Luz

Quando há 200.000 anos houve o maremoto, seguido de explosões sub-aquáticas no oceano Atlântico, o continente conhecido na época como Aztlan foi despedaçado, rompido pelo meio, separando-se em duas ilhas, a da região norte, Ruta, e a do sul, Daytia. Um extenso braço de mar se interpôs entre as duas, tornando essa área bastante difícil à navegação, e quem não conhecesse muito bem essa zona marítima naufragaria na certa, tais os acidentes geográficos encontrados, como restos esparsos do que fora antes um enorme continente.

A parte sul da Atlântida era na maior parte de sua extensão territorial plana, ao passo que a região norte quase que em sua totalidade era montanhosa, com alguns vulcões em atividade.[1]

O astrônomo, astrólogo e mago atlante Assuramaya, há 800.000 anos já havia previsto esse acontecimento, bem como a destruição final desse continente, o que realmente aconteceu por volta do ano de 9780 a.C..[2] Foi baseado nesses cômputos, cobrindo essas cifras enormes de tempo, que assombram ainda hoje os estudiosos de História antiga, que o Imperador General Corona se

---
[1] Segundo descrição de Platão, a Atlântida era um país montanhoso. As últimas expedições oceanográficas feitas pela antiga União Soviética confirmaram essa afirmação quando descobriram no oceano Atlântico, passando bem pelo seu centro, uma grande cordilheira que vai de um círculo polar ao outro.
[2] Nota do autor: Foram, portanto, a rigor, quatro os cataclismos que em épocas bem distintas causaram a destruição gradual do continente atlante. Primeiro, a Grande Atlântida, que há cerca de 200.000 anos se fragmentou, deixando as ilhas de Ruta e Daytia; depois o afundamento de Ruta, por volta de 48.000 a. C.; em seguida o de Daytia, da qual restou uma porção que foi Poseidonis, a Atlântida referida por Platão e cuja destruição final se deu por volta de 9.780 a. C.

baseou para alertar o então governador de Ruta, Vajra, na sua capital Ramakapura. Não foram somente esses cálculos de Assuramaya que levaram Corona a procurar seu amigo Vajra, mas constava de suas previsões o surgimento e poder da magia negra nas duas ilhas, que precisava ser combatida.

Por essa razão, depois que conseguira decifrar, com o auxílio de outros magos, os documentos deixados por Assuramaya, Corona, acompanhado por sua mulher Varena, dirigira-se para Ramakapura.[3] Situava-se essa cidade no centro da ilha, próxima à imponente cordilheira que atravessava Ruta de um extremo ao outro. Como as demais cidades, era construída em feitio circular, com inúmeros jardins, fontes térmicas naturais e piscinas públicas em cada quarteirão ocupado pelos prédios feitos de pedras brancas, brilhantes, que refletiam os raios do Sol, produzindo por meio de placas de oricalco, colocadas nos telhados, energia suficiente para iluminação e calor nos períodos de inverno. Vários canais cortavam a cidade em diversas direções, e barcos navegavam em seu leito, servindo para transporte individual ou coletivo, como também para lazer de alguns. A água que corria por esses canais era oriunda das inúmeras nascentes que desciam das vertentes montanhosas e também canalizadas para o interior das residências. Todas as cidades de Ruta e Daytia seguiam esse modelo, quer fossem de tamanhos maiores ou menores, e todas possuíam em seus pátios internos finas redes metálicas, que se abriam ou fechavam segundo a necessidade para impedir a invasão dos insetos gigantescos.

Hospedados no palácio do governador Vajra, Corona colocou o administrador de Ramakapura a par de suas importantes revelações.

— Estudei detalhadamente os cômputos numéricos de tempo levantados pelo sábio Assuramaya — iniciou Corona o diálogo.

— Sempre tive muita curiosidade em descobrir e decifrar seu conteúdo.

---

3 Os ensinamentos teosóficos dão de 4 a 5 milhões de anos para o início e evolução final da 4ª raça raiz no continente Lemure-Atlante; 1 milhão de anos para a nossa 5ª raça raiz, de seu início até os nossos dias; e, para a aparição do homem físico, um colossal gigante da era pré-terciaria, 18 milhões de anos. Essas cifras podem parecer absurdas, mas a própria ciência clássica vem saltando de 1 milhão a 5 milhões de anos a cada vez que novas descobertas arqueológicas aparecem. Conseqüentemente, não será tão absurdo assim citar tais cifras numéricas de tempo, mesmo porque, em todas as oportunidades, as ciências teosóficas afirmam menos e oferecem mais que as antropologias, arqueologias e a própria teologia judaico-cristã.

— Tive oportunidade de estudá-las detidamente e descobri o que revelavam, depois que me assenhoreei da chave que desvendava essa enigmática escrita.
— Muitas revelações?
— Inúmeras. Não sei as datas precisas, mas Ruta terá futuramente o mesmo destino do grande continente Aztlan.
— Terremotos? Vulcões em atividade?
— Sim, mas também maremotos que farão com que Ruta desapareça sob as águas do mar.
— E Daytia?
— Daytia ficará incólume ante a catástrofe.
— Sem sabermos as datas exatas ou prováveis, bem poucas providências poderemos tomar. — E Vajra, visivelmente preocupado, encarou Corona.
— Minha vinda a Ramakapura não se prende exclusivamente a esses dados astronômicos do Mestre Assuramaya. Quanto a esse vaticínio, embora importante, ainda temos bastante tempo para programarmos um êxodo em massa de Ruta; quero...
— Qual o outro motivo de tua visita? — interrompeu Vajra, com uma pergunta um sulco na testa de evidente inquietação.
— Como não ignoras, os magos negros encarnados encontram-se em quase toda sua totalidade em Itaoca, bem como todas as Academias dos Irmãos da Sombra, porém, o perigo maior reside entre aqueles que escolheram como sua morada o mundo astral. Estes terão que ser combatidos com outras armas, e também é possível que algumas Academias de magia negra existam clandestinas aqui em Ruta, como em Daytia.
— Vou esquadrinhar cada canto do país — disse Vajra, atento à explicação de Corona.
— Faz isso; eu já providenciei em Daytia essa varredura, não deixando o menor lugar sem essa inspeção minuciosa.
— É o que temos que fazer sem demora.
— Mas o maior perigo não reside nessas Academias clandestinas.
— Não?
— Não! A atuação da magia negra nos mundos invisíveis é o que preocupa. Consultei os Templos da Luz de Daytia e tive várias entrevistas com os Mestres de Sabedoria.

— Qual foi o resultado?
— Estive com Nayarana no Templo das Plêiades; Payê-Suman no Templo da Luz Dourada; Narada no Templo da Ordem Millik-Shaday-Ka,[4] o Sacerdote do Altíssimo; Sang-Tze no Templo Mazaruth; e no Templo do Verbo Divino com o sacerdote Antúlio.
— Afinal, o que eles revelaram, ou melhor, o que aconselharam que fizesses?
— Todos esses Mestres me declararam que estão invocando a Luz Divina por meio de um culto, um ritual, que denominaram de AUMPRAM,[5] com a finalidade específica de combater a magia negra. Explicaram que essa palavra possui grande potência vibratória e que sua grafia ou som gera enormes forças ocultas.
— Como assim?
— É que essa palavra, na sua forma original — AUM-PY-RAM –, na Língua Sagrada, representa três princípios que simbolizam o processo de Manifestação do universo visível: AUM é o Verbo Divino, ou a energia criadora do universo manifestado; PY é a Lei Divina que rege esse universo; e RAM é o Pai, o Absoluto Manifesto. Esse ritual opera dentro das energias dos sete Purushás, as Hierarquias Criadoras.[6]
— Agora ficou um pouco mais claro o significado desse nome.
— Convocaram esses sábios, magos dos Templos da Luz, espíritos libertos que quisessem voluntariamente atuar nesse ritual, traçando no mundo astral o que chamaram de "triângulo da forma", porque seria com essa configuração, com essa aparência que iam expressar-se as entidades em três vibrações básicas: vibração dos Instrutores, vibração dos velhos Magos alquimistas e vibração dos Puros. Esses espíritos passaram a usar, nesse culto, os discípulos dos magos que possuíam essa nova peculiaridade, o mediunismo, que é a comunicação feita por um

---

[4] Por sucessivas corruptelas deu Melquisedec, Ordem Iniciática do Senhor da Justiça.
[5] Aumpram deu como corruptela Umbanda. Para maiores detalhes, leia, do mesmo autor, *Umbanda, Essa Desconhecida*, **EDITORA DO CONHECIMENTO**.
[6] Purushá, o mesmo que Orixá, que significa: Mensageiro da Lei Divina ou Luz Divina, evidentemente uma corruptela. O correto seria chamá-los de Sete Emanações de Luz procedentes do Pai Ram por intermédio do Filho. As Escolas Iniciáticas Orientais representam esses Purushas por sete círculos concêntricos, cujas cores são as do espectro.

intermediário, que cede seus veículos inferiores, corpo astral, etérico e físico, para a entidade que quer se comunicar, se manifestar. Essa nova modalidade de comunicação entre o plano dos desencarnados e dos encarnados chama-se incorporação, ou melhor, a posse pela inteligência que se comunica, da vontade, sabedoria e atividade daquele que cede seus veículos.

— Mas Corona, eu sempre soube que esse método, processo, ou seja lá o que for, é considerado bruxaria. Como explicas, agora, essa comunicação que chamas de incorporação?

O General não se perturbou com a pergunta de Vajra e continuou expondo o que aprendera dos grandes magos:

— Os Mestres dos Templos da Luz me ensinaram que nada no universo se eterniza. Tudo, inclusive o próprio mal, pode ser aproveitado, encaminhado para fins positivos.

— Não entendo.

— A comunicação normal entre um plano e outro não foi sempre feita pelo desenvolvimento dos chacras?

— É claro! Isso eu posso entender.

— Os magos observaram que começavam a nascer seres com a tela prateada[7] rompida, por efeito de carma, o que possibilitava que tivessem acesso aos mundos supra-sensíveis e às entidades que ali habitam. Então, aproveitando essa anomalia de seus discípulos, valeram-se do fato para conduzi-los ao novo culto, usando-os como intermediários das entidades. Transformaram mau carma em bom carma — terminou Corona suas longas explicações.

— Quer dizer que todo aquele que tiver a tela prateada rompida, com buracos, tem possibilidade de comunicações com o mundo astral, de maneira inconsciente, por meio de incorporações?

— As incorporações podem ser inconscientes ou semi--conscientes, como os magos preferem.

— Esse culto, esse movimento que chamas de Aumpram, tem dado resultados?

— Grandes resultados. Sugiro que apoies os dois Templos da Luz que existem aqui em Ruta.

— Assim o farei, Corona.

— Com esse novo culto, esse novo movimento e, pelo

---

[7] Tela prateada: nome dado na época à tela atômica ou búdica, situada entre o corpo etérico e astral. Nesse período, teve início a mediunidade.

menos momentaneamente livres dos magos negros encarnados em Itaoca, poderemos respirar um pouco com mais tranqüilidade — disse o General suspirando.

— Que assim seja! — exclamou Vajra.

— Porque assim será! — completou Corona, juntando as palmas das mãos em frente ao peito e depois tocando com o dedo indicador seu coração e o de Vajra.

Ramath havia ocupado o lugar de Uiran-Taê e cedo demonstrou grande habilidade diplomática, estabelecendo estreita relação comercial e social com a Atlântida. Ao contrário de seu antecessor, procurou aproximar-se do novo cacique dos owandos, abastecendo esse governo com benesses, que iam desde a abundância de alimentos até alguns confortos, proporcionados pela elevada tecnologia de Ibez. Manteve ainda estreito contato com Shamballa, obedecendo suas diretrizes, comungando com suas leis sábias e procurando absorver todos os ensinamentos ministrados pelos seus Mestres, em convivência sempre que possível.

Com essa maneira de agir, Ramath tornou-se tão sábio quanto poderoso, estendendo a influência e grandeza de Ibez até as colônias atlantes mais longínqüas, tendo sua fama chegado ao país da luz eterna — os povos nórdicos —, onde o Sol brilhava pela metade do ano. No extremo oeste do Baratzil, habitava o povo denominado de Hamas-Ohne,[8] comunidade das mulheres guerreiras, que adotavam o matriarcado como forma de governo; também com elas Ibez vivia em paz e perfeita harmonia e, ainda, essa povoação formava uma verdadeira proteção contra as possíveis agressões ou aproximações das bárbaras e errantes tribos selvagens que se espalhavam por essa região.

Ramath, com o auxílio sempre prestimoso de seu velho Conselheiro Schua-Ram, fundou a Academia Adâmica e, neste Templo da Luz, estudava-se a Lei do Verbo, ciência constituída por ADAM — a Lei, a base da Academia; AVA — a Terra, a natureza mãe dos homens; ADAMA — a regra que rege todos os

---

8 Hamas-Ohne significa: sem macho, que, por corruptelas, deu amazonas. Do significado deste nome, talvez se origine o mito (?) das mulheres guerreiras, crença popular que ainda existe em toda a região.

caminhos da iniciação. Adam-Ava-Adama, os princípios básicos da Academia Adâmica, de suas três letras constitutivas — AUM —, que corresponde às três notas básicas da música: sol, si, fá; às três cores do espectro solar: azul, amarelo e encarnado; ao quente, frio e morno; ao positivo, negativo e neutro; e a toda trilogia em que se baseia a razão de ser de todo o universo.

Payê-Suman, Mestre do Templo da Luz de Daytia, veio para essa Academia a fim de ministrar conhecimentos esotéricos, realizando as primeiras Iniciações na Lei Divina, o sagrado culto denominado de Aumpram. Ibez passava, assim, a ser também um dos principais oponentes da magia negra, utilizando o mediunismo como auxiliar dos magos brancos, uma das alternativas da Academia Adâmica, o caminho mais direto para atingir os fins que se propunham.

Ramath, seguindo o conselho de Schua-Ram, pretendeu percorrer os túneis que se interligavam em cavernas subterrâneas, dispostas a distâncias regulares, obra monumental de engenharia executada pelos visitantes do planeta Vênus, sob a orientação de Kalamy. Esses túneis dirigiam-se para os quatro pontos cardeais do Baratzil, mas, com o desaparecimento do mar interno e com os diversos cataclismos, as entradas para o interior da terra haviam desaparecido, pois toda a fisionomia geográfica também se modificara, montanhas e serranias tinham desaparecido, enquanto outras se localizavam em outros lugares. Esse fato se constituiu em um problema para Ramath, que, sem mais poder determinar as entradas dos caminhos debaixo da terra, teve como única solução entrar em contato e sintonia com o Disco Solar de Ouro.

Ramath e Schua-Ram dirigiram-se para a sala secreta do Templo de Cristal Rosa, onde se encontrava instalado o Disco Solar. Os dois colocaram-se em frente ao enorme Disco e, em postura de prece, entraram em sintonia, harmonizando-se e elevando suas vibrações. Previamente de acordo sobre o local a que desejavam ir, mentalizaram em perfeita sincronia a exteriorização de seus desejos. O Disco de Ouro começou a se tornar translúcido, pulsando em jorros de luz branca, cristalina, que imediatamente envolveu Ramath e Schua-Ram. Seus corpos ficaram iluminados, transparentes, e ambos sentiram que se deslocavam no espaço e no tempo. Uma luz enceguecedora ofuscou por segundos sua visão; experimentaram ou tiveram a sensação que atravessavam um portal dimensional e então, de súbito, encontraram-se no interior de uma caverna profusamente iluminada. Schua-Ram olhou para suas mãos transparentes, parecendo feitas de luz, virou-se para Ramath, que também estava diáfano, não podendo conter uma exclamação de surpresa:

— É muito estranho, Mestre! Parece que não somos nós mesmos! Onde estamos? — e o velho Conselheiro, atônito, dirigiu-se a Ramath.

— Acho que estamos no interior da grande montanha — respondeu, olhando para as paredes e tetos da caverna subterrânea, que também estavam brilhantes, refletindo uma luz suave que iluminava todo o ambiente.

Nesse exato momento em que os dois, temerosos, examinavam as cercanias da caverna, um vulto enorme de mais de quatro metros de altura destacou-se de repente do fundo da gruta.

30
As batalhas de Mbonga

Mbonga, no átrio do palácio do Imperador Amatac, impaciente, andava de um lado para o outro, medindo seus próprios passos. Por duas vezes, tentara argumentar com o oficial que comandava a numerosa guarda, que se constituía uma verdadeira barreira, diante da monumental porta que dava para o interior do prédio. Tudo em vão. O tenente lhe comunicou que o Imperador estava reunido com o grande Mestre Oduarpa e não queria ser incomodado, não recebendo ninguém.

— Mas eu não sou ninguém! Sou o braço direito do Imperador, segundo em comando em toda Itaoca.

— Ordens são para serem cumpridas — retrucou o tenente sem arredar um milímetro de sua posição. — O senhor terá que esperar como todos os outros — e apontou com uma das mãos os que se encontravam no átrio.

Mbonga deu um muxoxo de desprezo e, como tinha muito pouca paciência, fez menção de avançar contra a tropa perfilada. O tenente percebeu sua intenção e, com uma ordem seca e breve, destacou quatro homens rodeando o pretenso invasor. Mbonga recuou um passo para trás. Soltando uma praga, em voz bem alta, para todos ouvirem, girou nos calcanhares e saiu pisando forte do vestíbulo do palácio-templo.

Remoendo sua cólera, caminhou resmungando invectivas contra o feiticeiro Ozambebe, que agora, cheio de empáfia e altivez, mudara até o próprio nome para Amatac. Entrou apressado em seus aposentos particulares e estranhou não encontrar os dois guerreiros, sua guarda pessoal, que sempre faziam a vigilância em seus cômodos. Ainda estava intrigado com essa ausência, quando seu servo entrou no quarto.

— Senhor — disse bastante aflito —, os dois guerreiros foram presos.

— Presos! Com ordem de quem?

— Do general Markuth.

— Desde quando Markuth tem autoridade ou poder para prender qualquer homem debaixo do meu comando?

A pergunta irritada ficou solta no ar, sem qualquer resposta. Seu servo, ainda mais aflito, não sabia o que dizer ou o que responder. Mbonga, cada vez mais irado, proferiu uma maldição, seguida de várias imprecações contra Markuth e o Imperador.

— Tem mais, senhor. — E o pobre homem, receoso ante a fúria de seu amo, conseguiu gaguejando dizer: — Existe também uma ordem de prisão contra... contra... Vossa Excelência — a comunicação saiu afinal.

Mbonga, surpreendentemente, acalmou-se. Não disse nada, não fez sequer qualquer gesto ou pergunta e, ignorando o prestimoso servo, saiu direto para o palácio das armas.

"Ainda posso contar com meus dezoito guerreiros" — pensou. — "Veremos se esse Markuth terá a audácia de me enfrentar" — disse para si mesmo, enquanto caminhava a passos apressados.

Novo revés aguardava Mbonga na casa da guarda, onde deviam encontrar-se aquartelados seus homens. Nem bem entrara no palácio, tomou conhecimento da prisão de seus comandados.

— O que houve por aqui? — perguntou a um dos guardas.

— Os guerreiros owandos foram todos presos, grande Mbonga.

— Presos sem luta?

— Foram pegos de surpresa. Não houve tempo para qualquer reação. Mas fuja em quanto é tempo, valoroso Mbonga, e que o sagrado Inti vos proteja

— Eu te agradeço pelo aviso e as palavras elogiosas.

— Sempre admirei os homens bravos e corajosos — e o guarda do palácio das armas juntou as mãos em frente ao peito, saudando o guerreiro owando, gesto de um preito de reverência.

Mbonga não perdeu mais tempo e, rangendo os dentes, num rictus de ódio, entrou rápido em ação. Em primeiro lugar, despiu o balandrau curto, bordado com fios de ouro, vestiu a tanga de pele curtida de onça pintada que usava quando era um simples guerreiro owando, pendurou sua comprida faca curva de cabo de osso na bainha, atada na cintura, e sua lança de guerra, que atravessou nas costas, presa por uma tira de couro, e saiu em passos decididos.

Uma patrulha de doze homens, comandada por um tenente, logo que deixou para trás as escadarias do prédio, correu ao seu encontro.

— Considere-se preso! — ordenou o oficial, entreparando a pequena distância do guerreiro owando.

Mbonga cruzou os braços sobre o largo peito e, com toda calma, perguntou:

— Em nome de quem?
— Do próprio imperador.
— É pouco para mim! Essa ordem não me diz nada!
— Doze homens são pouco?
— Bobagem! — E sem mais uma palavra atacou, lança em riste.

Pegos de surpresa, os homens do tenente se atarantaram, esbarrando uns nos outros, formando-se uma desordem momentânea, do que se aproveitou Mbonga para, com a ponta da lança, sempre girando sobre si mesmo, atingir três homens de uma só vez. Mas nove combatentes contra um fazem alguma diferença, e os soldados avançaram em bloco sobre o valente guerreiro owando.

— O Imperador quer o homem vivo! — gritou o tenente.

Amatac, lembrando-se das palavras do mago Oduarpa, afirmando que Mbonga seria um auxiliar valioso, dera ordens explícitas a Markuth de que o queria preso e não morto. Esperava persuadir o prisioneiro a continuar colaborando com ele, porém, sem o mesmo poder e influência no Império, situação de que gozara até esse momento.

A ordem do tenente veio um pouco tarde e o embate foi violento. Mbonga, lutando como um leão bravio, desferiu inúmeros golpes com sua lança, mas não pôde impedir que fosse atingido com várias estocadas. Formou-se um círculo em torno dele, que, coberto de ferimentos, o sangue a escorrer de seu tronco desnudo, avançou soltando gritos de guerra contra os homens que restavam da patrulha. Mais quatro soldados caíram fora de combate, mas, perdendo o equilíbrio, Mbonga estatelou-se no chão, sendo imediatamente imobilizado pelos cinco combatentes restantes.

— Renda-se! Renda-se ou morre! — exclamou o tenente, também ferido, um sulco grande na testa, de onde escorria sangue.

Mbonga, manietado, fez força para libertar-se, mas, vendo a inutilidade de qualquer reação, deixou-se ficar arfando, deitado para economizar as energias. Com os pulsos amarrados atrás das costas, por cordas finas mas resistentes, aparentemente resignado, seguiu aos tropeções os seis homens da escolta.

— Para onde estão levando-me? — perguntou na breve parada que fizeram.

— À presença do general comandante Markuth — respondeu o tenente e, dirigindo-se aos seus subordinados: — Levem-no para a fortaleza do palácio das armas.

Mbonga não deu mais uma palavra e dali foi empurrado brutalmente até o cárcere, onde foi jogado escadas abaixo no chão irregular de lajes frias.

Na semi-obscuridade da cela, Mbonga começou a forçar as cordas que prendiam seus pulsos, que resistiram ao esforço hercúleo. Vendo que de nada adiantava fazer força, o guerreiro owando, usando os degraus íngremes que levavam ao piso da prisão, começou a raspar, friccionando de baixo para cima as cordas que o imobilizavam. O trabalho era lento, de paciência, e quando, coberto de suor, que provocava dores lancinantes nas feridas espalhadas por seu corpo, sentiu os pulsos livres, nova esperança nasceu em seu bravo coração.

Já era alta noite, e um rumor quase imperceptível na porta da cela tirou o prisioneiro de dentro da clausura de seus pensamentos para dirigi-los com toda atenção para a entrada do cárcere. A porta de ferro logo se abriu e um pequeno vulto destacou-se na fraca claridade. Cuidadoso, procurando fazer o menor ruído possível, portando uma lanterna, desceu lentamente os degraus. Mbonga não se mexeu, observando, esperando o que pudesse vir.

— Psiu! — fez o homem, levando o dedo indicador aos lábios. — Depressa, temos pouco tempo.

— Quem és? — perguntou Mbonga, no mesmo tom baixo de voz.

— Sou Ubagory. Talvez nem lembre mais de mim. Mas o

senhor me ajudou quando não tinha onde dormir nem comer. Devo-lhe minha vida e esse lugar de carcereiro que hoje tenho, aqui colocado pela vossa bondade. Mas isso não interessa agora, temos que aproveitar o pouco tempo que temos e o sono do outro carcereiro, que faz o plantão noturno comigo. — Fez esse pequeno discurso Ubagory, falando atropeladamente.
— Vieste em muito boa hora.
— Só tenho que agradecer a Inti por poder pagar todo o bem que o senhor fez outrora.

Mbonga, que esquadrinhava na pouca luz existente o semblante de seu salvador inesperado, tentando reconhecê-lo, perguntou:
— Não serás prejudicado me ajudando a fugir?
— Não tenha cuidados. Vai parecer uma fuga. Vou quebrar o ferrolho da porta e deixar as cordas puídas em lugar bem visível.
— Eles vão acreditar?
— Quando muito pensarão que dormimos e não escutamos nada. Talvez sejamos repreendidos, talvez não, mas, de qualquer modo, jamais me arrependerei do que fiz. Mas vamos! Não percamos mais tempo! Deves aproveitar agora a escuridão lá fora.
— Que Inti te guarde! — E, sem pensar duas vezes, Mbonga, apoiado no braço de seu salvador, extenuado pelos ferimentos recebidos, a fome, a sede e o esforço da luta contra seus inimigos, cambaleando, subiu as escadas da cela, percorreu o longo corredor que dava para a liberdade e, esgueirando-se pelos cantos escuros dos prédios, alcançou, andando cautelosamente, um dos grandes portões da cidade.

Esperou escondido na sombra do muro o momento propício para agir. Sentia todo seu corpo doer, e uma súbita fraqueza o invadiu, advertindo que lhe faltariam as forças necessárias para atravessar o grande portal, àquela hora ainda aberto, mas vigiado por dois guardas armados.

Mbonga sabia que não poderia ficar ali escondido a noite toda, precisava tomar uma decisão e, quando assim raciocinava, viu que era chegada a hora. Os dois guardas, conversando, deram as costas para onde se encontrava o guerreiro owando. Reunindo o resto das forças que lhe restavam, Mbonga de um salto já estava por detrás dos dois homens. Retesando seus músculos admiráveis, com as potentes mãos, agarrou as duas cabeças, batendo violentamente uma contra a outra. Os dois guardas caíram desmaiados sem dar um gemido.

Mbonga não perdeu tempo e, quase se arrastando, no limite de suas forças, entrou claudicando no deserto à sua frente. Foi extremamente penosa sua caminhada; o frio, a fome, a sede e os inúmeros ferimentos que minavam todo seu vigor físico e energia quase o postaram naquele imenso território de areia, para ali morrer lentamente. Mas, como dissemos, Mbonga era muito forte, muito resistente, um gigante que não estava fadado a sucumbir em qualquer deserto existente.

O dia já havia raiado e o calor agora era insuportável, e ele se arrastara por uma noite inteira, semidesfalecido, mas determinado a chegar ao seu destino. Adentrou aos trambolhões a aldeia kilambo e, agradecendo aos seus antepassados, elevando uma prece a Inti, ainda pôde ver a multidão que se aglomerava na praça principal da cidade em uma solenidade e, antes de cair desmaiado no meio do povo, vislumbrou perto de seu rosto a fisionomia preocupada de seu amigo Kilamboico.

Depois que o Imperador General Corona decifrou, com as chaves dadas pelos Mestres, os arquivos secretos do sábio Assuramaya, e o governador de Ramakapura, Vajra, tomou conhecimento da destruição futura da ilha de Ruta, houve uma reunião no principal templo da Luz de Daytia, Intioca Surya, com os doze Mestres de Sabedoria. Ficou decidido que começariam, a partir daquele momento, os estudos e planejamentos para a realização de novos êxodos a várias regiões do globo terrestre. Isso viria a se constituir em migrações, cujas notícias chegaram até aos dias de hoje, deformadas por mitos e lendas que ainda persistem em toda a História moderna.

Do pouco que sabemos a respeito, podemos afirmar que todas as migrações foram determinadas pelos Mestres dos Templos da Luz, com a finalidade de expandir as artes, ciências, cultura e conhecimentos esotéricos da grande civilização atlântida e não deixar desaparecer o legado material e sobretudo espiritual desse grande povo.

Do que nos foi comunicado, uma vaga migratória dirigiu-se

à região do Mediterrâneo, guiada pelo Mestre Zoroastro;[1] para o atual México, com o Mestre Quetzalcoalt; outra para a Índia com o Mestre Rama; finalmente, outra vaga migratória para a África, o delta do Nilo, com o Mestre Osíris.[2]

Esses êxodos foram realizados em épocas diferentes, e os povos que entraram em contato com essas civilizações se beneficiaram com uma relação que produziu avanços evolutivos, tanto no sentido material, quanto cultural e espiritual.

---

1 Existiram sete Zoroastros. O sétimo foi o fundador do Mazdeísmo, a grande religião dos Persas.
2 Pesquisas da antiga União Soviética dão 70.000 anos para a colonização do vale do Nilo.

31
A missão de Helau-Zadig

— Quem são e o que querem no reino interno? — perguntou o vulto enorme a Ramath e Schua-Ram, que se encontravam dentro da caverna.

— Sou o Mestre de Ibez, Ramath, do Império Paititi — respondeu, adiantando-se sem temor na direção do gigantesco ser.

De pronto, ele percebeu que se tratava de um artificial, um pensamento-forma criado pelos habitantes desse lugar, que chamara de reino interno, com a finalidade de impedir que qualquer um ali tivesse acesso. O artificial, que alguns denominam de egrégora, ou ainda elementar, é uma imagem mental, "alimentada" pelo poder da vontade, por um ou mais criadores, durante um certo tempo, que faz com que essa imagem mental assim criada passe a ter existência, independente daqueles que a projetaram, no mundo astral.

Por essa razão, Ramath sem receio algum, desassombrado, enfrentou aquele apavorante ser sem a mínima hesitação.

— Sou Malekabel, o guardião de Agartha, a primeira cidade do mundo interno, o mundo que antecede o reino dos eleitos, dos "filhos da vontade", dos nascidos por si mesmos, sem carma, porque não nasceram de mulher, dos Mestres, Shamballa — disse o guardião, olhos de fogo, fixando os dois intrusos.

— Viemos em paz e com o coração repleto de amor retrucou Ramath.

— Se vens em paz, não tens nada a temer. E este quem é? — perguntou o guardião àquele que acompanhava o Mestre de Ibez.

— É o grande Conselheiro, Schua-Ram — foi a pronta resposta.
— Depois de assim identificados, podemos passar?
— Para entrarem em Agartha, devem despir essa duplicata da carne.[1]
— E para chegar em Shamballa?
— Já não tens te comunicado várias vezes com os Mestres da cidade santa? Para que queres visitar em corpo astral o santuário da humanidade?
— Para me instruir ainda mais

Malekabel não respondeu de imediato, parecia refletir; depois de um tempo enorme, em que Ramath e Schua-Ram, tensos, esperavam, o gênio guardião dignou-se a falar:
— Deixem Agartha para aqueles que tiveram como evolução habitar os mundos internos, e que continue Shamballa apenas em seus corações. Desloquem suas duplicatas da carne mais para o sul, na região costeira, enquanto ainda há tempo. — terminou Malekabel, subitamente desaparecendo no ar.

Ramath e Schua-Ram, vendo que a passagem que dava para o túnel estava sem qualquer obstáculo aparente, caminharam em direção ao fundo da caverna, mas não conseguiram avançar mais, porque uma força invisível os empurrou para trás. Tentaram novamente, porém, outra vez ocorreu o mesmo fenômeno; a força invisível barrou seus passos, impedindo-os de irem para adiante.
— Não adianta — disse Schua-Ram —, não conseguimos passar. Acho melhor voltarmos.
— Já que estamos aqui, vamos aproveitar e conhecer os outros caminhos do interior das montanhas, que levam até a colônia atlante. Vamos embora, Schua-Ram, é bem mais fácil viajar em corpo espiritual.

"O que será que Malekabel quis dizer com 'ainda há tempo'?" — pensou o Conselheiro, guardando para si mesmo essa interrogação.

Mbonga foi entregue aos cuidados do antigo sacerdote Pachakinti, para ser curado de seus graves ferimentos.

---
[1] Duplicata da carne; o mesmo que o corpo etérico ou duplo etérico. Alguns o chamam ainda de duplo fantasma.

O período de tratamento foi demorado e, muito embora Pachakinti empregasse todo seu conhecimento e arte na cura de Mbonga, quem resolveu a contento a reabilitação da saúde do enfermo foi Helau-Zadig, que, não obstante fosse muito moço, era grande conhecedor das ervas curativas, preponderantes no restabelecimento do guerreiro owando. De fato, depois de algum tempo, Pacakinti deixou Mbonga entregue aos cuidados de seu filho, que terminou o tratamento com completo êxito.

Durante quase sessenta dias, em íntimo contato com Helau--Zadig, Mbonga começou a nutrir pelo rapaz uma grande admiração, que rápido se transformou em amizade. Diariamente, deitado na rede de fibras trançadas, Mbonga escutava atento, ávido em querer saber, o que seu jovem curador falava, fazendo muitas perguntas e, conforme aprendia, mais se admirava da sabedoria de uma pessoa tão jovem, mas dotada de conhecimentos profundos e tamanha erudição. Helau-Zadig lhe falava de coisas que nunca haviam passado por sua cabeça, coisas que se perguntara várias vezes, sem encontrar respostas satisfatórias, coisas que sempre quisera saber e ninguém lhe havia respondido a contento. Quanto mais Mbonga aprendia, sua admiração, respeito e amizade pelo seu jovem curador aumentavam, numa progressão veloz que aos poucos não demorou em se tornar veneração e, afinal, curado completamente, passou a ser a sombra inseparável do jovem Helau-Zadig.

Os anos correram céleres na vida calma e pacífica da aldeia kilambo. Abilhambos, o velho cacique, havia morrido e Kilamboicos assumiu a direção daquela comunidade, alheia às maquinações de Ozambebe e às lutas intestinas que começavam a ocorrer em Itaoca. Sete anos haviam se passado desde que Mbonga, ferido, chegara ao território kilambo e, apesar de inúmeras sortidas de patrulhas da Cidade das Pedras, a mando de seu Imperador, com a finalidade de encontrar Mbonga e trazê-lo vivo à sua presença, todas foram infrutíferas, pois, muito bem escondido nas terras kilambos, Mbonga continuava vivendo são e salvo entre seus novos amigos.

Com o decorrer desses anos, não só a maneira de pensar, mas também o comportamento de Mbonga se modificaram totalmente. De espírito aguerrido, acostumado às lutas e combates sangrentos, agora era um homem calmo, equilibrado e pacífico, substituíra a força física pela moderação, afabilidade, tornando-se incapaz de qualquer desforço corporal, qualquer ato violento, depois que aprendera de seu ídolo, Helau-Zadig, que somente quem dá é que pode receber. Aprendeu ainda que o sofrimento e a dor são os maiores mestres que existem, porque sofrimentos e dores fazem pensar, pensando se adquire conhecimentos e, adquirindo conhecimentos, o homem pode libertar-se do mal e da ignorância.

Helau-Zadig completou vinte e um anos, data muito importante nessa época, pois esses povos consideravam o triplo sete a idade da libertação e o caminho para o conhecimento de si mesmo e do universo, entre homem e Divindade. Uma cerimônia pública, faustosa, foi organizada por Kilamboicos para honrar o agora "homem sábio", título a que Helau-Zadig já fazia jus há bastante tempo. Quando lhe foi perguntado pelo cacique kilambo quem desejava que fosse seu padrinho na solenidade, sem pestanejar o rapaz indicou Mbonga. Pela primeira vez em toda sua vida adulta, o guerreiro owando chorou, e foi com lágrimas nos olhos que estreitou nos braços o homenageado e, quase não contendo os soluços, conseguiu dizer:

— Por que eu? Eu, o menor, o mais insignificante dos homens! — E humilde, tentou ajoelhar-se aos pés de Helau-Zadig, que o impediu.

— Porque és muito importante para mim. Porque és meu amigo, e como é bom ocupar um lugar no coração de alguém que nos quer bem! Eu sei que ocupo esse lugar em teu coração; por esse motivo, eu é que tenho que agradecer tua amizade.

— Todas as coisas grandiosas que existem neste mundo não valem uma amizade sincera. Graças a Inti sagrado e a ti, meu amigo, isso agora tenho de sobra. Por essa razão, sou o homem mais feliz de toda Kilambo.

— Um homem sem uma amizade verdadeira é como uma das mãos não possuir a outra.

— Vaguei inquieto de floresta em floresta, de um lugar para outro, numa busca inconstante, sem encontrar a paz e harmonia interior, até que te encontrei e me ensinaste que, quando descobrisse Inti dentro de mim, estaria liberto de toda prisão que nós mesmos construímos em nossas vidas.

— Conhece-te a ti mesmo! — disse Helau-Zadig, um sorriso radioso, tocando com o dedo indicador seu coração, depois o de Mbonga.

— Quando os rios secarem, quando as estrelas caírem do céu, quando todas as montanhas se aplanarem, quando a terra engolir todas as árvores, quando os mares tornarem-se áridos desertos, quando não mais se ouvir som algum sobre a Terra, quando os pássaros deixarem de voar e cantar, quando a terra e o céu unirem-se numa coisa só, aí então, meu amigo, irei separar-me de ti.

Existia grande emoção entre os dois, que, abraçados, caminharam até o altar, erguido bem no centro da clareira do povoado kilambo, onde Pachakinti, Amaysha e Kilamboicos iriam oficiar a cerimônia.

Tudo transcorreu num clima emotivo de grande vibração e, depois que as homenagens terminaram, seu pai o chamou para conversarem, porque chegara a hora de lhe comunicar as importantes revelações que haviam sido transmitidas por seu mestre.

— Meu filho — começou o velho sacerdote —, chegou o momento de começar a pensar sobre a realização de tua missão.

— Em que consiste essa missão, pai?

— Aquela que foi determinada por teu Mestre, ainda desconhecido por ti. Deves encetar uma peregrinação por todo Baratzil de Paititi e orientar, pacificar e instruir nos mistérios eternos, mistérios que podem ser revelados, aqueles que vivem nas aldeias e povoações espalhadas pelo interior dessas terras, para que possam progredir material e espiritualmente. Essa tarefa, que chamo de tua missão, foi-te outorgada desde teu nascimento, para que, quando completasses vinte e um anos, fosse-te comunicada.

— Quando devo começar minha... minha missão?

— Fica, meu filho, a teu critério.

— Então prefiro começar logo.

Mbonga, que se encontrava a pouca distância dos dois e ouvira toda a conversa entre pai e filho, entrou no diálogo sem cerimônia.

— Perdão, senhor — disse, dirigindo-se ao sacerdote —, quero seguir nessa missão com teu filho.

Pachakinti, surpreso, olhou para Mbonga e depois para Helau-Zadig.

— Isso não depende de mim, somente do meu filho.

— Por que queres seguir comigo? Não sei que caminhos

ou que perigos vou enfrentar.
— Porque somente pela morte dois amigos podem separar-se.
Helau-Zadig sorriu. Tomou o amigo em seus braços, dirigiu-se ao pai:
— O mais precioso, o mais belo presente que nos dão, depois da sabedoria, é a amizade. — E olhando nos olhos de Mbonga, disse: — Vamos então, meu amigo, vamos juntos percorrer essas terras e mostrar a todos que a sabedoria sem o serviço desinteressado ao próximo é obra estéril que jamais dará bons frutos. Vamos correr juntos esse imenso Baratzil e dar um pouco de nós mesmos a quem não tem nada.

Durante cinco anos os dois caminharam por grande parte do interior de Paititi, sempre seguindo na direção sul, passando por inúmeras privações, enfrentando obstáculos quase intransponíveis, desertos imensos, florestas agrestes, animais ferozes, fome, frio, calor e sede, mas destemidos, inspirados por suas convicções, prosseguiram, vencendo todas as dificuldades encontradas.

Foi em uma tarde, quando o Sol já começava a se recolher no regaço do horizonte, que os dois avistaram as muralhas imponentes da bela cidade de Ibez.

— Ouvi dizer que ninguém pode se aproximar das muralhas da cidade — e Mbonga entreparou, encarando seu amigo.

— Ouvi dizer também que porta alguma pode fechar-se para aquele que chega em paz e com amor dentro do coração.

— E, juntando a palavra à ação, caminhou em passos decididos em direção à monumental porta de entrada, acompanhado de perto por Mbonga.

De forma surpreendente, como se fosse um passe de mágica, o portal se abriu e um ancião de vestes alvíssimas, rosto de expressão bondosa, recebeu-os com um sorriso beatífico.

— Sejam bem-vindos a Ibez! O grande Mestre Ramath os espera, vai recebê-los no Templo de Cristal Rosa!

Surpresos pela recepção e intrigados pela antecipação, que não conseguiam entender, seguiram o velhinho, que os conduziu até a sede do Império.

Ramath, acompanhado por seu Conselheiro, já os esperava no salão de audiências.

— Meu Mestre avisou-me de tua chegada. Este é meu

grande Conselheiro, Schua-Ram, e, quanto a mim, no momento ocupo o lugar de Grão-Mestre de Ibez.

Helau-Zadig e Mbonga, ainda surpresos, inclinaram-se reverentes.

— Desculpe, Mestre, mas, intrigado com essa recepção, seria atrevimento de minha parte perguntar-vos como já nos esperavam nos portais da cidade?

Ramath sorriu, no que foi imitado por Schua-Ram.

— Teu Mestre, embora ainda não saibas, é também o meu. Seu respeitável nome é Aramu-Muru, e foi ele que me avisou que estavas nas muralhas de nossa cidade.

Ao escutar esse nome, Helau-Zadig sentiu que seu corpo todo ficava arrepiado, seguido de um tremor, acompanhado de batidas mais rápidas do coração. Aquele nome, Aramu-Muru, era-lhe familiar, não sabia onde o ouvira, tampouco porque lhe sugeria essa familiaridade. Recompôs-se afinal.

— Meu nome é Helau-Zadig. Minha vinda a Ibez se prende ao enorme desejo que tenho em me instruir no conhecimento das verdades eternas, a fim de servir melhor meu semelhante. Este — e apontou para seu companheiro de peregrinação, que até aquele momento se conservara calado — é Mbonga, fugitivo de Itaoca, perseguido pelo Imperador Amatac, herdeiro do reino dos owandos, filho do cacique Abukalem.

— Como disse anteriormente, são bem-vindos a Ibez. Teu pedido, Helau-Zadig, já foi atendido, pois o Mestre Aramu-Muru determinou que sejas iniciado no Templo de Cristal Rosa. Quanto ao teu amigo, Mbonga, será hóspede de Paititi pelo tempo que quiser.

Mais perplexo do que já estava, Helau-Zadig não encontrou qualquer palavra que pudesse expressar seu agradecimento. Ficou mudo, no que foi imitado por seu fiel amigo, Mbonga.

Os sete anos que Helau-Zadig passou nos Templos da Luz de Ibez foram de grande proveito. Tinha a impressão de que já conhecia aquelas lições que lhe eram ministradas e encontrou a maior facilidade nos exercícios, atingindo em curto espaço de tempo os últimos graus do caminho que leva ao novo nascimento.[2]

---

[2] O discípulo "nasce de novo" quando recebe a benção do seu Mestre na cerimônia de Iniciação. Porque o discípulo morre para a vida material e nasce para a vida espiritual. Essa cerimônia era denominada de "crucificação ante o Sol". O discípulo era deitado de braços abertos em uma cruz, chamada árvore da vida, e o sacer-

Durante o período em que Helau-Zadig permaneceu confinado nos templos de Ibez, estudando as difíceis disciplinas afetas às ciências ocultas, Mbonga mostrou desejo de ir até sua aldeia Owando. A distância enorme, acrescida do percurso feito por terra, atravessando toda sorte de obstáculos e dificuldades, não impediu sua viagem. Obteve do Mestre Ramath não só apoio para rumar para sua terra, como ainda lhe forneceu todas as condições para superar esse longo itinerário, inclusive colocando a sua disposição dez homens de armas.

Depois da cerimônia da "crucificação ante o Sol", Helau Zadig encontrou-se na presença de Ramath e Schua-Ram, na sala secreta de orações do Templo de Cristal Rosa. Uma luz azul-claro de suave matiz, azul que não se encontra na escala cromática, apareceu à sua frente e lentamente foi envolvendo um ser majestoso. Era alto, esguio de corpo, rosto oval perfeito, testa ampla, cabeça descoberta de cabelos cor de neve, que desciam em cascatas onduladas até os ombros, olhos muito azuis banhados de luz e mãos muito brancas de dedos longos; fez um gesto de bênção por sobre a cabeça de Helau-Zadig, curvada em reverência.

— Eu te abençôo, filho meu, em nome do Altíssimo, O Inefável sem nome! Sou Payê-Suman do Templo da Luz Dourada da Atlântida, discípulo do grande Mestre Aramu-Muru, que me designou para essa magna incumbência. — disse na sua voz clara, mas suave e musical, por entre o silêncio que se fez naquele momento.

Paye-Suman prosseguiu, enquanto Helau-Zadig ajoelhava-se aos seus pés.

— Agora, filho meu, vais ser Iniciado na Lei Divina, a sagrada Aumpram, tornando-se mais um servidor, Defensor da Luz, mais um adversário da magia negra.

Payê-Suman colocou sua mão direita na cabeça de Helau Zadig e, nesse momento, vários jorros de luzes coloridas incidiram sobre seu chacra coronário. Houve neste centro de força a predominância da luz branca cristalina, que, mais intensa que as outras cores, ficou vibrando nessa região. Imediatamente,

---

dote iniciador tocava seu chacra frontal para que o iniciante entrasse em sono profundo, sendo levado para o interior do templo. Na manhã seguinte, cruz e candidato eram levados para a entrada do templo e, quando os primeiros raios de sol atingiam sua fronte, o iniciador dizia: "Levanta, tu nasceste de novo". Este era o chamado novo nascimento.

uma luz amarelo-clara envolveu o chacra frontal, ali vibrando; a de cor alaranjada foi para a região do pescoço, o chacra laríngeo; a verde para o chacra cardíaco; a vermelha para o plexo solar; a azul para o chacra esplênico; e finalmente a cor violeta foi para a base da coluna, a região do sacro, o chacra sagrado que, quando foi atingido por essa cor, liberou o fogo serpentino, Kundalini, que subiu serpenteando pela coluna vertebral de Helau-Zadig, saindo, qual fumaça colorida, pela sutura lambdóide do osso occipital.

— Os sete sagrados Purushás te recebem no seio da Luz Divina. De hoje em diante, és um sacerdote da Lei de Aumpram — e tocou com a ponta do dedo indicador cada um dos sete chacras principais, depois, o chacra situado no centro do externo, centro de força chamado Vibuti[3] e, nesse momento então, todos viram cair pétalas luminescentes de rosas sobre a cabeça de Helau-Zadig, ouvindo a mavilhosa voz do grande Mestre Aramu-Muru:

— Eu te inicio na Lei do Verbo, te dou posse da Palavra, do Som Eterno — AUM —, que, unido à Grande Lei — PIRAM ou PARAM —, dá a ti o Direito, o Dever de poder oficiar as cerimônias, usando o poder da Vontade, Sabedoria e Atividade, receber instruções diretas dos Purushás, por meio das vibrações dos Instrutores, Anciãos e dos Puros. Em nome do Pai Eterno, da Mãe Eterna e do Filho Divino. Que assim seja, porque assim será!

O ambiente inteiro ficou impregnado de um perfume de rosas, e Payê-Suman continuou dando as últimas instruções:

— Filho amado, tu és agora um servidor, aquele que pressentiu que o universo é uma grande unidade, da qual faz parte e onde está integrado. Um servidor, uno com a Grande Unidade, ama indistintamente todos os seres e sabe que as partes são meras aparências do Todo. Um servidor é aquele que, consciente de seu papel no drama cósmico, por compreender a lei de

[3] Além dos sete chacras principais, existem mais dois (por entre diversos que existem) denominados de Lalna e Vibuti. O chacra Vibuti é menor que os sete principais, possui oito raios ou pétalas douradas e fica situado logo abaixo do chacra cardíaco, na altura do externo. Esse chacra é que possibilita a comunicação entre Mestre e discípulo, pois, quando posto em funcionamento, ativa a glândula pineal. Por essa razão, é também chamado de chacra do Mestre. O outro chacra, Lalna, fica situado no frontal, na altura onde começa a raiz do cabelo. Possui doze raios ou Pétalas e, além de desenvolver a glândula pineal, possibilita a comunicação mente a mente, receptor e transmissor de pensamentos concretos, uma das formas de irradiação e telepatia. Erroneamente é também denominado de chacra do Mestre.

causa e efeito, serve simplesmente pelo prazer de servir.

Payê-Suman fez uma pequena pausa. Todos ali bebiam suas palavras, ditas em voz suave e repletas de ternura.

— Cala tua voz, antes que possa ferir! Não julgues jamais, compreende! Sê sempre prudente, submisso, manso, humilde e ao mesmo tempo valoroso. Os valorosos são aqueles que venceram a batalha que travaram dentro de si mesmos. Mata a ambição, mas trabalha como os mais ambiciosos, para que possas projetar tua sombra além do teu corpo. Mas, antes que possas compreender teus semelhantes, antes que possas ser prudente, submisso, manso e humilde, antes que possas adquirir todos os conhecimentos, procura primeiro conhecer a ti mesmo. Aprende a transformar as injúrias em bênçãos para teu progresso espiritual; aprende a transformar as maledicências em bálsamos para purificar tua alma; aprende a transformar as traições em lenitivos para teu aperfeiçoamento; aprende a transformar as falsidades em júbilos que consolidam o lento crescimento; aprende a transformar a intolerância, a dúvida e as inverdades em flores que brotarão na cruz do teu serviço; aprende sempre, filho meu, que, diante dos homens, tu somente poderás receber aquilo que eles possuem e que conseguem dar. Serve e passa. Dá sempre e nunca esperes ser retribuído. A cruz de teu sofrimento pode ser da redenção ou do sacrifício, depende de ti mesmo; deixa apenas que da tua cruz brotem as flores da salvação, e jamais a carregues pela vida afora com os espinhos das dores decorrentes da tua missão. Que o grande Tupã[4] te abençõe.

Payê-Suman calou-se e, abençoando a todos, foi-se desmaterializando lentamente. A luz maravilhosa que brilhava naquela sala foi-se apagando aos poucos, até que restou no ar apenas um suave odor de jasmim, que tudo e todos perfumou por longo tempo.

---

[4] Tupã era o nome da Divindade suprema usado em alguns Templos da Luz da Atlântida em substituição a Inti. A palavra original era TUPLAN. A contração TL é originária da Atlântida e dos povos remanescentes desse velhíssimo continente, como os Aztecas, Maias, Toltecas, Incas e Paititi. Temos assim, com a raiz TZ, Quetzacoalt, e com a raiz TL, Atlântida e Atlas. TZIL, que, segundo o antropólogo Alfredo Brandão, significa: luz, fogo ou estrela, pode ser desdobrado em TL e ZIL, dando THEO, deformação de TL; DZIL, dando DZEUS, que mais tarde deu a forma ZEUS entre os Gregos. TZIL contrai-se com o som MU, signo representativo de espaço e do continente perdido de mesmo nome, formando o vocábulo TU, que, unido a PAN, a natureza, dá o nome da Divindade TUPAN, entre os povos pré-históricos TUPLAN, cuja tradução literal seria: Luz, estampido no espaço.

32
A história se repete

O general Markuth, como fazia todas as manhãs, teve uma entrevista com o Imperador Amatac para tomar conhecimento das ordens do dia. Já por muitos anos esse cerimonial se repetia. Na grande maioria das vezes, não havia nada a ser comunicado, porém Amatac não abria mão desses encontros matinais.

O Imperador jamais nomeara um Conselheiro, seu Sumo Sacerdote não tinha a menor voz ativa, daí se prendia a necessidade dessa audiência diária com Markuth, para ficar inteirado do que acontecia no Império e, assim, Amatac governava absoluto, como ditador, fazendo suas próprias leis, ou melhor, aquelas que estavam de acordo com suas conveniências.

Essa posição ditatorial já vinha ocasionando inúmeras insatisfações, que começaram pelos sacerdotes, outrora unidos e comungando nas mesmas posições éticas, atingiu algumas facções das forças armadas e culminou por atingir boa parte da nobreza do Império. O murmúrio tornou-se altitonante, cresceu como as ondas do mar durante as tempestades e já se falava, quase que abertamente, em revolução. A situação tensa foi abafada com prisões e torturas, e o poder quase absoluto dos sacerdotes foi vencido com medidas coercivas, que limitaram seus poderes, reduzindo-os a oficiar apenas suas cerimônias religiosas. Sem autoridade, sem influência, sem ingerência nas questões ligadas ao Império, esse segmento da sociedade, tão importante no passado, viu-se impotente, cedendo seu direito de opinar e coadjuvar o Imperador nos fatos mais graves do governo.

Embora em vários templos se praticasse abertamente a magia negra, a maioria dos sacerdotes da "boa lei" que condenavam tais práticas, a princípio de forma veemente, mas depois, com o enfraquecimento de suas autoridades de maneira tímida, preocupados em perder seus cargos, ou mesmo serem mortos por acusações sem fundamento, acomodaram-se à situação vigente.

Amatac, tendo nas mãos o poder absoluto, cometeu toda sorte de arbitrariedades, que foram desde a prisão sem provas, a condenação à morte sem prévio julgamento e o exílio para as terras agrestes que circundavam Itaoca, conforme a importância e posição social do implicado nas maquinações do Imperador.

Em uma tarde, enquanto esses acontecimentos atingiam um estágio perigoso, Markuth recebeu no Palácio das Armas a visita do sacerdote do Templo do Som, Rudravhat. Intrigado com seu inesperado visitante, o general, depois de o ver acomodado, sem demora iniciou o diálogo.

— A que devo a honra, sacerdote Rudravhat?

— General Markuth, sei que o senhor é um homem justo e sobretudo um patriota.

— Acredito que em todo Império todos saibam que seja patriota, quanto a ser justo, penso...

— Perdão interrompê-lo, mas era de extrema importância para o assunto que aqui me trouxe que soubesses qual a opinião que fazemos a seu respeito.

— Que fazemos? Então, são várias opiniões, além da tua?

— Exato, general!

— Mas ainda não entendi perfeitamente onde queres chegar.

— Num instante, general, nós dois chegaremos ao ponto principal dessa minha visita.

Markuth estava de fato bastante curioso e, com um vinco profundo na testa, que denotava preocupação, perguntou:

— Diz-me, Rudravhat, com todas as letras, que ponto principal é esse?

— A situação atual — respondeu de pronto o sacerdote.

O outro ainda procurou sondar melhor Rudravhat, talvez não querendo se arriscar demais em terreno perigoso.

— Qual situação?

— Tu sabes tão bem quanto eu — disse, abandonando o tratamento cerimonioso do início da conversa.

— Eu não sei de nada!

— Ora, Markuth, és um homem inteligente. Não acredito que não tenhas visto os desmandos de um Imperador que destrói nossos mais caros costumes e está levando nosso país à ruína.

As cartas todas estavam lançadas na mesa, de forma clara, sem subterfúgios, o sacerdote havia aberto sua guarda e arriscado tudo. Ficou esperando a tempestade, mas essa simplesmente não veio; o general saiu-se com uma pergunta:

— Mais alguém sabe que vieste procurar-me?

— O Sumo Sacerdote me encarregou desta incumbência; represento todos os sacerdotes dos templos.

— Então, já existe uma conspiração?

— Existe.

— Afinal, por que me procuraram?

— Porque, depois de fazermos contato com outros oficiais, todos foram unânimes em que devíamos procurar-te.

— Todos acreditam que posso liderá-los?

— Tu, Markuth, na posição que ocupas, deves ter ouvido boatos e murmúrios velados refletindo um clima de revolta no ar. É evidente que podes liderar-nos.

O general ficou muito tempo calado; refletia sobre as palavras do sacerdote. Outra vez era levado a uma conspiração contra o regime constituído. "A História se repete" — pensou. Nessa hora, sentiu-se predestinado, sentiu que caíam sobre sua cabeça, de novo, grandes responsabilidades. Reconheceu que era um dever, era o momento certo de agir, e a ele, somente a ele, cabia essa empreitada. Quando afinal se pronunciou, voz calma e resoluta, falou:

— Temos que marcar uma reunião, convidando todos os interessados no assunto. Farias isso?

— Sim, com a maior brevidade possível.

— Avisa-me quando estiver tudo assentado.

— Claro.

— Outra coisa: tem muito cuidado, Rudravhat, hoje todas as paredes do Império possuem ouvidos atilados.

Markuth ficou sozinho, meditando sobre a conversa que tivera com o sacerdote do Templo do Som. O general, que privava da intimidade palaciana, convivendo com os altos escalões do Império, não tinha pleno conhecimento das intrigas e movimentos subversivos da nobreza, dos sacerdotes, do povo e dos próprios militares; por esse motivo, depois de prolongadas reflexões, procurando se inteirar mais da verdadeira situação, mandou que o oficial que servia como seu ajudante direto convocasse os cinco capitães, comandantes das forças armadas.

Quando viu, perfilados à sua frente, os capitães do Império, Markuth, sem qualquer preâmbulo, entrou direto no assunto.

— O que sabem sobre insatisfações entre os militares, sacerdotes, nobres e mesmo do povo? — perguntou, não se dirigindo especificamente a nenhum deles.

Houve um curto silêncio. Os homens se entreolharam e um deles, adiantando-se, respondeu:

— Nossos subordinados nos tem relatado vários casos de revoltas, inclusive algumas perturbações populares.

A fisionomia de Markuth era uma máscara, não demonstrava qualquer reação ou revelava o que se passava por sua mente.

— Murmúrios, naturalmente!

— Não, general. Tem havido algumas escaramuças, mortes e prisões. O Império inteiro está conturbado — continuou o capitão que respondera à primeira pergunta.

— O que chamas de conturbação?

— Ataques diretos ou indiretos contra a ordem constituída.

Markuth ficou olhando dentro dos olhos de seu capitão, que sustentou seu olhar; os outros, rígidos, limitaram-se a um simples meneio de cabeça em sinal de aprovação ao que parecia ser o lider.

— Reúnam as tropas e mantenham todos os homens armados de prontidão — ordenou, dispensando seus comandados, exceto o capitão que respondera a suas perguntas. — Qual é o teu nome?

— Kasyampac, senhor.

— Senta, capitão, precisamos conversar mais um pouco.

O outro, meio sem jeito, sentou-se na beira da almofada que seu superior indicou.

— Às suas ordens, general.

— Kasyampac — começou —, diz-me tudo que sabes, tudo que ouviste ou tudo que presenciaste nesses tempos difíceis que vivemos.

— Bem... general... — o capitão estava indeciso, talvez receioso na presença de seu superior.

— Podes falar, Kasyampac, não tenhas receio, tenho absoluta confiança em ti, sei que és um oficial digno de respeito, em quem posso confiar. Mas vê, preciso posicionar-me, por isso necessito de tuas informações. Podes dizer francamente tudo que sabes.

— Posso afirmar, general, que há descontentamento entre as forças armadas.

— Que mais sabes?

— Que já se constitui na grande maioria.

— Já atingiu essa proporção?

— Já, general. E não é só isso. Os sacerdotes que praticam a "boa lei" também estão insatisfeitos. Essa insatisfação atingiu grande parte da nobreza, que já fala abertamente em revolução, e o povo, amedrontado com a magia negra que prolifera por todo o Império, está ficando fora de controle. Aqui e ali estouram motins, alguns difíceis de serem dominados.

Markuth não perguntou mais nada, estava satisfeito com as informações do capitão e já tinha tomado sua decisão ao dispensar seu comandado.

— Obrigado, capitão Kasyampac, teus informes foram de grande utilidade para mim.

Ozambebe entrou no laboratório que mantinha no palácio-templo desde que assumira a posição de Imperador de Itaoca. Como fazia todo dia ao final da tarde, a fim de consultar o espelho mágico de basalto, que mantinha oculto, embrulhado num pano branco de fino tecido, acendeu dois círios negros, dispostos em castiçais de prata, queimou dentro de uma cuia de barro algumas ervas, que exalaram um cheiro desagradável, e só então olhou fixo para o espelho. A princípio, a superfície negra permaneceu inalterada, porém, logo após, volutas de nuvens cinzentas começaram a aparecer delineando a figura de seu general comandante, Markuth, tendo ao seu lado o sacerdote do Templo do Som. Os dois pareciam conversar, mas o diálogo era mudo, não se escutava som algum. O mago, sem desviar os olhos do espelho, invocou em voz alta um de seus escravos, que mantinha em seu poder no mundo astral, por meio de artes mágicas.

— Azazel! — exclamou. — Materialize-se no espelho e

reproduza o som daquilo que falam!

De imediato, uma forma monstruosa, negra, peluda, rosto macilento, deformado, cheio de cicatrizes, corpo simiesco, torso nú, veio do baixo mundo astral, atendendo à ordem de seu senhor. A boca de Azazel, num esgar horrendo, começou a pronunciar as palavras que os dois homens no espelho trocavam. O diálogo inteiro, ou quase inteiro, foi articulado pelo monstro, que, após terminar, com um simples gesto de Ozambebe, sumiu do espelho e foi mandado para as cavernas pútridas do umbral. O espelho de novo voltou à cor habitual e o mago, rilhando os dentes de ódio reprimido, saiu a passos pesados do laboratório.

Ao primeiro serviçal que encontrou pelo caminho, ordenou com voz alterada:

— Vá até o oficial de plantão aqui no palácio e diga-lhe que ordeno sua presença imediata. — E entrou no salão de audiências, sentando e levantando diversas vezes do trono, na maior impaciência.

A espera foi demorada. Ozambebe já estava no limite de sua tolerância, quando o tenente chegou a sua presença. Suas ordens foram breves, incisivas:

— Vá até ao palácio das armas e diga ao general Markuth que quero vê-lo imediatamente.

O outro saiu a toda pressa, e novamente Ozambebe se viu sozinho na sala do trono. Mas aquele seria um dia aziago para o Imperador, pois, depois de um tempo interminável, o tenente voltou sem o general.

— E então? — perguntou Ozambebe, com maus modos.

— Excelência, o general Markuth manda-vos dizer que não pode vir agora.

— Manda dizer! Como manda dizer?— E, gritando, o Imperador descontrolou-se.

— Não sei, Excelência. Foi o que ele disse.

Ozambebe gaguejando, vermelho de cólera, cuspindo pragas terríveis, a custo fez-se entender ao amedrontado tenente.

— Generais podem ser destituídos de seus postos! Destituídos! Ouviu bem?

O tenente ouvira perfeitamente o destempero de seu Imperador. Impassível, ficou esperando novas ordens, que não vieram. Com algum cuidado, depois de alguns segundos de silêncio, o tenente arriscou:

— Mais alguma ordem, Excelência?
Ozambebe não respondeu. Fez outra pergunta, inteiramente contrária ao assunto.
— O que sabes sobre essa... essas rebeliões ridículas?
— Excelência, eu soube...
— Não importa — interrompeu Ozambebe e, levantando-se, ignorando o tenente ainda perfilado à sua frente, saiu sem mais uma palavra.

Otamede já vinha há bastante tempo aconselhando Ozambebe a não tomar atitudes intempestivas, administrando, segundo ordens de Oduarpa, com mais diplomacia, evitando atos desnecessários de prepotência, que só redundariam em prejuízos ao seu governo.

Otamede, cansado da indiferença de Ozambebe aos seus conselhos e de seu desastrado governo, com aquiescência do seu Mestre, retirou-se para o mundo astral, deixando o Imperador entregue ao próprio destino.

Oduarpa, não por um ato de comiseração, sentimento que não possuía, mas porque ainda precisava de Ozambebe no trono de Itaoca por mais algum tempo, manipulou as camadas do umbral, liberando seus dois escravos, Araduc-Shintá e Abi-Karam, para atuarem na aura do Imperador, prestando-lhe algum auxílio e, ao mesmo tempo, para ficar com domínio absoluto da alma do antigo feiticeiro.

Os acontecimentos haviam-se precipitado. Os templos suspeitos de praticarem magia negra foram fechados, seus sacerdotes presos incomunicáveis. As tropas militares agiram com rapidez, sufocando pequenas revoltas em vários pontos da cidade, e já estavam no domínio da situação. A nobreza do reino cerrou fileiras com as tropas armadas, unindo-se voluntariamente ao movimento renovador. O povo, salvo pequenas escaramuças e perturbações da ordem, comportou-se conforme o previsto pelas autoridades do momento e assim, com todos os segmentos unidos, encurralaram o Imperador em seu palácio-templo, e sozinho não teve a menor possibilidade de reação.

Depois de acirradas discussões na reunião convocada às pressas no palácio das armas, com o sacerdote do Templo do Som, o Sumo Sacerdote dos templos, dois nobres que ocupavam cargos importantes no Império e o capitão Kasyampac, Markuth, que já tomara as rédeas da situação, ordenou a prisão imediata do Imperador e, embora não fosse proposto ou discutido o assunto por esta assembléia, que compunha o governo provisório, o general elegeu a si próprio Imperador, ignorando a opinião dos outros elementos da improvisada junta governamental.

Quando dez homens armados, comandados por um capitão, entraram no palácio-templo do Imperador para prendê-lo, embora vasculhassem cada cômodo, cada dependência, cada aposento, não deixando local algum sem ser vistoriado, não encontraram Ozambebe em nenhum lugar. Somente Raisha, a Imperatriz, acompanhada por suas servas, encontrava-se alheia ao que acontecia no resto do palácio, nos seus aposentos particulares.

Misteriosamente, o prepotente e cruel Imperador Amatac ou Ozambebe sumira, sem deixar qualquer vestígio no palácio-templo e em Itaoca.

33
Nas entranhas da Terra

Mbonga, triste com o que encontrara em Owando, voltou muito abatido de sua terra natal. Guerras intestinas visando ao poder, depois da morte do cacique Abukalem, separaram em várias facções os oponentes, que, lutando entre si, levaram ao caos a nação, outrora tão unida. A terra Owando, dividida, reduziu-se a pequenos grupos tribais, que, depois de lutas internas, espalharam-se por várias regiões, tornando-se presas fáceis das hordas bárbaras que infestavam o interior do Baratzil. Algumas dessas tribos dispersas entraram em conflito com a nação das Amazonas, sendo totalmente trucidadas, desaparecendo sem deixar o menor vestígio.

Os remanescentes que Mbonga encontrou da poderosa nação Owando limitavam-se a uma pequena área e sobreviviam da caça e pesca, em pequenos lagos que restaram do antigo mar interno.

Foi esse o panorama que Mbonga, com profunda tristeza, contemplou em sua chegada às terras de seus antepassados. Os anciãos, antigos magos do clã, ainda se lembravam dele e o receberam com grandes homenagens, com o que, em vez de alegrá--lo, ou sentir-se honrado, foi dominado por infinito desgosto. Vendo que nada podia fazer e penalizado com o que presenciou e lhe foi relatado sobre a sorte da maioria do povo, resolveu, mais rápido do que pretendia, voltar para Ibez, deixando os owandos entregues ao seu melancólico destino.

Durante o ano que se seguiu após sua iniciação, Helau-Zadig dedicou-se de corpo e alma ao trabalho missionário nos Templos da Luz de Ibez. A erradicação da magia negra dera quase resultados totais, graças aos trabalhos executados na Luz Divina, trabalhos que se estenderam por todos os Templos da Luz, tanto no plano material quanto no espiritual, ou mundo invisível.

Ao final do mês de Libra, o Império sofreu uma grande perda; um de seus mestres, Schua-Ram, faleceu e Ramath, devido a sua avançada idade, já esperava esse desfecho. Por essa razão, não vacilou em chamar Helau-Zadig para ocupar essa posição. Bastante surpreso com a escolha para Supremo Conselheiro, o agora Mestre da Luz passou a executar suas novas funções no Palácio-Templo de Cristal Rosa, em constante companhia de Ramath e seu fiel amigo Mbonga, que voltara de Owando.

Pelos vinte anos seguintes, Helau-Zadig estudou com afinco toda a cultura dessa esplendorosa e adiantada civilização, detendo-se em especial na atuação dos extraterrenos e sua colonização do Planeta Azul. Tomou conhecimento de suas experiências biológicas, sua intervenção no DNA dos povos primitivos, que viviam em grande área do Baratzil, onde fundaram a fabulosa Ophir e suas seis cidades satélites, que denominaram de Paititi, e com essa intervenção proporcionaram a esses habitantes enormes avanços intelectuais e psíquicos. Na agricultura, tomou conhecimento dos enormes benefícios trazidos por esses seres, principalmente no cultivo de novos frutos, realizados por cruzamento de diversas espécies, dando como conseqüência entre outros a banana, fruta sem caroço, resultado da mesclagem com um fruto parecido ao melão. Possuindo os colonizadores de Venus uma clarividência altamente desenvolvida, podiam observar facilmente o procedimento da natureza, compreender suas leis e mecanismos e, assim, desenvolveram uma ciência natural que teve efeitos extraordinários no cultivo do reino vegetal. Com o trigo, que trouxeram de seu planeta, fizeram cruzamentos com várias ervas que produziram inúmeros tipos de grãos. As abelhas, que também não existiam na Terra, foram trazidas por eles e efetuadas experiências, a maioria positivas, outras negativas, como o caso das vespas, um cruzamento fracassado. No terreno científico, investigou a fundo seus conhecimentos e constatou que esses seres possuíam uma ciência avançadíssima. A força do Vril era uma delas, uma poderosa energia capaz de alterar os campos magnéticos, as dimensões, e anular a gravidade. A Terra passava a repelir os corpos, em vez de atraí-los, assim puderam construir grandes monumentos e levantar blocos de pedras pesando toneladas a qualquer altura. Fez um minucioso estudo sobre as energias solares, que os extraterrenos dominavam e podiam converter umas nas outras,[1] analisando os papiros que continham imensos conhecimentos sobre os cristais e sua importância como mediadores da energia solar, que os ativava, não só para efeito de iluminação, mas também como propulsor das carruagens aéreas e terrestres. O mecanismo dos raios de luz mortal, usados como armas letais, eram na medicina usados como eficiente auxiliar em operações as mais delicadas, cirurgias que atualmente são praticadas em hospitais altamente especializados. Quanto ao domínio sobre a mente, Helau-Zadig conheceu o poder incrível desses extraterrenos. Usavam a telepatia e a projeção psíquica, podendo enviar a qualquer distância suas imagens ou de qualquer objeto, materializando-os.

Toda essa vastidão enorme de conhecimentos Helau-Zadig aprendia com muita facilidade, pois já os conhecia de sua vida anterior e agora recordava, às vezes tendo a nítida impressão de que essas coisas lhe eram familiares.

Junto com o Mestre Ramath, com o Disco Solar de Ouro, realizaram várias incursões nos túneis e cavernas que se interligavam no interior da terra. Em conjunto, estudaram inúmeros papiros, escritos no idioma sagrado, o devanagari, sobre as raças que habitaram o planeta antes da existência de Paititi. As civilizações dos Toltecas, vagas migratórias da terceira sub-raça Atlante e a denominada de Tiahuanaco em Tawantinsuyo. As primeiras raças humanas que viveram no colossal continente de Mu[2] e seu apogeu que aconteceu no período Lemure-

---

[1] Atualmente conhecemos três formas de energia provenientes do Sol: Fohat ou eletricidade; Prana ou energia vital; e Kundalini ou fogo serpentino. No plano físico, em nosso atual estágio de desenvolvimento, uma não pode ser convertida na outra.
[2] O continente de Mu, Lemuria, situava-se no oceano Pacífico cobrindo extensa área, desde os pés do Himalaia, abrangendo o Tibet, Mongólia, o deserto de Gobi (naquela época chamado de Shamo) e para o sul estendia-se para a atual Índia, Ceilão, Sumatra, Javã, avançando para Madagáscar, Austrália, Tasmânia até o pólo

-Atlante, os Remohals e Tlavatlis.

Por intermédio desses estudos, Helau-Zadig pôde compreender e aquilatar que, com a chegada dos seres adiantados da cadeia de evolução de Vênus, a civilização do Baratzil desenvolveu ao máximo seus poderes intelectuais, psíquicos e espirituais.

No futuro distante, as civilizações dos árias iam desenvolver o físico e o intelectual, o homem perderia o domínio sobre sua natureza psíquica e as faculdades inatas, congênita, desses povos antigos, que seriam taxadas de sobrenaturais, aptidões que eram tão naturais como pensar ou andar.

Uma grande série de fatos geográficos e presença de espécies animais se explica só pela hipótese da existência de um continente meridional, do qual a Australia é um dos restos. As provas se acumulam e, além das encontradas pela própria ciência, temos evidências arqueológicas, botânicas, etnológicas e biológicas. A Lemuria foi, sem sombra de dúvida, a morada do primeiro tronco humano físico.

Por serem essas jornadas pelos túneis e cavernas realizadas com alteração das dimensões produzida pelo Disco Solar de Ouro, com o deslocamento em corpo espiritual, exigiam um tempo de duração determinado para evitar desgaste de energia vital, o que impossibilitava fazerem consultas mais demoradas nos documentos encontrados. Havia também outro fator importante; os papiros, ou o que quer que encontrassem, não podiam ser retirados do local, para serem depois estudados. Por essas razões, Helau-Zadig, querendo aprofundar-se mais no exame dessas cavernas subterrâneas, solicitou ao Mestre Ramath permissão para fazer essa exploração em corpo físico.

Levando Mbonga em sua companhia, Helau-Zadig, munido dos apetrechos necessários à permanência por longos períodos nas entranhas da terra, logo de manhã bem cedo dirigiu-se para a entrada na montanha.

Mbonga caminhava a sua frente, iluminando o comprido túnel com uma lanterna de cristal ativado, que clareava como dia o sinuoso corredor de pedra. Ao final da galeria, encontraram a primeira caverna, enorme mas completamente vazia.

— Tem dois túneis — observou Mbonga —, um para a

ártico. As suas terras abrangiam ainda a ilha de Páscoa. Posteriormente a Lemuria fragmentou-se em vários continentes separados.

direita e outro para esquerda. Qual seguiremos? — perguntou, iluminando um dos túneis.

— Nosso objetivo é a região sul. Essa parte ainda não foi explorada por mim e o Mestre Ramath.

— Então é o túnel da esquerda. — E Mbonga seguiu em frente, passos cadenciados que ecoavam nas paredes de pedra.

Caminharam a manhã toda e, depois de atravessarem mais de vinte cavernas, todas vazias, fizeram uma parada para matarem a sede e comerem alguma coisa.

— Interessante — disse Helau-Zadig —, embora a gente esteja no interior da terra, não estamos sufocados, com falta de ar, nem mesmo sentindo aquela sensação de estarmos enterrados vivos.

— É verdade. Não sei se sentiste, mas nos túneis e nas cavernas existe um ar fresco que vem não sei de onde.

— Repara, Mbonga, que o teto das carvernas tem fendas a distâncias regulares. Talvez esteja aí o segredo para a aeração tão importante para nós — e pediu ao amigo para endereçar o foco de sua lanterna para a abóboda de rocha.

Mbonga assobiou, reparando no teto todo fendido, quando a luz da lanterna varou a escuridão reinante, clareando o teto rochoso.

— De fato, Helau-Zadig, o vento que sentimos vem dali — e apontou para o facho de luz.

Comeram em silêncio, ficando recostados no rochedo por longo tempo. Nova caminhada, que custou uma tarde inteira e, quando se dispunham a armar a tenda portátil para ali pernoitar, ouviram um ruído de passos arrastados que parecia vir de uma caverna adiante.

— Psiu! — fez Mbonga, colocando o dedo indicador nos lábios. — Tem alguém andando — disse baixinho.

— Quem pode ser? — respondeu com uma pergunta, no mesmo tom de voz. — Que eu saiba, ninguém conhece esses lugares.

— Vamos apagar as lanternas e esperar em silêncio — sugeriu Mbonga.

— É mais seguro.

— Será algum animal?

— Acho difícil existir algum animal de grande porte nessas profundezas.

— Por quê?

— Esses túneis e cavernas são artificiais, notável obra de engenharia feita pelos homens que vieram do céu, que fecharam todas suas entradas.

O barulho de passos cessou e, embora esperassem no escuro por um bom tempo, não ouviram mais nada. Pela manhã bem cedo, voltaram a caminhar, ouvindo ao longe o barulho que parecia ser do mar, que chegava até eles como se fosse um zumbido surdo.

— Mestre Ramath me disse que nessa caverna, próxima da costa, existem inúmeros aparelhos e documentos importantes.

O túnel fazia um cotovelo acentuado que continuava para a esquerda, descendo sempre até que, em outra curva, terminava num paredão de rocha. Uma claridade entrava por uma fenda, que dava passagem para um homem de cada vez. Esgueirando-se por essa abertura, encontraram um terreno arenoso em declive, que dava para outro paredão de pedra: uma caverna enorme, maior que todas encontradas, onde eles puderam entrar pela sua abertura imensa. Era iluminada, pois o teto de grande altura possuía grandes fendas a espaços regulares, que filtravam os raios de Sol. O solo era de areia fina e fofa, descia suavemente até o extremo oposto, onde terminava, aparentemente intransponível. Não havia mais túneis.

Os dois homens chegaram até a parede de pedra irregular, e foi Mbonga que deixou escapar uma exclamação:

— Pelos meus antepassados! Uma argola de ferro, idêntica à que nos abriu a parede de rocha da caverna em que entramos!

— Puxa a argola, meu amigo.

Mbonga, sem fazer aparente força, puxou a argola, e um barulho estridente de ferragens atritadas se ouviu, movendo o imenso bloco de pedra para um dos lados, deixando entrar a claridade que ainda restava da tarde.

— Olha, meu amigo! — exclamou Mbonga excitado. — Lá em baixo! Olha, é uma cidade enorme!

Estavam os dois em cima de uma vereda estreita, entre o abismo e o paredão de rocha. Ao fundo um vale todo edificado por lindas construções brancas com zimbórios dourados, àquela hora ainda iluminado pelos últimos raios de Sol, apresentava um espetáculo magnífico de rara beleza.

— É a colônia atlante, chamada de Terra das Araras Vermelhas — disse Helau-Zadig, cobrindo os olhos com a palma de uma das mãos, para poder enxergar melhor.

Depois de algum tempo apreciando aquele panorama inesperado, quando o Sol agonizava no horizonte, os dois homens voltaram para o interior das montanhas, tendo antes fechado as duas entradas, superior e inferior, pelo mesmo processo de movimentar para cima as argolas, quase ocultas na areia.

Já se encontravam deitados numa das cavernas, preparando-se para dormir, quando ouviram novamente o ruído de passos arrastados. Apagaram rápido suas lanternas, mas uma luz forte apareceu numa das entradas do túnel. Duas siluetas pouco visíveis surgiram de repente.

— Ora! Ora! Mas se não é meu velho amigo Mbonga e Helau-Zadig, filho de Pachakinti! — exclamou Ozambebe, tendo logo atrás um negro de enorme estatura.

34
Filhos da luz e filhos das trevas

Kalamy observou a tela, que projetara pelo poder da vontade, no akasha do plano astral do Planeta Azul, que refletia até Vênus, onde se encontrava, nos mínimos detalhes, o que ocorria com seu irmão Thamataê.

Kalamy, por cerca de meia hora, todos os dias, depois que seu irmão gêmeo havia usado o revestimento de carne como Helau-Zadig, acompanhava "pari passu" todos os acontecimentos, todas as modificações psíquicas, intelectuais e espirituais relativas à evolução de Thamataê.

Naquele dia, quando, absorto na tela astralina, Kalamy viu com muita alegria seu amado irmão ser iniciado na Luz Divina, foi subitamente interrompido pela presença do seu Mestre. Não era um fato comum Aramu-Muru ter contato direto com seus discípulos. Quase sempre adotava uma relação mente a mente, sem necessitar adensar seu corpo astral[1] salvo em ocasiões especiais, como neste dia.

— Ainda observando as reações de Thamataê? — perguntou o Mestre, um sorriso nos lábios.

— Sempre, Mestre! — E assustou-se um pouco.

— Como não ignoras, ele somente voltará a ser teu irmão quando conseguir libertar-se da roda das encarnações.

— Com vosso perdão, Mestre, mas ele será meu querido irmão para todo o sempre.

— Que ainda terá de viver algumas vidas.

— Serão muitas, Mestre?

---

[1] No planeta Vênus, o corpo mais sólido daquela humanidade é o astral.

— Tantas quantas forem necessárias.

— Mas senhor, já não é suficiente castigo Thamataê ter provado de todas as limitações, sentir-se prisioneiro da matéria que oblitera os conhecimentos, ter sofrido todas as dores e perdido o discernimento mais amplo das experiências supra-sensíveis, a síntese que responde e define a razão de ser, de existir?

— Filho meu, não é de modo algum um castigo. No universo, não existe castigo ou recompensa, trata-se apenas do cumprimento de uma Lei inexorável, que fará com que Thamataê, vivendo na matéria algumas vidas, possa libertar-se, transformando mau carma em bom carma. No cosmo, enquanto houver causa, haverá efeito, ele é simplesmente conseqüência daquilo que por livre e expontânea vontade provocou. Agora terá que liquidar este emaranhado, esta teia em que ele próprio se enredou.

— Tenho observado, Mestre, que, nessa vida como Helau--Zadig, ele vem esgotando seu carma, liquidando essas causas.

— Sei que sofres pelo teu irmão, mas nada poderás fazer, pelo menos agora.

— Terei no futuro oportunidade de ajudar efetivamente Thamataê?

— Sim, como já te disse, num futuro ainda muito distante.

— Mestre, gostaria, se fosse possível, se fosse permitido, saber se não contraria as leis imutáveis universais meu irmão regredir em sua evolução, encarnando num mundo inferior?

— Em primeiro lugar, não existem mundos superiores ou inferiores com essa conotação que queres dar. Matéria densa ou matéria sutil são nada mais nada menos que comprimentos de onda vibratória. Todo o universo visível, filho meu, é um pensamento, uma estrutura mental, visto por outro pensamento, outra estrutura mental. Toda matéria é uma forma de energia e a aparência de densidade nada mais é do que a enganosa e falsa ilusão dos sentidos. A diferença que existe entre esse mundo que classificas de inferior e os outros que consideras superiores está apenas na diferença entre a radiação ondulatória em movimento; quando inferior à velocidade da luz, matéria densa, sólida, mas, quando ultrapassa essa velocidade, desaparece toda e qualquer ilusão de solidez. É preciso que não te esqueças que, nos primórdios de Mu, os chamados de "Filhos da Luz" vieram para o Planeta Azul dirigidos por Rudra, grande rei dessas

Dinastias Divinas, e encarnaram naqueles disformes corpos que compunham a humanidade e, se fôssemos adotar teu raciocínio, em um planeta inferior e numa raça inferior.

— Perdão, Mestre, é apenas meu amor, minha inquietação, que me faz dizer coisas sem sentido.

Aramu-Muru pousou o olhar repleto de bondade em seu discípulo.

— Não é uma admoestação, tampouco uma censura, apenas um esclarecimento. — E o Mestre, que era inteiramente feito de brandura e supremo amor, dignou-se dar uma explicação para Kalamy.

— Esse acontecimento tão importante que relatais foi anterior à chegada em Bhumi dos "Senhores da Chama", que dotaram os homens primitivos de corpos mentais?

— Sim, séculos antes de eu e tu chegarmos em Tawantinsuyo. Filho meu — continuou Aramu-Muru seus ensinamentos —, que tudo isso que te digo sirva para teu aprimoramento espiritual e possas compreender um pouco melhor o mecanismo do universo. Anael, o espírito planetário de Shukra, ampara e adotou em sua infinita misericórdia o espírito em evolução de Bhumi e, com seu infinito amor, trabalha para que esse espírito planetário alcance sua libertação. Os sábios da Atlântida, em seus templos iniciáticos, ensinavam que Anael distribuía uma parte da energia que recebia de Surya[2] e oferecia a Bhumi. Repara no exemplo de renúncia, abnegação e supremo amor do Divino Sanat Kumara, que até hoje se limita a si mesmo, dirigindo a Confraria Branca, na densa e sufocante atmosfera de Bhumi. Tu mesmo, por voluntária opção e amor à humanidade, adensaste teus veículos criando um "corpo de ilusão" para viveres alguns séculos nesse planeta que chamas de inferior.

— Perdão, Mestre, perdão.

— Thamataê, torno a repetir, terá que vestir o corpo de carne ainda algumas vezes, mas, para apaziguar de vez tua alma, te diria que quatro vezes ainda. Depois, em verdade te digo, filho meu — e o Mestre deu um sorriso radioso, que tudo inundou de pétalas de rosas diáfanas e resplandescentes —, terá chegado a hora de poderes encontrar e ajudar teu irmão. Dependerá apenas de tua vontade soberana. Aprende ainda o que a grande Lei nos ensina: uniformidade na diversidade. Isso

---

2 Surya - Sol no idioma devanagari.

significa que é necessário que os egos passem por variadas formas, diversos planos, diferentes estágios de evolução, para que no final da grande jornada, da grande peregrinação, encontrem a uniformidade do Todo, unindo-se na Grande Integração.
Aramu-Muru calou-se.
Kalamy, depois de pedir a Aramu-Muru que o abençoasse, deu um olhar tristonho para a tela astralina. Uma lágrima única e silenciosa desceu pelo seu belo rosto luminoso. A primeira das inúmeras que ia verter, num futuro ainda muito distante, pela humanidade inteira.

Otamede prestava bastante atenção ao que dizia Oduarpa na reunião por ele convocada em um dos subplanos astrais. Nesse Conselho, além de Otamede, encontravam-se mais três discípulos adiantados do mago negro.

— É preciso saber a hora de recuar — começou Oduarpa, correndo seu olhar sinistro pelos acólitos, demorando-se em cada um deles. — Não podemos nem devemos agir abertamente contra nossos opositores; se preciso for, aparecer como um homem piedoso e santo.— E fez uma pausa, esperando que fizessem perguntas.

— O senhor disse aparecer? — perguntou um dos discípulos.

— Sim, intrometendo-se, quando possível, com essa aparência nos templos onde se reunem fiéis com pouca experiência ou conhecimentos. Esse procedimento, tenho certeza, dará bons resultados.

— Mestre, o que aconselhais para o momento? — perguntou Otamede.

— Nesse momento devemos todos permanecer à sombra, sem sermos sequer notados.

— Vamos entregar o que conquistamos sem reação nenhuma? — ponderou Otamede.

— Vamos! Às vezes a defesa é o melhor ataque. Vejam bem! Os magos da Luz detêm agora o poder, as forças de seus enviados no astral bloquearam e neutralizaram no espaço todas nossas hostes, imobilizando e tornando inviável toda e qualquer atuação de nossa parte. Por que atacar agora? Por que, digam, se já sabemos que seremos derrotados?. A defesa que temos é esperar, quando muito nos infiltrarmos no meio deles disfarçados de venerável asceta.

— E nossos irmãos encarnados? — foi ainda Otamede que perguntou, já que os outros preferiam ficar em silêncio.

— Totalmente sem ação. Refugiam-se uns poucos em Itaoca, os outros que atuavam em Ibez e nos monastérios de Ramakapura e Daityampura estão acuados, impotentes, sem a menor condição de agir.

— E Ozambebe, Mestre? Como Imperador, poderia ter feito alguma coisa — disse afinal um dos discípulos.

— Deixei esse feiticeiro fora de meus planos. Desobedeceu-me e agora, refugiado para não ser morto, passou a não ter a menor validade para nós.

— E o novo Imperador? — perguntou Otamede.

— Esse é um idiota, que pensa ser o que não é. Nem aprendiz de mago, nem Imperador de verdade! Mas vamos deixar esse feiticeiro e Itaoca enregues à própria sorte — disse Oduarpa, visivelmente irritado.

— E quanto aos dois escravos, Araduc-Shinta e Abi-Karam, que vós colocastes em sua aura? — insistiu perguntando Otamede.

— É uma tentativa, um caminho que ainda tenho para ver se salvo alguma coisa. Acho muito difícil. — E Oduarpa suspirou. — Se ainda estivesse cercado de auxiliares competentes, como na época em que vivia em Mu, poderia afirmar com segurança: "Nem tudo está perdido!"

O silêncio foi geral. Ninguém queria que aumentasse mais ainda a irritação do mago. Foi Otamede que se atraveu a nova pergunta:

— Mestre, com todo nosso respeito, e acho que falo por todos, quais são as ordens finais?

— Não quero ninguém, eu disse ninguém — repetiu — em corpo físico. Quero todos reunidos em corpo astral, e aqueles poucos que se encontram encarnados, nesse momento crucial para todos nós, devem em seus monastérios se ocupar apenas de exercícios para aprimoramento de suas qualidades. Não quero o menor movimento mágico, a ordem agora é: silêncio absoluto — completou Oduarpa o que tinha para ordenar aos seus discípulos.

Na realidade, para que fique bem situado e perfeitamente

entendido o que é magia, podemos afirmar que foi o abuso e não o uso dos dons divinos, conhecimentos ministrados pelos seres de Vênus, que conduziu os homens para a magia negra. A diferença entre magia branca e magia negra é muito tênue. Segundo os Mestres ensinam, a prática da magia é como se caminhar sobre o fio de uma navalha.

Todos os monastérios dos irmãos da sombra de Daytia, Ruta e Itaoca silenciaram suas evocações mágicas, suas cerimônias negras que exaltavam a vontade, ao ponto de torná-la venenosa à distância.

Quem por acaso passasse perto desses templos do mal pensaria que estavam vazios, abandonados, sem viva alma em suas dependências. Templos dos filhos da luz negra, desativados.

No mundo astral, habitat preferido dos magos da mão esquerda, Oduarpa traçou um círculo mágico de energia vibratória, isolando esse subplano, o umbral, e ali concentrou todos os seus discípulos, impedindo que fossem atingidos por qualquer meio, conservados em estado passivo.

Oduarpa sabia que algo estava para acontecer, alguma coisa que ia modificar totalmente, geográfica, psíquica, evolutiva e espiritualmente todo o Planeta Azul. Sabia tratar-se de uma mudança de era, de período, que traria novas raças e declínio e fim de civilizações. Sabia que era inútil lutar contra todas as forças da natureza e as potestades e inteligências superiores. Sabia que era chegada a hora de todos os irmãos da sombra se recolherem em seus templos, se ocultarem temporariamente, deixando que o ciclo inexorável da vida não interrompesse seu movimento ascencional.

Foi uma época peculiar, época em que sempre ocorre um acontecimento excepcional.

Corona e Vajra começavam o êxodo global de Ruta, que já iniciava, em sua parte sul, a ruir, engolida pelo oceano, e seus vulcões começaram o processo de erupção, entrando em atividade.

35
A vingança do sacerdote

Ozambebe percebeu que havia alguma coisa no ar. O palácio-templo, sempre regorgitando de gente, agora com seus corredores quase vazios, foi o suficiente para que o mago Imperador começasse a tomar as primeiras medidas de cautela. Há muito tempo vinha notando que sua autoridade era contestada pelo seu braço direito, general Markuth. A princípio de forma tímida, quase indireta, porém, nos últimos tempos, mais veemente, coadjuvada pelos principais sacerdotes e alguns importantes nobres do reino.

Ozambebe, bufando de ódio, dirigiu-se para sua câmara secreta, onde realizava experiências alquímicas e mágicas. Precisava consultar com urgência seu Mestre Oduarpa, era necessário conhecer, o mais breve possível, que providências e precauções adotar ou que destino tomar. Consultou seu espelho mágico de basalto. Restava-lhe a esperança de que o grande mago pudesse comunicar-se. Foi, porém, inútil. A face negra do espelho permaneceu inalterável. Frustrado em sua tentativa, acendeu três círios negros colocados no vértice de um triângulo equilátero, feito com um pó vermelho brilhante, traçado no chão de granito. Em pé dentro dessa figura geométrica, de frente para o ponto cardeal sul, a mão direita espalmada, comprimindo de leve o plexo solar, fez uma invocação, entrando em sintonia com o mundo astral. Sua vidência se ampliou e pôde prescrutar todos os subplanos sem encontrar Oduarpa ou qualquer um de seus discípulos.

Já ia desistir dessa operação de magia, quando uma voz

soou em seus ouvidos:
— Foge enquanto ainda tens tempo!
— Quem és? Quem és, que não vejo? Materializa-te dentro do triângulo mágico — ordenou.
— Teu velho amigo Araduc-Shintá — respondeu tomando forma em frente de Ozambebe.
— Que queres de mim?
— Nada, apenas te ajudar.
— Só ajudar?
— Um pouco mais de civilidade — disse, não respondendo à pergunta do mago. — Nem ao menos uma saudação para teu amigo? — E deu um rizinho sarcástico.
Ozambebe ficou olhando para Araduc-Shintá por longo tempo, sem dar uma palavra. O outro prosseguiu:
— Está tudo perdido! As tropas rebeldes comandadas pelo general Markuth estão prestes a invadir teu palácio. A grande maioria dos militares, dos nobres e a totalidade dos sacerdotes aderiram à revolta. Não tens mais nada que fazer aqui, ou então ficar para ser humilhado e morto.
— Por que queres me ajudar? — perguntou, ainda desconfiado, atitude que lhe era peculiar.
— Digamos que goste de auxiliar os amigos — mentiu o sacerdote, regozijando-se com a situação do feiticeiro.
— Quem te mandou aqui?
— Foi Oduarpa — tornou a mentir.
— Por que ele próprio não veio?
— Julgas-te tão importante assim?
— Não se trata de importância, mas, como sempre o servi bem, nessa hora difícil para mim, esperava ser servido com seus conselhos e sua presença.
— Estou aqui representando o grande Mestre — e Araduc-Shintá, voz melíflua, repetiu o que já dissera: — Foge enquanto é tempo!
— Para onde fugiria?
— Minhas ordens são para que fujas, apenas isso.
— Lembras que te dei abrigo no passado?
— Lembro muito bem.
— Agora sou eu que preciso de tua ajuda. O Mestre disse para onde devo fugir?
— Tu sempre apregoaste ser um mago poderoso, logo

melhor que ninguém deverias saber para onde deves fugir — disse o antigo sacerdote de maneira sarcástica. — Foge para as cavernas que existem no interior da terra. Sabes muito bem que existe uma entrada ao sul da cidade, onde começa a montanha da grande serra.[1]

— Essas indicações foram dadas por Oduarpa? — ainda perguntou, mas já era tarde, pois a figura do antigo Sumo Sacerdote desaparececeu como fumaça de sua frente e os círios apagaram-se, como se um vento invisível tivesse soprado suas chamas.

Ozambebe, soltando uma imprecação terrível, chamou em altos brados seu mudo escravo negro, Balphegor, que habitava um pequeno aposento, contiguo à câmara secreta. Vestiu uma comprida túnica branca, cobrindo a cabeça com um capuz, e, assim disfarçado de eremita, dirigiu-se ao escravo enorme que aguardava suas ordens.

— Veste uma túnica igual à minha e não te esqueças de tuas armas — ordenou. Jogou uma comprida capa sobre os ombros e, sem mais uma palavra, abriu uma porta por trás de um reposteiro, desceu uma escada de pedra que dava para um grande salão, já conhecido por nós, pois ali fora realizada a reunião dos conspiradores de Markuth, saindo por um túnel que conduzia ao exterior, nos fundos do palácio.

Havia grande movimentação nas ruas adjacentes, porém, disfarçados e evitando as aglomerações, chegaram sem dificuldade à montanha que dava acesso às cavernas. Puxando a argola de ferro para cima, sistema usado nas entradas que conduziam ao interior da terra, obra fantástica de engenharia realizada pelos visitantes do planeta Vênus, a muralha de rocha deslizou em seus trilhos para um dos lados, deixando a mostra o interior de enorme caverna. Iluminada pela lanterna de cristal de rocha ativado que Balphegor empunhava, atravessaram o primeiro corredor de pedra, chegando à segunda caverna, que, como a primeira, encontrava-se vazia.

"Sei que num desses corredores está a entrada para Agartha" — pensou Ozambebe. — "Naturalmente Oduarpa me espera nessa cidade etérica. Não acredito que me tenha abandonado." — E, esperançoso, chegou maquinalmente aonde o túnel se bifurcava.

---

[1] Nota do Autor: Hoje a serra Ibiapaba no Ceará, quase divisa com o Piauí.

Escolheu o corredor da esquerda, comprido e sinuoso, que dava acesso a uma grande caverna, iluminada por aberturas na abóboda de rocha, que filtrava os raios de Sol. Como as outras duas, estava totalmente vazia.

— Alto! Nem mais um passo — ordenou um vulto enorme, que apareceu saído do nada, bem em frente aos dois homens.

— Sou o Imperador Amatac — disse com orgulho —, da grande nação Itaoca, mago e senhor de todos os caminhos. Ordeno que me deixe passar!

— Sou Malekabel, guardião de Agartha. Aqui ninguém passa, quer seja imperador ou mago. — E aquele ser gigantesco, na abertura do tunel de pedra, bloqueou sua passagem.

Ozambebe fez um passe de mágica, pronunciou de forma cadenciada o nome de efeitos malignos, a misteriosa palavra "esquemânforas", porém Malekabel nem se mexeu.

— Ordeno que se afaste! Sou filho do Mestre Oduarpa, rei e senhor de todos os reinos ocultos!

O guardião de Agartha permaneceu indiferente às palavras de Ozambebe. Dardejou um olhar terrível de suas pupilas de fogo e com voz autoritária replicou:

— Não recebo ordens de mago nenhum. Somente meu Mestre, o rei de Agartha, pode dar-me ordens. — E não arredou pé de sua posição e atitude hostil.

Ozambebe, percebendo que não conseguiria dominar e sujeitar a sua vontade aquele artificial, abatido pelos recentes reveses, derrotado pela sua própria magia, retirou-se de cabeça baixa, seguido por seu escravo, adentrando o túnel da direita, vociferando insultos e maldições.

Duas sombras esgueiravam-se pela escuridão do túnel, acompanhando de perto, sem serem notados, Ozambebe e Balphegor. Eram Araduc-Shintá e Abi-Karam, que, depois que Oduarpa abandonara definitivamente o feiticeiro, deixando-os também libertos, aproveitaram-se desse fato para já virem executando seus planos de vingança. O estado atual em que se encontrava Ozambebe, de baixa vibração, era ideal para Aradue-Shintá conseguir induzir, incutir na mente do feiticeiro ideias funestas, para o impelir à prática de ações desastrosas, a fim de o levar à desgraça e ao infortúnio.

Ozambebe e seu escravo andaram o dia inteiro, percorrendo infindáveis túneis e cavernas vazias. A noite havia chegado, sem entretanto ser percebida por eles, quando em uma curva do túnel escutou vozes que pareciam vir de longe. Cauteloso, oculto pela parede de pedra, observando sem ser visto, deparou com Mbonga e Helau-Zadig, que, sentados no chão, alheios a sua presença, conversavam animadamente. De repente, parecendo assustados, olhando para todos os lados, apagaram suas lanternas. Talvez tivessem pressentido a presença de alguém, ou então os ruídos de passos no silêncio daquelas profundezas os fizessem tomar essa atitude.

Sem pensar em mais nada, Ozambebe, iluminado pela luz da lanterna de Balphegor, de súbito postou-se à frente dos dois homens espantados.

— E então Mbonga, não estás feliz em rever teu amigo? — e riu, um riso estridente e desarmônico.

— O que te trouxe até aqui? — respondeu com outra pergunta, enquanto Helau-Zadig acendia sua laterna.

— Não posso dizer que vim te procurar, tampouco nosso amigo, agora uma pessoa importante da Confraria Branca — disse em tom de escárnio, encarando com seus olhos maus Helau-Zadig.

— O que quer de nós? — perguntou, querendo abreviar ao máximo esse desagradável encontro.

— Contigo falarei depois, minha conversa agora é com Mbonga.

— Não tenho nada para te falar — disse com toda calma —, no passado já falamos muito. Mentiste para mim, mandaste prender-me, traindo quem sempre esteve ao teu lado, pois acreditava que fosses meu amigo. — Mbonga, ao final da frase, elevou sua possante voz, enfrentando o feiticeiro.

— Cuidado! Posso te destruir no momento que quizer! Mede bem tuas palavras!

— Não tenho medo de ti, e não abaixo meu tom de voz em frente de um canalha, falso e sem palavra como tu! — E, reparando que o escravo negro postara-se de forma agressiva, Mbonga, que estava desarmado, mesmo assim os enfrentou, tomando uma postura defensiva, pois temia pela integridade física de seu amigo.

— Balphegor! — berrou o mago. — Destrua esse verme!

O gigante de ébano não esperou mais nada. Vibrando o machado de dois gumes, desferiu um violento golpe na direção da cabeça de Mbonga, que, desviando-se, recebeu todo o impacto na altura da coxa da perna esquerda. Dando um grito de dor, segurando com uma das mãos a ferida ensanguentada, arremeteu com toda força de seu corpo contra o escravo negro. Com o choque, Balphegor, embora muito forte, cambaleou, quase caindo para trás, mas recompos-se rápido e com um golpe violentíssimo de seu machado atingiu no pescoço Mbonga, que rodopiando, coberto de sangue, caiu imóvel quase aos pés de Helau-Zadig, o qual, mudo de espanto, nesse curto espaço de tempo, horrorizado, havia permanecido estático, completamente sem ação.

Como se tivesse sido atingido por uma raio, depois que viu seu amigo caído numa poça de sangue, Helau-Zadig correu em sua direção e, colocando em seu colo aquela querida cabeça inerte, deixou que suas lágrimas abundantes e silenciosas se misturassem ao sangue do seu amigo.

Ozambebe, parado a pouca distância, observava essa cena. Dirigiu um olhar de aprovação para Balphegor e, adiantando-se, disse:

— Agora nós, Helau-Zadig.

Aquelas palavras, ditas friamente, após os trágicos acontecimentos, tiveram um efeito instantâneo. Como se fosse impulsionado por uma mola, ficou de pé, fixando por entre seus olhos enevoados pelas lágrimas Ozambebe na sua frente, que, com um sorriso malévolo, também o encarou. Levantando seu braço direito, mão espalmada, fez uso pela primeira vez de seus poderes ocultos, poderes que o verdadeiro mago branco pode usar quando não é para proveito próprio, mas, nesse caso, nesse momento, era para salvar sua vida, pois o gigantesco assecla de Ozambebe já caminhava em sua direção, machado erguido, pronto para golpear. Um raio de luz prateada saiu da ponta dos dedos de Helau-Zadig e atingiu na altura do plexo solar primeiro Balphegor, que ficou imóvel, depois Ozambebe, que também ficou imobilizado. Dirigindo o dedo indicador da mão direita, na altura da base do nariz, sem tocá-lo, fez o gesto de empurrar para trás e o gigantesco escravo, como se tivesse sido atingido por força descomunal, caiu imóvel no chão. O mesmo procedimento foi feito com Ozambebe, e a mesma coisa aconteceu. Só então Helau-Zadig deu vazão a toda sua dor e, desesperado, soluçando, empregou a força e energia que lhe restavam para arrastar seu amigo morto até o fundo da caverna, deitando seu corpo numa grande depressão em uma das paredes de rocha, que formava uma espécie de nicho.

Uma dor aguda penetrou rasgando seu peito, alojando-se no seu coração, as lágrimas incontidas desciam pelo seu rosto, e foi como um sonâmbulo, inconsciente do que fazia, tropeçando, que chegou na fenda da rocha, atravessando-a e entrando pela estreita vereda entre as duas cavernas. Tomou uma trilha ao lado, começando a subir o íngreme caminho que conduzia ao alto da montanha, onde encontrou um vale florido, parando para descansar e se refrescar num riacho límpido que corria suave por entre seixos brancos. Depois de beber em grandes goles aquela água refrigerante, encaminhou-se para um paredão de rocha, onde num grotão em sua base, ao rés do chão, sentou-se para repousar e refletir sobre os últimos dolorosos acontecimentos.

O ar naquela altitude, quase 3.800 metros, era puro e sentiu-se revigorado. Seu primeiro impulso foi ali permanecer e meditar sobre que decisão tomaria em sua vida futura, pretendendo descançar uma noite inteira naquele aprazível lugar. Mas sua índole generosa e boa, sua retidão de caráter, o fez pensar nos dois homens que deixara sem ação dentro da caverna. Embora fossem perversos e maus, não mudou seu impulso nobre de querer tirá-los do estado letárgico, devolvendo-os à condição normal. Com essa decisão, depressa desceu a montanha chegando à abertura na rocha. Nesse exato momento, um barulho ensurdecedor se ouviu, o paredão de pedra estremeceu e, como se gigantesca mão empurrasse a rocha, a passagem na fenda fechou-se, impedindo que entrasse.

No chão de areia fina, seu pé esbarrou numa argola de ferro e Helau-Zadig não pensou duas vezes, puxou-a para cima, como já fizera com as argolas anteriores; a muralha de pedra começou a deslizar para um dos lados, mas, de repente, esse movimento foi interrompido por uma explosão, seguido de estampidos parecidos com o ribombar de trovoadas e, ainda pelo paredão de rocha semi-aberto, pôde ver por um lapso de segundo a caverna ser sepultada por imensos blocos de pedras que cobriram todo seu bojo e os corpos dos homens que ali se encontravam, ainda ouvindo, ou tendo a impressão de ouvir, uma risada malévola. Seria de Araduc-Shintá, que via ser coroada sua vingança?

Sem explicação, a caverna desapareceu, coberta por granitos colossais, e seu acesso foi vedado pelos entulhos de pedras. Helau-Zadig, boquiaberto, presenciou esse fenômeno de convulsão das entranhas da terra e, doído, profundamente triste pela morte de seu amigo, que julgava ser culpa sua, pois o trouxera para essa aventura, ainda acrescentada ao seu sentimento de culpa a morte de mais dois homens, tomou sem vacilar sua decisão.

"Não volto jamais a conviver com os homens" — pensou, a mente povoada de pensamentos dolorosos. — "Vou retirar-me para o alto dessas montanhas e fazer voto de silêncio. Talvez assim consiga ajudar mais meus semelhantes, perdendo toda e qualquer faculdade de ferir".

Com esse raciocínio, chegou novamente ao cimo da grande montanha, sentando-se quieto no grotão e entrando em profunda meditação.

36
Caminho para as Terras Altas

Ramath estava muito preocupado. Já se haviam passado mais de vinte dias e não tinha a menor notícia de Helau-Zadig e Mbonga. Os dois encontravam-se desaparecidos, sem deixar o menor vestígio.

Cheio de cuidados, pois tinha o maior carinho e afeição pelo Conselheiro, começou a acreditar que algo de muito grave havia acontecido. O que causava ainda maior inquietação era Helau-Zadig não ter feito nenhum contato por telepatia, de uso corriqueiro na época dessa história.

Ainda intrigado com esse mistério, mandou chamar o Sumo Sacerdote Pacamac, que, muito embora já se encontrasse em avançada idade, possuía bastante lucidez e poderia-lhe aconselhar a respeito.

— Mandei-te chamar, Pacamac, porque estou seriamente preocupado com o desaparecimento do meu Conselheiro. — começou Ramath, entrando direto no assunto.

— No que posso ajudar?

— Não sei bem ao certo. Gostaria de ouvir tua opinião.

— Ele ficou de dar notícias?

— Não — foi a lacônica resposta de Ramath.

— Já tem muito tempo sua ausência?

— Coisa de uns vinte dias, porém isso não é normal em meu Conselheiro, que sempre dá notícias quando se ausenta.

— Então só temos duas opções: a primeira é esperar por notícias ou sua volta, a segunda é fazer uma busca no local do desaparecimento.

— É uma empreitada difícil.
— Por que, Mestre?
— A região da busca é enorme.
— Se posso saber, onde ele desapareceu?
— Nas cavernas do interior da terra.
— Ah! — fez o outro –, entendo!
— Irias comigo nessa busca, Pacamac?
— Perdão Mestre, mas já estou muito velho para essas aventuras.
— Ora! Idade não é o que vai dificultar nossa procura.
— Já consultaste nosso Imperador? — perguntou Pacamac, desviando o assunto.
— Consultar ou não é a mesma coisa. Ele nunca em toda vida foi capaz de dar uma opinião, ficou sempre neutro, sempre indefinido.
— Gostaria imensamente de colaborar, mas estou velho demais e também...

Foi interrompido por Ramath, que não deixou que o Sumo Sacerdote terminasse a frase:
— Conforme te disse, idade ou velhice não são empecilhos.
— Por que, senhor?
— Faremos essa busca com o Disco Solar de Ouro, deslocando nossos corpos etéricos noutra dimensão. Tu não precisas te preocupar, a única coisa que precisas é querer ir.
— O Disco Solar de Ouro! — exclamou Pacamac, espantado com o convite. Poder usar o Disco, objeto que já vira quatro ou cinco vezes, mas nunca usufruira de seus poderes mágicos, deixou o sacerdote sem saber o que dizer.

A voz de Ramath o fez voltar à realidade.
— Então, Pacamac, ajudas-me a procurar o Conselheiro?
— Ajudo, senhor — respondeu sem mais qualquer indecisão.

Todas as buscas efetuadas foram infrutíferas. Não encontraram o menor sinal de Helau-Zadig e seu amigo Mbonga, os dois haviam desaparecido sem deixar vestígios.

Seis meses após esses acontecimentos, Pacamac, mesmo a contragosto, tomou posse no cargo de Grande Conselheiro de Ibez. Seu primeiro ato, com aprovação de Ramath, foi mudar o nome do Templo do Futuro para Templo Conselheiro Helau-Zadig, que foi inaugurado com todas as honrarias, em solenidade pública.

Três dias depois dessas festividades, chegou, vinda de Daitya, uma comitiva integrada por Vajra, sua mulher, Alcione, dez nobres das melhores famílias e três oficiais superiores comandando vinte homens de armas. Traziam uma mensagem do Imperador General Corona, solicitando ao Mestre Ramath e ao Imperador asilo nas terras de Paititi. Na mensagem, Corona explicava em detalhes o motivo desse pedido, sendo o mais preponderante o desaparecimento futuro de Ruta.[1]

Ramath e o Imperador de Ibez acolheram seus vizinhos da Atlântida sem muitos questionamentos, pois as relações entre as duas nações eram cordiais e fraternas e, num gesto de magnanimidade, ofereceram aos seus irmãos em dificuldades uma das cidades satélites do Império, situada no extremo norte do reino, que se encontrava em construção, para que Vajra a governasse com seu povo.

A capital de Ibez de Paititi e suas cidades satélites ficariam incólumes ante a catástrofe que dentro de alguns anos iria abater-se sobre o Baratzil. O mesmo não estava vaticinado para Ruta, que seria destruída pelos fogos internos, vulcões que entrariam em erupção quase ao mesmo tempo, esfacelando-a lentamente, até que, entre explosões, convulsões internas e maremotos, desapareceria quase que totalmente no oceano, restando apenas dela, em sua parte sul, uma pequena parte, resto do que fora a formosa e montanhosa ilha da Atlântida.

Haviam-se passado trinta e oito anos desde a chegada de Helau-Zadig ao alto da grande montanha, quase inacessível, que dominava imponente o vale aos seus pés, a chamada Terra das Araras Vermelhas, adiantada colonia Atlante. Depois desses anos todos, isolado e sem qualquer contato humano, a não ser os pouquíssimos montanheses, que o veneravam como a um santo, trazendo-lhe água e coalhada de leite de cabra, único alimento que o sustentava, pois a maior fonte de sua nutrição era o prana, energia vital que absorvia, sua existência passou a se constituir em um mito, uma lenda que se espalhou por toda a região. Para alguns, era o espírito do mal, Anhangá, que vivia naquelas alturas; para outros, um sábio solitário, que

---

[1] Vajra entregou a Ramath uma bolsa contendo 3.000 diamantes, costume comum entre potentados como forma de agradecimento.

morava na Montanha Azul, nome por que era conhecido esse maciço montanhoso.

Foi num princípio de tarde fria de outono que aquele homem se aventurou montanha acima para encontrar o sábio solitário. Era Ay-Mhoré VII, rei da Terra das Araras Vermelhas, que tomara conhecimento de uma profecia, que anunciava que sua terra iria desaparecer debaixo das águas do oceano. Havia-lhe sido dado um prazo, que estava se esgotando, e a única maneira de salvar todo o seu povo seria encontrar um caminho para migrar com urgência para as terras altas, que escapariam da grande inundação. Seu país limitava-se de um lado pelo Oceano e nos outros flancos pelas montanhas que o circundavam. Ay-Mhoré tinha como última esperança o sábio da montanha. Era imprescindível que existisse esse caminho e que o solitário o conhecesse.

Helau-Zadig, em profunda meditação, custou a perceber a presença do rei, que já por algum tempo postava-se ajoelhado a sua frente. Começou aos poucos a enfocar sua consciência no plano terreno e a entrar em sintonia vibratória com o homem genuflexo. Sentiu as vibrações de amor que emanavam dele, percebeu as altas aspirações, a firmeza de caráter e os propósitos altruísticos e desinteressados, apenas desejos de servir ao seu semelhante, que brotavam límpidos daquela alma, e pôde então ver com nitidez o que movia verdadeiramente o rei daquela colonia; salvar um povo inteiro, nem que fosse com seu próprio sacrifício.

Helau-Zadig colocou suas volições cerebrais no mesmo comprimento de onda, na mesma sintonia do cérebro de Ay-Mhoré, e conseguiu desse modo transmitir sua mensagem de forma telepática. Ensinou com simples imagens traduzidas em frases mudas o trajeto para alcançar as terras altas, que ficavam a mais de 4.500 metros, e onde se localizava esse caminho, fácil de percorrer, quer fossem inválidos, velhos ou crianças. Caminho de salvação para uma nação inteira, atravessando cavernas e túneis que se entrelaçavam no interior da montanha e que terminava na saída numa várzea repleta de rios, cachoeiras e vegetação exuberante.

Quando o rei retirou-se, feliz com as indicações, Helau-Zadig, durante algumas semanas, avaliou sua posição solitária, totalmente alheio ao que acontecia no mundo, comparando-a com a daquele homem, um poderoso rei, que abandonava o conforto de sua posição e se preocupava com seu semelhante, procurando uma solução para salvar uma nação inteira. Com essa reflexão, desligou-se dos planos superiores em que enfocava sua consciência, dirigindo-a para o plano da matéria com todas suas limitações. Pôde sentir novamente, depois desses anos todos, as misérias, as dores, as incompreensões, as crueldades, as injustiças, a falta de caridade e todas as insanidades dos homens que destróem a natureza, destruindo a si mesmos. Tudo isso divisou em seu corpo mental, que, expandindo-se, pôde não apenas visualizar, mas vivenciar as misérias da humanidade.

Então sentiu que um raio de luz penetrava em todo seu ser, iluminando sua alma, uma luz reveladora, potente, mas ao mesmo tempo suave, que lhe indicava com precisão como se posicionara diante da vida. As palavras do seu Mestre Iniciador, nos mistérios menores, vieram com clareza a sua mente:

"Trabalha como os mais ambiciosos, mas mata a ambição", e ainda: "Serve e passa". No mesmo instante, lembrou-se que por anos a fio não havia trabalhado como os ambiciosos, nem tampouco "matado" a ambição de crescimento interior, pretendendo egoisticamente não ser corrompido pelas lides materiais; também não havia servido, apenas servindo a si próprio, isolado de tudo e de todos, sem nada doar, um inútil solitário querendo salvar o mundo sem viver nesse mundo.

Essa revolução interior, esse conflito enorme de ideias, levou aos poucos Helau-Zadig ao desespero e, lutando consigo mesmo, entre afirmações e negações, chegou depois de muito tempo à inabalável conclusão de que tinha desperdiçado uma encarnação. Chegou à triste realidade de não ter participado das grandes e pequenas descobertas do ser humano, dos erros e acertos, das alegrias e sofrimentos, das conquistas e derrotas, do gesto simples de carinho, das amizades e de todas as pequenas coisas que fazem parte do viver, do existir em harmonia com seus semelhantes, na amplitude do regozijo de saber que é dando que se pode receber.

Helau-Zadig não teve mais dúvidas: precisava agora encontrar o abnegado rei e lhe dizer que tinha encontrado a verdadeira finalidade do homem completo, que serve pelo prazer de servir. Ir ao seu encontro e lhe pedir perdão,[2] lembrar o

---

[2] Talvez, nesse momento, Helau-Zadig recordasse o rei Ay-Mhoré como o Uiran-

que não tinha realizado, seu egoísmo incomensurável em se julgar o centro e medida de todas as coisas, esquecendo-se completamente que só evoluem, só encontram a liberdade aqueles que participam com seus semelhantes de todas as etapas da existência, por menores ou mais insignificantes que pareçam. Compreendeu que, para salvar, é preciso antes salvar-se, e só poderá salvar-se aquele que abdicou de si mesmo para viver para o próximo.

Abandonou seu grotão e sua posição de desinteresse pela vida e, apoiado num grosso bastão, começou a descer com dificuldade a grande montanha.

O vento sibilava vergando as árvores, as nuvens escuras não filtravam o Sol, o dia fez-se noite e tudo enevoado tinha aparência de desolação e tristeza. Uma intuição, uma certeza que não podia explicar o conduziu para uma praia de areias amareladas, onde dois homens e uma mulher absortos olhavam para o mar encapelado. Ali naquela costa vergastada pelo vendaval estava o rei Ay-Mhoré.

Ainda houve tempo para lhe dizer de sua admiração por sua coragem e desprendimento e pedir perdão pela sua omissão em não ter servido uma vida inteira, pois o mar subitamente elevou-se a grande altura e, com um estrondo medonho, acompanhado por raios e trovões, varreu de um só golpe a praia de areias amareladas e o vale inteiro.[3]

-Thaê do passado, que lhe cedera o corpo quando Thamataê.
3 A história completa e os antecedentes da catástrofe são narrados em *A Terra das Araras Vermelhas*", de Roger Feraudy, **EDITORA DO CONHECIMENTO**.

37
O grande cataclismo

Parecia que todas as forças da natureza haviam se unido para desabar sobre a costa leste do Baratzil, com a conivência do Oceano Atlântico, que, elevando-se numa onda gigantesca, inundou parte do continente sul-americano. Ventos de mais de 300 quilometros por hora, maremotos e erupções vulcânicas em conjunto deixaram destruição, morte e desolação.

Ruta soçobrou no mar rompida ao meio, depois estilhaçou-se em mil pedaços e, por entre explosões internas de seus inúmeros vulcões que quase ao mesmo tempo entraram em atividade, desapareceu no fundo do oceano. O ciclone, associado a enorme onda que se formou com o afundamento de Ruta, vergastou a costa, e Itaoca em questão de minutos foi inteiramente submersa e, sacudida por terremotos, provocados pelos vulcões em atividade, próximos à orla marítima, foi reduzida a ruínas. Quando o volume d'água baixou, restaram apenas destroços e escombros do que fora a bela cidade das pedras.

A crosta terrestre se enrugou, montanhas foram tragadas pelo solo, outras apareceram subitamente e de novo a fisionomia geográfica do Baratzil se alterou. Na região do alto Amazonas, a aldeia dos owandos, já desagregada por lutas internas, acabou desaparecendo nas entranhas da terra, as guerreiras amazonas tiveram o mesmo fim e a cidade de Ophir, em ruínas há algum tempo, também desapareceu junto com as outras sete cidades. A nação Kilambo pouco sofreu; Ibez e Daytia, com suas cidades satélites, passaram incólumes pelo cataclismo.

Rugindo quais feras enfurecidas, terremotos sacudiram a

Terra das Estrelas, e seus habitantes conheceram mudanças radicais. Os desertos pareciam encolher-se, sumindo por entre terrenos revolvidos; regiões áridas tornaram-se exuberantes de vegetação tropical e, como se explodisse da gleba, ainda sem definição regular, veio do alto da cordilheira dos Andes um turbilhão de água, que se foi avolumando, crescendo, espalhando-se em múltiplos afluentes, rasgando o Baratzil do interior à costa, modificando outra vez o contorno da orla marítima, na região norte e nordeste. O grande rio ocasionou o surgimento de florestas tropicais, que expulsaram os desertos, naturalmente após milhares de anos do fluir dos tempos.

Vários séculos se passaram e só restaram ruínas, mitos e lendas dessas grandiosas civilizações que já existiram no Baratzil, em Mu, na Atlantida e nas mais variadas regiões do planeta. A História oficial relata detalhes de antigas e variadas civilizações, porém, quando nos referimos aos povos das Américas, também culturas velhíssimas e altamente desenvolvidas, negam essas evidências, sem se deter em exames mais acurados, nem sequer se dispondo a analisar as provas apresentadas. Isso nos leva a reflexões profundas. Diz a ciência atual, em especial os arqueólogos e antropólogos de vanguarda, que nunca existiu uma evolução linear e que o progresso é feito aos saltos, e às vezes isso nem sempre ocorre para adiante. Ou seja, várias pré-histórias, inúmeros avanços e retrocessos de civilizações em conseqüência de cataclismos geológicos, civilizações que após altas conquistas e desenvolvimento cultural são outra vez mergulhadas na barbárie.

Esses conceitos podem ser comprovados e, como exemplo, podemos citar alguns fatos relevantes.

Num veio carbonífero de Cow Canion, 25 milhas a leste de Lovelock, na América do Norte, foi encontrada uma pegada humana impressa na argila, bem no meio da era terciária — uma pegada graciosa, de uma criatura de corpo harmonioso —, época em que a antropologia clássica afirma não existirem nossos antepassados simiescos.

O bisão pré-histórico, da mesma era geológica, exposto no Museu de Paleontologia de Moscou, apresenta um buraco circular na testa, buraco tão velho quanto o bisão, que depois de analisado, pelas características do orifício, só poderia ter sido produzido por uma arma de fogo.

A suleste do lago Vitória, na África, em uma garganta de rocha chamada Odulvai, foram encontrados restos de um australopiteco, incapaz de fabricar armas as mais primitivas e, na mesma camada, outro hominídeo, batizado como "homo abilis".

Essas são provas suficientes, para não se citar outras mais, das inúmeras pré-histórias que existiram.

Se os cientistas ainda insistem em afirmar que não existiram, no passado, grandes civilizações com alto nível cultural e científico, o que aliás não tem a menor importância, o que podemos afiançar como mais significativo é o que de valioso essas raças, ditas antidiluvianas, nos deixaram: seu legado espiritual, que permanece até hoje na memória subconsciente dos povos atuais.

Helau-Zadig, na realidade Thamataê, em um estado sonambúlico, vagou sem direção por entre nuvens escuras, que se estendiam monótonas, sem princípio nem fim. A espaços regulares de tempo, as nuvens se dissipavam e ele via-se numa praia de areias amareladas, em meio a forte ventania, sendo coberto por onda gigantesca do mar. Essas cenas se repetiam regularmente e, quando terminavam, novamente as nuvens negras o envolviam. Quanto tempo permaneceu nesse estado de obnubilação nunca pôde saber. Uma angústia sem fim oprimia seu peito, não sabia onde estava, o tempo ali não existia, e jamais entendeu por que, mesmo lutando desesperadamente para se livrar das nuvens que o sufocavam, não conseguia sair daquele lugar onde imaginava que se encontrava. Quando pensava estar livre das nuvens escuras, outra vez a cena da praia se repetia.

Decorridos treze anos, o tempo em que, como Helau-Zadig, deveria ter permanecido encarnado, aos poucos as nuvens foram clareando e ele sentiu que poderia sair do meio daquela escuridão. Uma planície coberta de vegetação luxuriante, que parecia não ter fim, descortinou-se a sua frente. Deslizou por aquele campo verdejante, mas o relvado não terminava nunca. Cansado, ainda confuso, deitou-se e, sentindo as palpebras pesadas, entregou-se a um sono sem sonhos. Foi acordando devagar e, quando se sentiu lúcido e bem desperto, notou que se encontrava em outro local.

Era um salão amplo, janelas ovaladas enormes, por onde entrava em jorros a luz do Sol, iluminando inteiramente a sala. Ao fundo, uma mesa comprida e, em uma cadeira de espaldar alto, um homem estava sentado, ladeado por três homens de cada lado, vestidos de balandraus brancos, na cabeça um capuz da mesma cor, que ocultava seus rostos. O homem do centro da mesa devia ser o mais importante, pois Thamataê só conseguia avistar os contornos de seu corpo, bem como seu rosto, encobertos por uma luz intensa, brilhante, que ofuscava sua visão.

Thamataê aproximou-se da mesa, parando a pouca distância.

— Onde estou? — conseguiu perguntar e sentiu que sua voz era muito baixa, embora forçasse a garganta para emitir o som.

O homem sem rosto não respondeu e os reflexos luminosos que o encobriam brilharam mais intensamente. Thamataê insistiu na pergunta:

— Que lugar é este? — E sentiu que sua voz voltava ao normal.

— Olha! — disse, indicando com a mão direita uma das janelas do salão, o que se sentava no centro da mesa.

De forma inesplicável, viu a janela indicada se transformar numa floresta que se perdia à distância.

— Esse é o lugar de onde vieste!

— Onde estão as cidades? E Ibez, onde está? Só restam matas, selvas, até parece outra terra. — E Thamataê estava espantado diante dos sete homens impassíveis.

— Já se passaram 30.000 anos desde que deixaste tua vestimenta de carne. — E o homem que ocupava o centro da mesa, o único que lhe falava, referia-se a esse número de anos como se fosse muito natural.

— Nesses anos que passaram, tudo desapareceu? — ainda atônito, perguntou.

— Nem tudo! Ficaram na memória dos homens os valores espirituais, a herança esotérica que irá, no futuro, servir de fundamento para a humanidade do terceiro milênio.

— E as grandes construções, os templos, os monumentos, os palácios, as invenções, a ciência e toda a cultura que havia, tudo de belo e portentoso que existia? — perguntou Thamataê, incrédulo e inconformado.

— As nações são iguais aos homens: nascem, crescem, atingem o apogeu, entram em decadência e desaparecem. Idênticas às humanidades, que depois de alcançarem o clímax do desenvolvimento material e cultural, chegam a um estágio primitivo, para depois, às vezes, voltarem com maior avanço civilizatório.

— Mas nada, nada restou? — perguntou, ainda estupefato.

— É como te disse e repito: restou o legado essencial às futuras civilizações.

Na realidade, Thamataê se encontrava em frente de um tribunal criado por ele e que representava de forma simbólica seu sentimento de culpa. O que existia de real era simplesmente o efeito do que causara na última vida.

De repente, tudo desapareceu e um raio de luz azulado precedeu uma fulguração dourada, que lentamente foi delineando o vulto de uma individualidade. Rodeado por intensa, mas suave luz e um odor forte de rosas, materializou-se a sua frente o Mestre Aramu-Muru. Imediatamente, Thamataê prosternou-se aos seus pés, suplicando perdão.

— Thamataê! Thamataê! Quantas vezes terás que encarnar para aprender a lição? Estavas tão perto de tua libertação e voltaste outra vez para o mesmo estágio evolutivo. Jogaste fora uma vida que se encaminhava proveitosa para o fim de um mau carma, criando outro, ainda maior.

— Perdão, Mestre — implorou Thamataê, chorando, arrependido.

— Havias te afastado de toda a humanidade, mas, refletindo, voltaste outra vez a te interessar pelos homens e, por meio de um serviço ao semelhante, a uma nação inteira, que por tua indicação pôde se salvar, praticaste uma ação meritória, mas depois, pensando estar fazendo um ato de amor e solidariedade, deste fim a tua vida. Por que, filho meu? — E Thamataê pôde ver no rosto de seu Mestre uma lágrima silenciosa descendo lentamente.

— Por sentimento de culpa.

— Não foste culpado pela morte daqueles três homens.

— Mas achava que tinha toda a culpa, Mestre.

— Não justifica. Podias ajudar aquele povo e depois, com eles nas terras altas, passar todo teu conhecimento, que serviria

para a evolução espiritual, tanto tua como deles.
— Acreditei que estava fazendo o melhor que podia.
— O melhor seria servir e passar, seria viver e transformar teu mau carma em bom carma.
— Que me reserva agora esse carma? — perguntou Thamataê, tristonho, depois de ficar pensativo alguns segundos.
— Vais ter que encarnar novamente.
— Até quando, Mestre, terei essa provação?
— Até esgotares todas as causas.
— Depois poderei voltar para Shukra?
— Quem sabe, filho meu, quem sabe?
— Para onde irei agora?
— Irás nascer de novo nas terras do Nilo.
— Humildemente cumpro vosso desejo.
— Não é meu desejo, mas teu.
— Não vos entendo, Mestre.
— Tu mesmo foste responsável por essas causas, logo também seus efeitos. Portanto, de tua livre escolha irás nascer no Egito, como um sacerdote de Amon-Ra.

Thamataê curvou a cabeça e, pedindo que seu Mestre o abençoasse, entrou em total inconsciência, que teve a duração de oitenta anos terrestres, e só terminou quando na personalidade do sacerdote Amós, começou a viver em Tebas, no antigo Egito.

38
As quatro vidas de Thamataê

Amós havia completado a idade do conhecimento, vinte e um anos, quando foi encaminhado para o templo de Amon-Ra em Tebas. Desde os sete anos de idade, foi educado no templo de Osiris, estudando as ciências secretas e o magismo e suas leis. Ao completar quarenta anos, ocupou o trono do Egito Amenophis IV, posteriormente denominado de rei herege.

O primeiro contato de Amós, que havia sido elevado ao posto de Sumo Sacerdote, com o Faraó, foi altamente propício para seu crescimento no templo. Fascinado com as ideias que Amenophis já possuía nessa época, Amós foi levado a colaborar intimamente com o Faraó na implantação de uma nova religião, menos supersticiosa, em substituição à infinidade de deuses e deusas, cultuando apenas um Deus único.

Amenophis IV rompe com os cultos existentes, instituindo um monoteísmo declarado de seu Deus Aton, muda seu nome para Akhenaton, que significa "Aquele com quem Aton está satisfeito", transfere a sede do governo para o local hoje chamado Tel-El Amarna e manda edificar uma cidade, Akhetaton, "cidade do horizonte". Simboliza seu Deus único, Aton, pelo Sol, sendo seus raios suas múltiplas manifestações. O Sumo Sacerdote Amós deu todo seu apoio ao Faraó na implantação do novo culto, no templo dedicado a Aton, oficiando suas cerimônias.

Os antigos sacerdotes, cuja influência e poderio eram preponderantes nessa época, não podiam compreender uma doutrina tão adiantada, com conceitos avançadíssimos e que contrariavam os interesses pessoais desses poderosos religiosos do vale do Nilo. O inevitável aconteceu: Akhenaton acabou sendo envenenado e Amós, seu principal sacerdote e colaborador íntimo, teve o mesmo destino.

Amós despertou no mundo astral e vagou pelas terras do Nilo, sem perceber que não possuía mais um corpo físico e tampouco era o Sumo Sacerdote do Deus Aton. Depois de alguns anos, dormindo e acordando, sem uma noção exata do seu estado, abruptamente se viu novamente no grande salão, em frente ao homem sem rosto e seus seis juízes auxiliares.

— Thamataê, que tens para declarar em teu favor esse tribunal? — perguntou o magistrado na sua voz impessoal.

— Declaro que tive uma vida austera, a serviço de Deus.

— Foi de fato uma vida austera, porém, não foi dedicada somente a Deus.

— Não foi?

— Não! Todo e qualquer serviço à Divindade deve ser universalista, abrangendo toda a humanidade, não dirigido a uma ideia apenas, uma só corrente de pensamento, que, embora altruísta e elevada, com propósitos nobres, foi sectária, pois foram impostos seus conceitos, que os levaram à morte antinatural. O Senhor do mundo colocou em sua balança Divina teus atos positivos e negativos. A princípio, os pratos se equilibraram, depois o prato onde colocou teus erros desequilibrou-se, ficando mais baixo que o outro.

— O que posso fazer para equilibrar os pratos da balança?

— O que foi feito não pode ser refeito.

— O arrependimento não conta?

— A balança da Lei Divina não admite arrependimentos, somente causas ou ações conseguirão equilibrar os pratos desiguais.

— Então, já devo me considerar condenado?

— Quem falou em condenação? Punições ou recompensas não fazem parte de modo algum dos efeitos daquilo que tu mesmo provocaste. A lei diz: enquanto houver causa, haverá efeito.

— Dizeis não haver condenação, mas da última vez que compareci a este tribunal, a sentença foi com a palavra condenado.

— Quando aquietares tua mente, tornando-a passiva ao teu Eu superior, estarás livre de causas e efeitos e então não sofrerás mais dessas condenações que julgas que te impuseram.

— Qual é afinal minha sentença?

— Condenado! — disseram os juízes a uma só voz.

O magistrado, porém, mudou essa palavra para o termo reprovado, usando-a nesse momento, seguido de algumas elucidações.

— Terás que encarnar de novo, dessa vez como um médico grego, na ilha de Samos. Teu nome será Asclépios, como o grande deus da Medicina, e posteriormente vais ser educado e instruído na Academia do Mestre Pitágoras.[1]

Asclepios exerceu sua medicina com grande competência e amor ao próximo, vivendo até avançada idade, cercado de discípulos e amigos dedicados. No final de seus dias, abandonou suas viagens por toda a Grécia, voltando para Samos, onde desencarnou quando dormia, numa calma tarde de verão.

Muito pouco tempo ficou Asclepios no mundo astral. Acordou completamente lúcido e imediatamente viu-se de novo no grande salão, em frente ao tribunal. Notou, porém, que havia uma diferença: não existiam mais seis juízes, mas apenas dois de cada lado do magistrado, que ocupava o centro da mesa.

— Thamataê! Nessa vida foste um verdadeiro servidor da Divindade e conseguistes transformar alguns maus carmas em bons.

— Mas não esgotei todos! — afirmou Thamataê com convicção.

— É verdade. Ficamos felizes em saber que começas a compreender a Grande Lei.

— Então qual será minha sentença?

— Reprovado! — exclamaram os quatro juízes.

— Reprovado — repetiu o magistrado. — Vais voltar outra vez para tentar expiar o carma restante. Serás um Tribuno romano, chamado Aulus Plautius.

Nascido de uma família nobre, em Roma, Aulus Plautius fez desde cedo brilhante carreira militar, participando de várias campanhas, chegando ainda moço ao posto de oficial superior, Tribuno, sendo enviado por Tibério Cesar para Jerusalém, onde

---

[1] O Mestre Pitágoras de Samos teve sua Escola na Magna Grécia (sul da Itália), sendo ele também um extraterreno, porém oriundo de outra constelação. Não por acaso, certamente, deu-se essa relação. Hoje, tendo uma participação marcante no projeto Terras do Sul, no Brasil, o mestre (que usa o nome de sua última encarnação na Indochina) também tem emprestado apoio e esclarecimentos ao movimento de que foi portador seu antigo discípulo Thamataê.

ocorriam distúrbios populares. Foi para essa província romana com ordens expressas de observar, intervir se necessário e mandar diretamente para o Imperador relatórios semanais dos acontecimentos.

Logo que chegou, Aulus Plautius começou a fazer uma perseguição sistemática aos nazarenos, os novos cristãos, seita que crescia dia-a-dia após a morte do Mestre Jesus e que, sem qualquer motivo, lhe causava particular aversão.

Depois de alguns meses, posteriores a sua chegada em Jerusalém, numa certa tarde, quando o centurião Polonius trouxe a sua presença, para interrogatório, um influente nazareno, culpado de incitar a multidão com ideias consideradas subversivas ao Império Romano, Aulus Plautius sofreu o primeiro abalo que começou a mudar suas convicções imperialistas.

O nazareno, bastante maltratado por sevícias brutais dos algozes de Roma, ao ser inquirido por Aulus Plautius, afirmou com doçura na voz que perdoava todos aqueles que o tinham flagelado. A nova pergunta, as respostas do nazareno intrigaram mais ainda o Tribuno, pois falavam em amar ao próximo como a si mesmo e outras concepções e maneiras de agir totalmente estranhas para essa época, onde predominava o egoísmo e a lei do mais forte.

Durante longo tempo o Tribuno, impressionado com aquelas ideias, inteiramente inusitadas, não encontrava explicações racionais para sua ótica analítica ou esclarecimentos satisfatórios às suas dúvidas. A mulher do governador, Poncius Pilatos, foi quem lhe ofereceu a oportunidade de solucionar tudo aquilo que o preocupava. Cristã, há pouco convertida, o conduziu à presença do hebreu Saulo, conhecido também como Paulo, que diziam nome adotado por determinação do Mestre Jesus, no milagre comentado por todos, que acontecera na estrada de Damasco.

Convencido por Paulo, grande conhecedor da nova doutrina, Aulus Plautius, após inúmeras entrevistas com o Apóstolo, converteu-se ao nascente cristianismo, tornando-se um ferrenho defensor e, seguindo Paulo em suas viagens doutrinárias, abandonou o posto de Tribuno e cidadão romano. Participou de várias pregações em Jerusalém e países adjacentes, terminando sua peregrinação em Roma, onde foi perseguido e morto no circo romano, por ordem de Nero, o novo Imperador.

Mais uma vez, Thamataê viu-se em frente ao tribunal que ele mesmo criara no mundo astral. Desta vez notou, ou melhor, sua mente projetou uma mesa onde se sentavam o magistrado sem rosto, com apenas um juiz de cada lado. O que na realidade acontecia era que seu sentimento de culpa havia diminuído, refletindo-se na criação de dois juízes auxiliares.

— Thamataê — disse em sua voz impessoal o magistrado —, dessa vez quase cumpriste a contento tua passagem pela matéria.

— Os outros dois aprovaram, com um gesto de cabeça.

— Que erro cometi dessa vez?

— Muito poucos! Muito poucos!

— O que determinam agora para mim?

— Tu é que determinas, nós não determinamos nada.

— Começo a entender o mecanismo de causa e efeito.

— Vais voltar mais uma vez ao mundo da matéria. Esperamos que seja a última.

— Também espero.

— Serás um padre e vais te chamar Gabriel Malagrida,[2] um campeão da fé, tendo grande atuação participativa na doutrina chamada de cristianismo.

Padre Gabriel Malagrida levou uma vida santa, inteiramente dedicada a Deus e seus semelhantes, mas não podia concordar com os métodos e as ideias coersivas, na maioria das vezes opressivas, violentas, despóticas e arbitrárias, oprimindo pela imposição de absurdos pronunciamentos com o fito de subjugar, deixando o povo em completa ignorância.

Insubordinando-se contra esse estado de coisas, padre Gabriel começou a contestar os ditames da Igreja, até que, no ano de 1761, na cidade de Lisboa, foi condenado pela Inquisição e sacrificado na fogueira.

Quando as chamas foram ateadas, padre Gabriel Malagrida elevou a Deus uma prece, perdoando todos os seus algozes.

---

[2] O leitor poderá estranhar Thamataê encarnar sabendo, no plano astral, o que seria e que nome usaria em sua nova vida, o que não é freqüente aos desencarnados, porém, não podemos nos esquecer de que, embora cumprindo um carma probatório adquirido em vidas passadas, tratava-se de um ser de outro orbe de evolução, um globo de maior adiantamento que o planeta Terra, por conseguinte, mesmo preso aos laços terrenos por expiação, trata-se de uma entidade bem mais evoluída que todos os habitantes do mundo astral.

39
A confraria cósmica

> Temos que mergulhar no desconhecido: o conhecido nos tem falhado por completo.
>
> Marilyn Ferguson — *A Conspiração Aquariana*

O Divino Sanat-Kumara convocou todos os membros da Confraria Cósmica para uma reunião, com a finalidade de traçar normas para o "Projeto Terras do Sul", no que dizia respeito ao futuro dessa magna realização.

No astral superior do planeta Terra, pois nesse globo em evolução é que se concluiria todo o projeto, reuniram-se, alem do Mestre do planeta Vênus Aramu-Muru, que representava o Divino Sanat-Kumara, os Mestres Milarepa, Skyros e Sa-Hor da Confraria da Ursa Maior; os Mestres Oannes e Karttikeia das Plêiades; os Mestres Morya-El, Serapis-Bey, Ramatís, Nayarana e Payê-Suman da Confraria Branca do planeta Terra. Quem possuísse clarividência poderia ver doze tronos de cristal transparente, em que se sentavam esses Excelsos Seres, tendo ao seu redor vinte e um Adeptos, quarenta e oito Rishis e sete extraterrestres oriundos do centro da galáxia, sapientes inteligências cósmicas interessadas no progresso e evolução do Planeta Azul,[1] que acompanhavam a solene cerimônia. Fazia toda a coordenação para o planeta Terra o Senhor Maytréia, o Cristo Solar, tendo como seu mediador para o Monastério dos Sete

---

[1] A origem desses luminosos, extraterrestres de avançadíssima evolução, seu planeta de origem, sua história e ligações com o planeta Terra, são revelados no livro do autor, *Erg - O décimo planeta*, **EDITORA DO CONHECIMENTO**.

Raios nos Andes, em plena atividade enviando energia para a região central do Brasil, o Mestre Conde de Saint Germain, responsável no momento pela divulgação da sabedoria esotérica do Oriente, de posse agora do Ocidente.

O "Projeto Terras do Sul" já contava com muitos séculos de preparação, supervisionado pelas inteligências cósmicas que o haviam planejado e elaborado, tendo o cuidado de não interferir diretamente nos destinos da humanidade. Toda a programação, depois de estudada, foi posta em ação, aproveitando as características de cada região sul do planeta, visando à melhor maneira de instalação do projeto propriamente dito.

Temos que recuar no tempo para que se possa, senão completamente mas tendo uma pálida ideia, compreender esse gigantesco movimento dos Dirigentes do planeta, que foge, inclusive, ao nosso entendimento humano.

Depois que os visitantes do espaço, oriundos de diferentes Orbes, chegaram aos diversos locais do planeta, após modificarem o animal selvagem homem e organizarem colônias terrestres, os seres do planeta Vênus, além de desenvolver o corpo mental dos humanos, ainda permaneceram na Terra com toda uma hierarquia, instalando a chamada Grande Confraria Branca. Posterior a esses acontecimentos, começou nos Templos da Luz na Atlântida o planejamento para o futuro "Projeto Terras do Sul". Essa programação teve início com as vagas migratórias para diferentes regiões do globo terrestre, com o auxílio dos extraterrenos, que tiveram preponderante papel nessa época.

São por demais conhecidas as civilizações que floresceram e que exaustivamente a História antiga nos relata com minúcias, porém, o planejamento cósmico, já executado nesse passado que se perde na noite dos tempos, a que o historiador não se refere, era elaborado com finalidade específica visando às terras do sul, em especial o Brasil, que seria berço da sexta raça-raiz ou mãe, a decantada raça azul do III Milênio.

Começa o planejamento da Confraria Cósmica no Peru, na colônia atlante ali instalada, conhecida com o nome de Tiahuanaco, povo pertencente à vaga migratória da terceira sub-raça Atlante, os Toltecas, precursora da esplendorosa civilização pré-incaica, que teve o apoio de seres do planeta Vênus. Eles instalaram na recém-formada Cordilheira dos Andes o Monastério dos Sete Raios, foco de irradiação para todo o continente sul de vibração magnética, em especial para todo o território brasileiro. Neste é fundada a magnífica civilização denominada Paititi, com suas belas cidades Ophir e Ibez. Localiza-se também na sua costa leste uma outra colônia atlante, denominada de Terra de Zac ou Terra das Araras Vermelhas, que, junto a Ibez e os fugitivos de Ruta, torna-se um importante centro civilizatório.

Estava o Brasil sendo preparado pelos Dirigentes Planetários para guardar em sua memória atávica o que essas civilizações deixaram como herança cultural e espiritual, que nos chegaram por intermédio de suas lendas e mitos, deformados pelo fluir dos séculos.

Com esse projeto feito por etapas, de forma lenta e gradual, os aprendizados e contribuições de cada cultura doados indiretamente, a evolução efetua-se vagarosamente e, quando se esgota o que cada civilização tem para oferecer à humanidade, tende a desaparecer para dar lugar a outra, que deverá ser ainda mais adiantada.

Com respeito ao Brasil, as grandes civilizações de Paititi e Itaoca, a cidade das pedras, desapareceram totalmente em seu aspecto material, restando delas somente índios, a grande maioria em estágios de barbárie.

Podemos afirmar, sem nenhuma dúvida, que toda e qualquer civilização está sujeita a três princípios fundamentais: união, concentração e invisibilidade ou isolamento.

A União é o primeiro fator preponderante para a longevidade de um povo, nação ou raça. União centralizada em um preceito ético, pois que qualquer conjunto de indivíduos afastados dessa regra de moralidade desaparece, extingue-se como civilização. A ética é o único caminho capaz de preservar congregada qualquer sociedade. Nessa união ética, é absolutamente necessário que existam graus hierárquicos, não daqueles que sobrepujam oprimindo, mas possuindo dirigentes ou encargos de cada um, visando à utilidade que possam ter para com seu semelhante.

A Concentração, no sentido de centralização, é o segundo fator de grande importância para a sobrevivência das civilizações, pois toda e qualquer ação expansionista, todo e qualquer anseio imperialista de crescimento territorial ou político, todo desenvolvimento afastado do primeiro fator, união ética, redundará no fracionamento, divisão e desagregação, e conseqüente desaparecimento de todo e qualquer centro civilizatório.

A Invisibilidade ou Isolamento é o terceiro fator preponderante para o desaparecimento das civilizações. Quanto menos for notada uma nação, um povo, mais possibilidade terá de se eternizar como cultura ou raça.

O isolamento com união ética não-expansionista conduz às longevas comunidades constituídas.

A aniquilação de um povo ou civilização que esgotou o que tinha para oferecer como contribuição ao futuro passa pelo caminho do nomadismo, retorno imediato ou tardio para o estado de barbarismo, o que aconteceu com inúmeros povos, inclusive as nações que floresceram no solo do Brasil. As grandes civilizações de Ibez e da Terra das Araras Vermelhas, atingidas por guerrilhas internas, ambições expansionistas e desuniões político-sociais, fragmentaram-se e espalharam-se por todo o território brasileiro em grupos nômades, chegando ao estado primitivo selvagem.

Quando qualquer povo ainda tem algo para oferecer às civilizações futuras, os Dirigentes planetários o protegem e chegam mesmo a conduzi-lo para outras plagas. Podemos citar como exemplo o povo hebreu em sua saída do Egito. Moisés foi guiado por inteligências cósmicas e pôde assim conduzir o "povo eleito" pelo deserto. É evidente que não foi um Deus antropomórfico que os conservou incólumes durante os quarenta anos de que nos fala a Bíblia, mas hierarquias extraterrenas, interessadas na mensagem que os hebreus ainda teriam para legar às humanidades futuras, impedindo-os assim de se fracionarem em tribos nômades, atingindo estágios de barbarismo.

A programação do "Projeto Terras do Sul" prossegue, quando novas mensagens aparecem em diferentes sítios do planeta. Ora são enviados extraterrenos como Quetzacoalt, Viracocha, Zoroastro, Toth, Oannes e Aramu-Muru, para se citar apenas alguns, ora alguns iluminados como Akhenaton, Pitágoras, Platão, Krishna, Sidarta Gautama, nomes que foram a expressão das hierarquias extraterrestres e inteligentes do cosmo, que deram esses conhecimentos, e ainda Mestres dos Templos da Luz da Atlântida. Culminou com a vinda de um avatar, o Senhor Maytréia, o Cristo, na figura do Mestre Jesus, atual Mahachoan, Dirigente dos Sete Raios da Confraria Branca e do planeta Terra, que iria modificar inteiramente a humanidade, na grande e maior revolução universalista da Era de Peixes.

Era necessário, paulatinamente, começar a se revelar aos homens a "religião da sabedoria", ciência-religião dos povos antigos, que se tornara simbólica devido aos abusos da magia e feitiçaria dos Atlantes. A Revolução Francesa, conduzida em seus bastidores pelo Mestre Conde de Saint Germain, é fundamental para a substituição do modelo ultrapassado da mentalidade aristocrática e repressiva pela liberdade de pensamento, o que propiciou novos conceitos libertários. Apareceram posteriormente duas importantíssimas contribuições para a humanidade: Hipolyte Léon Rivail, Allan Kardec, com o Espiritismo, e Helena Petrovna Blavatsky na Teosofia. Ao final do século 19, além da revolução industrial e o advento de novas concepções científicas, começa a acontecer a derrubada de velhos ídolos e dogmas religiosos. Importantes obras são publicadas e as literaturas esotérica, espírita e a de cunho universalista surgem, e todos têm oportunidade de estudar ou ler essas divulgações impressas. São obras de Alice Bailey, Annie Besant, Yogue Ramacharaca, C. Jinarajadasa, C. Leadbeater, A. P. Sinnet, Francisco C. Xavier, Edgard Armond, Ramatís, Banajiananda, para se citar apenas alguns entre os muitos.

Aparecem também as primeiras provas, que iriam fortalecer-se no final do século passado, da existência de importantes civilizações ancestrais no Brasil e várias correntes de pensamento religioso, científico e esotérico, que afirmam ser verdadeira a tese de que nascerá na América do Sul uma nova raça, muito mais adiantada e evoluída que as precedentes.

Hoje, enfileram-se infinidades de provas da existência dos continentes da Lemuria e Atlântida e da civilização de Paititi no interior do Brasil, e também de que somos e fomos visitados constantemente por inteligências extraterrenas, que muito contribuíram para a evolução da humanidade.

Após a verticalização do eixo da Terra, está prevista a Idade de Ouro nas terras brasileiras.

Tudo que até aqui foi narrado era parte integrante do milenar "Projeto Terras do Sul", planificado, orientado e manipulado pelas grandes inteligências cósmicas.

Todos os Mestres da Grande Confraria Cósmica expressaram seus conceitos sobre o importante Projeto e foram unânimes ao afirmar que o solo brasileiro estava vibrado, magnetizado e devidamente preparado para abrigar a futura raça. A outra proposta analisada teve aprovação de todos: era necessária a implantação de um movimento espiritual, cópia do cerimonial mágico da Atlântida, que reunisse o maior número de adeptos no menor espaço de tempo e, para que se concretizasse essa deliberação, foi imediatamente traçado no plano astral do Brasil um triângulo eqüilátero de vibração magnética.

A Confraria Cósmica dava início ao movimento mágico, preparatório para novamente estabelecer entre os homens a Sabedoria Universal, a religião-ciência do Terceiro Milênio.

Thamataê sentiu o calor insuportável das chamas da fogueira, junto à fumaça sufocante começando a subir, envolvendo todo seu corpo, num suplício inenarrável, que felizmente durou muito pouco. As volutas de fumarada negra rápido o asfixiaram, e dor e inconsciência se misturaram, fazendo-o perder os sentidos. A última lembrança, antes das chamas embotarem sua mente, foi o pedido de perdão endereçado aos seus algozes e um Pai Nosso, rezado com todo fervor.

Thamataê permaneceu por longo tempo mergulhado em completa escuridão, tempo que jamais pôde precisar, pórem, lentamente, a escuridão foi clareando, tornando-se vermelho-vivo, quais as chamas da fogueira que o tinha sacrificado. Viu o tribunal novamente, também todo em vermelho, mas com apenas um juiz, e pôde enxergar com espanto sua fisionomia: era seu próprio rosto. Imediatamente o ambiente inteiro consumiu-se em chamas, desaparecendo completamente, para dar lugar a um ponto de luz prateada. O ponto de luz ampliou-se, ocupando inteiramente o local onde se encontrava e, no meio da claridade, num átimo, apareceu sorridente seu irmão Kalamy. Seu corpo era luminoso, transparente e brilhava como um sol prateado.

— Meu querido irmão! — E Kalamy estreitou Thamataê em seus braços translúcidos. — Nosso Eterno Pai foi misericordioso, concedendo-me a graça de podermos unir-nos novamente.

Thamataê, emocionado, não se cansava de acariciar os cabelos de seu irmão e foi depois destas efusões de felicidade que conseguiu dizer:

— Será que ficaremos juntos afinal, ou tudo não passa de

uma ilusão, de uma alucinação dos meus sentidos?

— Não, irmão querido de minha alma, é bem real! Depois desse sofrimento todo, depois dessa dolorosa separação, sinto que estaremos juntos até a consumação dos tempos.

— Que assim seja! — exclamou Thamataê, um sorriso radioso.

— Porque assim será! Deixemos, meu querido irmão, toda tristeza desse tempo interminável de separação ficar para trás, esquecidos do que passamos. — E Kalamy abraçou com ternura Thamataê, lágrimas de alegria rolando fáceis pelo seu luminoso rosto.

— Que seja eterno o agora e efêmero o ontem enterrado para sempre no esquecimento — Thamataê exclamou, segurando carinhosamente seu irmão pelos ombros.

Ficaram os dois um tempo enorme abraçados. Parecia que queriam, naquele instante, compensar num amplexo os séculos sem fim que os haviam separado. Foi Kalamy quem perguntou, finalmente.

— Que pretendes fazer?

— Creio que farei o que me for determinado.

— Agora estás livre para decidir teu destino. Queimaste, esgotaste todos os efeitos das causas que tu mesmo provocaste. Torno a te dizer, irmão, estás livre, totalmente livre, para escolher que caminho seguir.

— Meu caminho é o teu caminho — disse Thamataê, sem titubear.

— Gostarias de voltar comigo para Shukra?

Thamataê não respondeu logo, parecia refletir, e, depois de algum tempo, respondeu com uma pergunta:

— Tenho três opções, três caminhos para trilhar, não tenho?

— Claro, irmão, cabe somente a ti escolher.

— Sinto-me como se tivesse tirado um fardo pesado das costas.

— É porque estás aliviado, desobrigado de todo e qualquer compromisso cármico. Tu agora te encontras no mesmo estágio, na mesma condição evolutiva de todo Adepto do Planeta Azul.

— Então, Kalamy, pretendo fazer uso de minha terceira opção: vou renunciar ao nirvana real[2] e ficar por enquanto tra-

---

2 Nirvana real é o estado superior de Samadhi.

balhando em Bhúmi em proveito da humanidade, como nirmanakaya,[3] até concluir o que posso realizar por meus irmãos da Terra.

— Eu também não voltarei para nosso planeta natal e, se for permitido, ficarei contigo — disse Kalamy, determinado.

— Não quero de modo algum que te sacrifiques por mim.

— Não é sacrifício, irmão de minha alma.

Thamataê olhou com ternura para Kalamy:

— Vamos então em busca do Mestre Aramu-Muru.

---

[3] Nirmanakaya - É um ser de grande evolução espiritual, que, tendo vencido a roda das encarnações, escolhe como opção evolutiva permanecer no mundo astral, para ajudar e impulsionar a evolução do ser humano. Existem dois tipos de nirmanakayas: com resíduos, aquele que ainda terá que encarnar duas vezes, e, sem resíduos, aquele que não mais encarna.

40
A volta do culto milenar

Aramu-Muru ainda se encontrava no astral superior, quando foi procurado por Thamataê e Kalamy. O Mestre não demonstrou a menor surpresa com a presença dos dois e foi com um sorriso que os recebeu afetuosamente:
— Por fim vieram! Já os esperava há algum tempo, e sei qual o motivo de me procurarem.
— Se sabeis — disse Thamataê —, rogo em meu nome e do meu irmão: que podeis dizer-nos, Mestre, sobre nossa decisão?
— Posso dizer, meus filhos, que já tenho de longa data planos e encargos para os dois a serem cumpridos neste planeta.
— Ficamos felizes em saber que nosso Mestre aprova o que decidimos.
— Como não ignoram, e estava previsto, a Grande Confraria Cósmica decidiu implantar, na região agora conhecida como Brasil, a Lei Divina, uma cópia da cerimonia milenar dos Atlantes — a sagrada Aumpram —, aproveitando o carma desta terra. — E depois de ligeira pausa, continuou: — Vamos repassar cuidadosamente o que está programado, para que fique bem claro o papel que irão desempenhar.
E começou o Mestre sua longa explanação:
— Onde existe um dos chacras do Planeta Azul, na região central do Brasil, onde outrora se localizava Ibez, no plano etérico existe a chamada Cidade dos "Templos de Cristal Rosa", dirigida pelo Sumo Sacerdote da Ordem de Melchisedec, Sa-Hor, cujas vibrações estendem-se para os quatro pontos cardeais de

todo o território brasileiro. São emanações de luz de cor violeta, com harmonização tonal fá, nota vibratória do planeta em perfeita eufonia com essa terra, já anteriormente preparada para receber a mensagem do III Milênio, a Luz ou Lei Divina, a milenar Aumpram. É importante que se tenha em mente que a vibração tonal fá, além de ser a vibração própria do Brasil, ainda possui a mesma tonalidade desse culto mágico, assim como a cor violeta emanada pela cidade etérica, que é a mesma cor fluidica da Aumpram. A Confrária Cósmica havendo decidido que era a hora apropriada para ressuscitar esse ritual, projetamos na contraparte astral do Brasil um triângulo equilátero, que denominamos de "triângulo da forma". Aproveitando o carma das raças vermelha e negra, os indios e escravos africanos, esses espíritos libertos foram encaminhados para se exteriorizarem em uma dessas formas. Estão acompanhando minha explanação? — E Aramu-Muru interrompeu por um instante sua palestra.

— Estamos, Mestre! — exclamaram os dois, que bebiam interessados as palavras de Aramu-Muru.

— Nessa nação-continente — continuou o Mestre —, onde irá nascer a decantada sexta sub-raça, na semente da pátria da espiritualidade universal, introduziremos esse culto, capaz de atingir grande massa populacional. Inicialmente, remanejamos os egos possuidores de mediunidade, ligados por inúmeras encarnações da prática de magia, e os encaminhamos à encarnação no Brasil, para começarem a executar os planejamentos já determinados. Podemos enunciar inumeras causas para a implantação desse ritual, torno a repetir, copiando o modelo que existia nos Templos da Atlantida, porém, aproveitando as características existentes nesta terra. Vamos enumerá-las uma a uma, para que possam entender completamente o trabalho que irão realizar:

A primeira seria substituir credos, seitas ou religiões organizadas, que nada mais acrescentam aos sequiosos de conhecimentos, estagnadas nos dogmas intolerantes, que não mais acodem aos anseios dos necessitados. Tornaram-se ausentes, distanciados da grande massa sofredora, cristalizando-se em férreos conceitos ultrapassados, não procurando evoluir de acordo com o progresso dos tempos atuais, e toda e qualquer religião que não evolui tende a desaparecer.

É chegado, então, o momento de substituir esses velhos

cultos, que, paralizados na intolerância, distantes dos deserdados da sorte, precisavam dar lugar a um movimento mais racional e que vá ao encontro daqueles que procuram ávidos o consolo espiritual.

Se não podiam, as religiões organizadas, levar a esperança e o consolo aos homens; se as seitas e cultos afastavam cada vez mais o povo desiludido da casa de Deus; se não podiam mais responder aos reclamos da inteligência daqueles que buscavam a verdade ou uma meta direcional, ética ou estética, aos seus destinos; se não iam mais ao encontro dos desesperados nem procuravam alimentar a fé, perdendo dia após dia milhares de crentes; se não falavam a mesma linguagem dos simples, e com isso se haviam constituído em palácios-templos revestidos de riqueza, frios e vazios de identificação com seus filiados, os Dirigentes do planeta verificaram ser o momento exato para implantação de um culto simples dirigido diretamente aos infelizes, deserdados e excluídos, a grande maioria.

Morrem as religiões no indiferentismo e descaso! Paralizaram-se nos dogmas e nos interesses excusos dos poderosos! Já não atingem o coração dos homens! São hoje negócios rendosos, feitos da classe dos previlegiados, que dirigem e ditam as regras segundo suas próprias conveniências, oprimindo pelo medo, pelo poder organizado, pela superstição, pela imposição da classe social que fazem questão de exaltar e, o que é pior ainda, procurando cultivar a ignorância, ocultando por baixo do mistério o conhecimento, cerceando a sabedoria, que sabem ser a arma infalível para a derrubada dos velhos ídolos e completa libertação do homem.

A segunda causa é combater frontalmente a magia negra que voltou a grassar em grande atividade. Essa atividade na magia pode ser consciente ou inconsciente. Em sua ação consciente, temos os magos negros em seus trabalhos nefandos, atuando encarnados ou desencarnados, em estágios bastante adiantados no que diz respeito ao conhecimento das práticas mágicas, e outros ainda incipientes, em trabalhos empíricos, sem profundos conhecimentos, com poucas probabilidades de causar danos maiores. Aqueles que praticam a magia negra de forma inconsciente são numerosos e muito perigosos, pois são, na grande maioria, inocentes úteis, manipulados pelos irmãos da sombra, que subjugam sua vontade, tornando-os escravos de seus desejos torpes e inconfessáveis. Para este grande contingente é que está dirigida a Lei Divina, Aumpram, para que por meio de esclarecimentos e conhecimento da Lei possam pouco a pouco libertá-los desses algozes, que até conseguem embotar as suas consciências.

— Serão praticantes da lei negativa, servidores das trevas, somente aqueles que em suas ritualísticas fazem uso de poderes mágicos?

— Certamente não, Mestre! — respondeu Thamataê, que não perdia uma palavra sequer do erudito discurso de Aramu-Muru.

— Certamente não, filhos meus; também o são os fazedores de guerras; os fabricantes de armas; os falsificadores de remédios; os que exploram a indústria das doenças, aproveitando-se da dor daqueles que sofrem em moléstias que fazem questão de que sejam incuráveis, para viveram enriquecendo a custa deles; os cientistas que fazem uso da sabedoria em descobertas e inventos com finalidades destrutivas; os dirigentes que na ânsia do poder enaltecem a ignorância, com a finalidade de manter a população privada da cultura, do conhecimento, e poderem exercer manobras políticas, que visam apenas a seus interesses excusos; os que abandonam à própria sorte inválidos, velhos e crianças, multidões que morrem de fome, quando poderiam com um simples ato de boa vontade dedicar menores fortunas ao fabrico de artefatos bélicos, o que acabaria com a penúria e desgraça de toda humanidade; os que mercantilizam os tóxicos, que levam à morte prematura crianças e jovens, podendo com seu crescimento destruir coletividades inteiras; os falsos profetas que apregoam verdades inexistentes para dominar os seus acólitos e espalhar a dúvida, o medo e as crendices; os que exploram todo e qualquer tipo de prostituição, principalmente pobres crianças indefesas; os que fazem experiências em laboratórios para criar microorganismos usados em guerras biológicas; os corruptos que não dão margem para que floresça o progresso, coibindo com seus exemplos e atos indignos que todos possam ter os mesmos benefícios; os que impedem todo e qualquer crescimento, para se locupletarem do obscurantismo alheio, impedindo que o conhecimento seja propriedade de todos; os falsos, hipócritas, mentirosos, que usam e abusam dos menos favorecidos pela sorte, para viverem fartos de bens materiais e escassos das luzes espirituais; os governantes das grandes potências, que se servem dos conclaves mundiais para fortalecer ainda mais o capitalismo selvagem que mantém milhões de seres humanos em completa indigência, e aqueles outros que abusam do poder e se julgam o centro do universo; todos esses são servidores dos irmãos da sombra, são os perigosos magos inconscientes que se prejudicam e ainda tentam impedir que a evolução siga seu curso normal. Contra esses, filhos meus, a sagrada Aumpram também irá contrapor-se e lutar, para conseguir equilibrar essa dualidade existente de luz e sombra.

A terceira razão para implantação desse culto será preparar os médiuns que irão militar nesse ritual para que nasçam, em raças futuras, melhor equipados de dotes espirituais. Com o trabalho na Aumpram, privando com entidades que se apresentarão com corpos fluídicos de simples indígenas e velhos escravos, que possam aprender a grande lição de humildade: não existem raças, somente almas, para poderem, na sexta sub-raça vindoura, trazer esse ensinamento e usarem-no em seu cotidiano, harmonizados e irmanados nessa nova humanidade.

A evolução desse ritual irá paulatinamente se constituir em um movimento universalista, ou seja, irá reunir novamente, junto com outros credos ou seitas, a religião com a ciência. Não me refiro à religião culto, mas à religião universal, a verdadeira Sabedoria dos povos antigos, de novo renascida.

A sagrada Aumpram propiciará aos homens condições de aprendizagem para a convivência com todos os sofrimentos e mazelas, tornando-os mais humildes, simples, misericordiosos, mais puros de coração, transformando-os em apóstolos da paz, da concórdia e do amor por todos os seres, aprendendo ainda com os exemplos e lições que serão ministradas pelas entidades de luz manifestadas nesse ritual, que é dando que se recebe.

Um dos caminhos que existe para a libertação do homem começa pelo sofrimento, pois a dor faz pensar, pensando se adquire conhecimento, e de posse do conhecimento o ser humano está liberto de si mesmo. A Lei Divina virá ensinar essas verdades; quando se instalarem no coração do homem, então, estará pronto para amar seu próximo como a ele mesmo e terá dado o primeiro passo para poder sentir-se novamente um Deus. Poderei de novo, filhos meus, dizer para toda a humanidade: "fostes Deuses e tendes esquecido" — terminou Aramu-

-Muru seu longo e esclarecedor discurso.

Não muito tempo depois da reunião da Grande Confraria Cósmica em torno do Projeto Terras do Sul, o Mestre Aramu-Muru convocou uma assembléia de espíritos de ex-atlantes, a fim de traçar diretrizes para o novo projeto nas terras do Brasil.

Estava se encerrando um ciclo planetário iniciado na Lemúria e Atlântida, com a encarnação em massa de espíritos exilados de outros orbes, como os capelinos. Daquele canteiro inicial, que espalhou sementes para todos os quadrantes do planeta (as migrações atlantes), um punhado de mudas foi transplantado para a América do Sul, aqui convivendo com as grandes civilizações que os venusianos implantaram. Assim se ligou uma extensa coletividade de seres aos destinos espirituais da terra brasileira.

Sua raça física se dispersou e entrou em decadência, deixando uma semente material nos troncos indígenas brasileiros. Mas suas almas continuaram renascendo sob muitos céus. Cresceram espiritualmente. E agora era chegado o momento de entregarem a esta terra a herança espiritual da velha pátria atlante.

A magna assembléia reuniu, no Plano Astral do Baratzil, um grande grupo desses espíritos, ligados por laços milenares.

O povo da Terra das Araras Vermelhas tinha à frente o amado rei Ay-Mhoré VII. Trajava simples túnica curta creme, com desenhos dourados, a larga trança negra descendo sobre o ombro esquerdo. Dispensando antigos adornos — como o magnífico cocar de penas brancas descendo até os pés que antes o coroava em ocasiões cerimoniais —, a nobreza de sua alma, que outrora renunciara ao próprio trono pela salvação de seu povo, bastava para outorgar-lhe a autêntica realeza espiritual. A seu lado, Nadja, sua alma companheira, numa túnica de cor solar bem clara, com os mesmo olhos azuis-acinzentados e a longa trança juntando nas espáduas os cabelos cor de mel de quando era, na Terra das Araras, a Suprema Sacerdotiza da Dança do Templo do Vento.

Junto dele, em semi-círculo, os Príncipes Regentes das cidades da antiga colônia atlante: Anhangüera, o fiel amigo que escolheu morrer com ele; Urubatan, Arary-Bhoya, Jatay, Tupyara, Tupangüera, Javaré e Ubiraci, em túnicas curtas com desenhos dourados ou prateados, nos pés sandálias amarradas ao estilo que os gregos herdaram.[1]

Ali se encontrava também, numa túnica clara de mago, com capuz, Dezan, o antigo Sumo-Sacerdote. E Azy-Mhalá, que fora maga na floresta, num longo traje rosa translúcido. A rainha Bartira trazia ainda sua capa de penas de arara, brancas e vermelhas, que contrastava com seus olhos e cabelos muito negros.

Outros companheiros da Terra das Araras completavam a assembléia.

Junto deles, Thamataê, o Solitário da Montanha Azul, que outrora havia apontado o caminho de salvação para aquele povo, e seu irmão Kalamy — os dois filhos do planeta Vênus, que vieram unir seu destino espiritual ao deste planeta.

Estava presente até o velho mago Ozambebe, que "desertara" para o lado da Luz.

Um outro contingente de ex-atlantes, composto por magos, alquimistas, cabalistas, mestres curadores, astrólogos, etc., com passagem por diversos povos antigos do planeta, inclusive africanos, completava o plenário dessa reunião, ocorrida ao crepúsculo do século dezenove.

O Mestre Aramu-Muru transmitiu à assembléia as deliberações do augusto Conselho da Grande Fraternidade Cósmica, o Projeto Terras do Sul para o Brasil, berço da nova civilização fraterna, igualitária e espiritual do Terceiro Milênio. Para tanto, estavam ali a fim de esquematizar a missão de cada um dentro do novo culto que iria ser criado, uma nova forma religiosa que seria o espelho do psiquismo brasileiro e que mais tarde iria desaguar numa grande religião de massas da Nova Era. Os Dirigentes Planetários haviam deliberado a inserção, nesse novo culto, da velha Sabedoria milenar, da magia atlante, que estava no momento de retornar à consciência coletiva.

O mediunismo seria a grande ferramenta da nova religião, e fazia-se necessária a formação de um verdadeiro exército de perfeita organização, com dois contingentes: um na matéria, como medianeiros, e outro no Plano Invisível, trabalhando

[1] Ay-Mhoré tinha sido, anteriormente, o sacerdote Uiran desta história; Nadja tinha sido Coyllur; Tupyara fora o Capitão Kajamac; Anhangüera, o General Ollantay; e Arary-Bhoya foi Mbonga.

como Chefes, Guias e Protetores.

Assim a velha magia branca dos atlantes seria novamente posta a serviço da humanidade, num formato simples, acessível ao grande público, democratizada e de braços abertos para os homens sofredores, como a mensagem do Cristo-Jesus.

Para operar no Plano Espiritual, ofereceram-se então Ay-Mhoré e os príncipes da Terra das Araras, mais o grande contingente de magos. Iriam trabalhar dentro das sete vibrações cósmicas, ou Linhas da Aumpram, conhecidas milenarmente, e no passado denominadas Purushás — na corruptela, Orixás. Foram designados um a um, alguns no posto de Chefes de Legião, outros no de Chefes de Falange. A organização teria que ser impecável, como num exército de guerreiros da Luz, pela imensa quantidade de seres que iriam agregar-se aos poucos, com muita diversidade de grau evolutivo. Além disso, a batalha de amor contra as sombras não poderia admitir falhas ou brechas. Foram sendo chamados e designados um a um os bravos guerreiros:

— Para a Linha de Oxalá (Purusha-lhá), a vibração do Sol: o rei Ay-Mhoré e o príncipe Urubatan! — Eles se apresentaram à frente. — Nos trabalhos, vocês serão conhecidos como Caboclo Aimoré e Caboclo Urubatan!

— Para a Linha de Ogum (Agni-Aum), a vibração de Marte: os príncipes Anhangüera e Arary-Bhoya! — Eles se adiantaram. — De agora em diante, Caboclo Anhangüera e Caboclo Arariboia!

— Para a Linha de Oxóssi (Oshy), a vibração de Vênus: os príncipes Jatay e Tupyara e o Sumo-Sacerdote Tabajara! — Eles deram um passo à frente. — Surgiram o Caboclo Jataí e o Caboclo Tupiara; e o Sumo-Sacerdote do povo de Zac, diante de quem todos se curvavam, transforma-se no Caboclo Tabajara.

— Para a Linha de Xangô (Sham-naga), a vibração de Júpiter, o príncipe Tupangüera! — E ele se apresentou para ser rebatizado de Caboclo Tupanguera.

— Para a Linha de Iemanjá (Ana-Maya), a vibração da Lua, o príncipe Javaré! — E mais um Caboclo "nasceu".

— Para a Linha de Yori, a vibração de Mercúrio, o príncipe Ubiraci! — E ele saiu transformado no Caboclo Ubiraci.

Todos os antigos príncipes foram avisados de que eles e seus comandados passariam a ser vistos, no culto futuro, como simples indígenas brasileiros, mesmo quando famosos médicos, sacerdotes e cientistas se incorporassem a suas fileiras para trabalhar na caridade anônima.

— Haja pena e cocar para tanto índio! — murmurou divertido um dos comandados de Ay-Mhoré, um jovem médico grego de túnica branca, para seu companheiro, que fora na última encarnação um médico francês e ocultista. Ambos "metamorfoseados" em caboclos, também...

Completou-se a chamada:

— Para a Linha de Yorimá, a vibração de Saturno, os magos e curadores! — E Dezan, o antigo Sumo-Sacerdote da Terra das Araras, avançou junto com um grupo de antigos e graduados magos.

Com um sorriso divertido, eles se prontificaram a ser "crismados" de Pai Tomé, Pai Joaquim, Vovó Maria Conga,[2] Pai João, Pai Congo, Pai José de Aruanda, Pai Benedito, nos postos de Chefes de Legião.

— Quem diria! — murmurou um dos "flecheiros" recentemente rebatizados para seu "colega de penas", ambos ex-generais atlantes. — Quem diria que uma singela "pretinha-velha" encobre um espírito oriundo de Sirius, que um desses "pretos-velhos" foi um dos mais célebres faraós da História, outro um famoso filósofo da velha Grécia...

— E quem vai saber que o Caboclo Mata-Virgem é aquele famoso jesuíta do Brasil-Colonia? — E uma risadinha irreverente foi trocada pelos dois, em tom baixo e discreto.

Por último, apresentaram-se os sábios Iniciados de antigos templos, que iriam trabalhar na Linha de Yori ("crianças"). Não se trata de espíritos infantis, mas traz o sentido de "nascido de novo", "aquele que morreu para a vida material", característico do Iniciado. Iriam constituir o terceiro lado do triângulo fluídico em que trabalharia todo o grande conjunto de espíritos: o da Pureza, o da Simplicidade e o da Humildade, ou crianças, caboclos e pretos-velhos.

Enquanto assim se desenrolava a histórica reunião, uma ex-sacerdotiza da Terra das Araras, vestida de lilás, voltou-se para seu vizinho, ex-mago persa, mas que guardava a aparên-

---

[2] A história do espírito conhecido como Vovó Maria Conga foi recentemente contada por ela mesma em participação na obra de Ramatís *Samadhi*, por intermédio do médium Norberto Peixoto, **EDITORA DO CONHECIMENTO**. Trata-se de espírito de longínquas paragens siderais.

cia morena, alta e algo imponente, de uma existência como sacerdote de uma tribo do Congo, e sussurrou:

— Mas como essa nova crença poderá ser acolhida pelo povo em geral, com tantas nuanças de ocultismo e de magia?

— O povo brasileiro foi preparado para isso.

— Foi?

— Claro! "Eles" — e o mago apontou com o polegar para o alto, numa alusão aos Maiorais Planetários — já misturaram os ingredientes do bolo com um pitada de pó mágico. — E sorriu, divertido, iluminando com os dentes branquíssimos a pele morena e os olhos inteligentes. E como a sacerdotiza fizesse um ar de "como assim", continuou, sempre em tom sussurrante: — O sangue atlante e a herança de sua magia não ficaram impregnados no psiquismo dos brasileiros pelos indígenas?

A sacerdotiza acenou afirmativamente.

— Pois então! Primeira pitada mágica. Depois veio a outra. — E fez uma pausa de suspense para enfatizar. A sacerdotiza o fitava interessada. — A outra foi a herança do meu povo escravizado. Veja: eles traziam as práticas mágicas, com as forças da natureza, as plantas curadoras, o intercâmbio com o Além. Faziam e "desmanchavam" trabalhos de magia. Perseguidos em suas crenças, disfarçaram tudo no sincretismo com a religião dos brancos, e continuaram trabalhando. No início, só para curar e socorrer seus irmãos e se proteger da crueldade dos senhores, ou se vingar deles. Mas Deus escreve direito por linhas tortas. Enquanto grandes carmas pessoais e coletivos se queimavam na tristeza que foi a escravatura, uma outra trama se fazia.

— Uma outra trama?

— Sim. A escravatura foi como o avesso de um bordado: muito feio e emaranhado. Mas o que importa é o que estava sendo desenhado do outro lado. — E o mago sorriu novamente, um amplo sorriso que iluminou até sua túnica amarelo-clara com filetes prateados.

— E o que estava sendo desenhado?

— Veja bem. — E a fisionomia dele se tornou séria — Aos poucos, os pais-velhos e as pretas-velhas foram começando a atender também aos próprios brancos. Era o preto-velho curando a doença do sinhô, que médico nenhum resolvia, ou consultando os búzios para a sinhazinha; era a preta-velha benzendo as crianças com quebranto, curando com suas ervas. Eram eles que desmanchavam os feitiços ou afastavam os "maus espíritos". E o povo aqui foi aprendendo a acreditar e a confiar no auxílio do Além, no dia-a-dia de suas vidas. Isso ajudou muito a preparar o povo brasileiro para essa familiaridade com o Invisível que faz dele um povo único no planeta.

— Além disso — continuou, depois de um olhar ao redor para a colorida assembléia astral —, a mistura dessas duas raças, muito sensitivas, trouxe uma grande sensibilização psíquica para a raça brasileira. E estava pronto o bolo — um brilho sorridente no olhar sublinhou as palavras do antigo mago.

A sacerdotiza avaliou pensativamente o companheiro.

— Você também foi um deles, não? — indagou finalmente.

— Fui. Agora vou trabalhar de novo. Meu povo agora é todo o povo desta terra, que eu amo, porque aqui consegui o que mais precisava para minha consciência: a humildade. Sem ela não se vai longe, mesmo com o brilho do intelecto, não é? Agora não sou mais Jaltar, o Mago; vou ser Pai Joaquim do Congo, o preto-velho. Logo você vai poder me encontrar "baixando" nos novos templos por aí. — E riu baixinho, um riso divertido e suave.

Mestre Aramu-Muru recomeçava a falar:

— A concretização do grande plano — informou — teria início na primeira década do século vinte. Alguém seria escolhido para dar início ao projeto entre os homens por meio de um médium. Sua energia especial seria marcante para abrir o caminho no plano terrestre. — E Aramu-Muru voltou-se para Thamataê de Vênus, o sacerdote ancestral fundador de Ofir e Ibez de Paititi, o Solitário da Montanha Azul que outrora ligara seu destino ao da Terra das Estrelas. Como precursor do conjunto de trabalho distribuído nas sete Linhas de energia, ele adotaria o nome de Caboclo das Sete Encruzilhadas.

— O médium que irá te servir inicialmente como aparelho já foi escolhido. Está encarnado no Brasil, com o nome de Zélio. Com ele tiveste uma estreita ligação no passado, o que facilitará bastante a mecânica de incorporação, devido aos laços de simpatia e afinidade. Reconhecerás nele teu Grande Conselheiro Schua-Ram.

Kalamy de Vênus dirigiu-se então ao Mestre:

— Gostaria também, Mestre, de poder começar meu trabalho junto à humanidade e, se fosse permitido, trabalhar com meu irmão na Aumpram. Dedicaria meu labor a todos os trabalhos de magia.

— Já que é de tua livre escolha, poderás trabalhar com os Elementais da Magia, os Agentes Mágicos Universais. Escolherás um deles para te servir de veículo. Poderás atuar, como teu irmão Thamataê, na Linha de Oxalá, das vibrações solares. Entretanto, aviso-te, esses Elementais que bem conheces, entidades não-incorporantes, serão pouco compreendidos pelos homens, que acabarão por denominá-los de Exús.[3]

A seguir o Mestre informou que outra entidade iria preceder, no plano material, a chegada de Thamataê — o Caboclo das Sete Encruzilhadas — como uma espécie de batedor, preparando o caminho. Iria também utilizar um médium na matéria e daria o nome de Caboclo Curugussú.

— Sua missão é espinhosa, e enfrentará toda sorte de incompreensões e discriminação. Um antigo mago das sombras, que voltou para a Luz, escolheu, para queimar completamente seu mau carma, dedicar-se a esse serviço pioneiro. Seu nome no passado foi Ozambebe — concluiu o Mestre, para admiração de todos, indicando o ex-mago.

Concluiu-se a assembléia. Sob as vibrações de todos os antigos filhos da Terra das Araras Vermelhas, a herança espiritual da velha Atlântida iria renascer, trazendo sua contribuição para o bem da humanidade.

Estava sacramentado, no Plano Espiritual, o nascimento da Umbanda nas terras do Brasil.

No Astral Superior, algum tempo após, o Mestre Aramu--Muru explicitava para Thamataê e Kalamy pormenores de seu futuro trabalho. E concluia:

— É necessário que ambos escolham nomes bem fáceis, bem comuns. Quanto aos seus nomes sagrados, eu, com a

---

[3] É oportuno lembrar que esses elementais — diferentes dos espíritos da natureza — são agentes por cujo intermédio flui toda e qualquer magia no universo. Não são incorporantes, em sua hierarquia original (tal como os orixás). Possuem espécie de extensões, entidades incorporantes, que trabalham nas sete linhas de umbanda –, contudo não são "espíritos desencarnados". Nada têm a ver com magia negra e muito menos com a errônea representação de entidades maléficas, na autêntica umbanda.

outorga do Altíssimo, passo agora a nominá-los, com seus sons secretos, de acordo com a Lei do Verbo. Tu, Thamataê, de agora em diante terás como nome esotérico, nome vibrado em sintonia com teu arquétipo: SaVYaBuCHâYâ THaMaTHaHê, que significa, no idioma dos deuses, o senzar ou devanagari: "A sombra do Oriente na exaltação e na graça do milagre da vida". Tu, Kalamy, também passarás a ter um nome esotérico, será KaLâMY HaTHeNu, que significa: "A serpente da Sabedoria da Tríplice Potencia". Como não ignoram, os sons de seus nomes produzem uma vibração nos mundos suprafísicos, que despertam certas entidades e, pronunciados com certa entonação mágica, entram em harmonia com os Gandarvas, os devas do som. Por essa razão, abstenham-se sempre de proferir seus nomes completos, usando-os somente em cerimônias secretas no interior dos templos — terminou suas recomendações e esclarecimentos o Mestre Aramu-Muru.

É necessário que se explique o que significava o nome esotérico, apenas pronunciado no interior dos templos da Luz, quando eram nele colocadas as vogais falantes. Era esse nome subordinado à chamada Lei do Verbo, do sagrado idioma senzar ou devanagari, a língua dos deuses, ligada aos fenômenos da sonometria, astrologia, cromometria, morfologia e numerologia, cujo princípio é Deus. As palavras eram formadas por 12 consoantes, letras mudas, impronunciáveis, relacionadas a certos fenômenos da natureza, representados também simbolicamente pela sua configuração geométrica, por essa razão chamada de morfológica.

O som dessas letras era dado por uma das sete notas musicais e as sete vogais, com íntima relação aos números ligados às vibrações. A cada emissão dessa língua sagrada, era posto em atividade o mundo invisível e acionadas determinadas forças cósmicas. Portanto, a reunião de duas ou mais letras para formar as palavras obedecia a uma ciência, como a música obedece às leis da harmonia, a física e a química à lei das vibrações moleculares, a astronomia às leis da matemática, a matemática à lei dos números e o número às Leis Divinas.

Torna-se compreensível por que o Mestre Aramu-Muru dava aos seus dois discípulos nomes sagrados, esotéricos, para que ficassem intimamente ligado a ele por meio da Lei do Verbo.

O Mestre deu sua bênção ao dois discípulos, ainda dizendo:

— Que a Inefável Luz os acompanhe, lembrando-se sempre que têm como finalidade principal servir. A alegria do servidor é o serviço — e, com o dedo indicador da mão direita, fez por sobre a cabeça dos dois o sinal sagrado — a cruz, recitando as palavras cerimoniais:

— A TI PERTENCEM O REINO, A JUSTIÇA E A GRAÇA, POR TODOS OS CÉUS GERADORES! — palavras rituais e sagradas, que identificavam o Mestre com o discípulo.

Epílogo

Estamos no ano de 1908.

No município de Neves, perto da cidade de Niterói, na época capital do Estado do Rio de Janeiro, vamos encontrar o jovem Zélio Fernandino de Moraes, o médium preparado no mundo astral superior, pelos mentores espirituais, para servir de aparelho a Thamataê.

Temos em mãos a obra de Diamantino F. Trindade,[1] que julgamos ser de nosso dever citar e nela nos basearmos, tratando-se de um trabalho de pesquisa desse autor, descrevendo pela primeira vez o que realmente aconteceu na implantação do ritual denominado de Umbanda no Brasil.

Segundo ele nos relata, confirmado posteriormente pela nossa consulta aos registros da natureza, o akasha, Zélio inicialmente foi acometido de um mal-estar psíquico e físico, caracterizado por "estranhos ataques" em que tomava a postura de um velho, falando coisas sem nexo, outras vezes em gestos e movimentos elásticos, correndo, pulando pela casa. Com o agravamento dessas "crises", a família de Zélio o encaminhou ao seu tio, médico psiquiatra, dr. Epaminondas de Moraes, que, depois de observá-lo por vários dias, concluiu que seu jovem paciente não sofria de qualquer loucura. Foi então encaminhado a um sacerdote católico e submetido a um exorcismo, sem nenhum resultado. Algum tempo depois desses acontecimentos, Zélio apresentou uma paralisia que durou alguns dias, evidente conseqüência

---

[1] Diamantino F. Trindade, *Umbanda e sua história*, Editora Ícone, 1991.

da limpeza dos nadhis,[2] a que o Plano Espiritual o submetia. Mas essa paralisia durou pouco tempo e de repente, assim como veio, foi-se, e Zélio levantou-se da cama completamente curado.

A conselho de alguns amigos da família, que diziam poder tratar-se de perturbações espirituais, resolveram levá-lo à Federação Espírita de Niterói, dirigida na ocasião por José de Souza, amigo dos seus familiares. Sentando-se na mesa branca de trabalhos, Zélio foi possuído por uma força alheia a sua vontade, que o fez levantar-se, dizendo: "Aqui está faltando uma flor", e imediatamente saiu da sala, indo até o jardim, voltando com uma flor que colocou no centro da mesa. O simbolismo desse ato é flagrante: era o aviso simbólico de que estava faltando naquela mesa uma parte do conhecimento, o das forças da natureza, das forças cósmicas, representadas por uma flor.

Quando esse fato ocorreu, logo se manifestaram inúmeros pretos velhos e caboclos, o que o presidente da mesa qualificou de atraso espiritual, caracterizando racismo e descriminação, advertindo que ali não era lugar para aqueles absurdos. Outra vez, por meio de Zélio mediunizado, o espírito que trouxera a flor inquiriu os presentes: "Por que rejeitar a presença desses espíritos se nem sequer se dignaram ouvir suas mensagens? Seria por causa de suas origens sociais ou de sua cor?"

Houve um grande tumulto ante essa admoestação da entidade manifestada com Zélio, até que um vidente do grupo, notando que uma luz positiva se irradiava do médium, pediu que o espírito se identificasse, ao que a entidade respondeu: "Se querem um nome, que seja este: sou o Caboclo das Sete Encruzilhadas, porque para mim jamais haverá caminhos fechados". Depois, anunciou para os presentes o tipo de missão que trazia do mundo astral: fundar um culto no qual todos os espíritos de índios e pretos-velhos poderiam executar as determinações do plano espiritual e que, no dia seguinte, 16 de novembro de 1908, se apresentaria na residência do médium, fundando um templo onde haveria igualdade para todos.

A primeira casa de Umbanda fundada pelo Caboclo das Sete Encruzilhadas foi denominada Tenda Nossa Senhora da Piedade. A Umbanda, filha mais nova da Sabedoria e da magia Atlantes, vem dos Templos da Luz para um centro humilde,

---

[2] Nadhis são condutos que existem no corpo etérico, fazendo ligações entre os chacras, e por onde circula energia vital, também denominada de prana.

uma casa fraterna do povo, nascendo sob o signo da Mãe da Compaixão para ensinar aos homens orgulhosos que somente por meio do amor poderão ser salvos.

Visando ao melhor atendimento aos necessitados e a aliviar o grande fardo que pesava sobre Zélio, os dirigentes da Casa Espírita N. S. da Piedade expandiram os trabalhos espirituais, preparando outros médiuns de incorporação. Assim, desdobraram-se os planos estabelecidos no Invisível, e as entidades comprometidas com o projeto da Umbanda no Brasil passaram a se manifestar com o corpo fluídico de índios e pretos-velhos, conforme combinado. Começava a fase de expansão do novo culto.

Thamataê iniciou sua difícil missão de levar primeiro aos excluídos o consolo e a esperança, para depois, lentamente, começar a ensinar as Verdades Eternas, que faziam parte integrante da Sabedoria Universal. Kalamy sofreu os maiores empecilhos, tendo que vencer a ignorância e a maldade dos homens, sempre interessados em coisas materiais, em problemas egoísticos pessoais ou desejando na prática da magia negra benefícios, ou tentando prejudicar seu semelhante com o uso de baixa feitiçaria.

Durante um século inteiro, os dois irmãos trabalharam ativamente na seara do amor e verdadeira caridade, caminhando para suas libertações finais e término dessa tarefa, que os dois voluntariamente adotaram.

Quando o médium Zélio de Moraes desencarnou, Thamataê ainda não havia completado sua missão, então, passou a manifestar-se em novo aparelho, o médico e professor da Faculdade de Medicina, Dr. Sylvio. Muito embora já desencarnado, só divulgamos seu primeiro nome, atendendo a seu desejo de permanecer incógnito. Esse médico abnegado possuía um sítio no Estado do Rio de Janeiro, total e exclusivamente preparado para os trabalhos espirituais, com diversas edificações próprias aos rituais e ainda contendo rios, cachoeiras e lagos.

Aos poucos, o que era essencial das Antigas Verdades, para a humanidade, foi revelado por Kalamy e Thamataê, no dia-a-dia do trabalho mediúnico, como evolução, Lei do Carma, reencarnação, mediunismo e algumas regras básicas de magia. Já podiam começar a divulgar e realizar o ritual de Umbanda Esotérica, que principiou no início da década de 60.

O Agente mágico usado por Kalamy, o chefe de legião Halashurú, pôde manisfestar-se em seu corpo de ilusão original, oferecendo a todos os praticantes da seita incomensuráveis conhecimentos de magia branca e suas leis. Thamataê também pôde exteriorizar-se com o corpo de ilusão de um árabe, Ahmed-El-Hadjin, para instruir em suas aulas e palestras àqueles interessados no conhecimento mais profundo da Lei Divina.

Começava um novo século e por grandes modificações havia passado o planeta, mas os homens, em sua grande maioria, continuavam ainda a cometer os mesmos crimes, os mesmos desatinos.

— Ainda temos esperança, ainda temos muita fé na espécie humana — disseram a uma só voz Thamataê e Kalamy.

— Temos certeza de que veremos novamente o reino dos deuses na Terra — exclamaram, um sorriso de compreensão compassiva nos lábios.

— Teu aparelho, meu irmão, em que situação evolutiva irás deixá-lo? — perguntou Thamataê, preparando-se para voltar junto com seu irmão para seu planeta natal.

— Deixo o Agente Mágico Halashurú, que até hoje ainda todos chamam de Exu Rei das Sete Encruzilhadas, num estágio evolutivo de grande adiantamento, para que possa, na Ronda futura, realizar trabalhos incompreensíveis para a humanidade atual, junto com o espírito planetário terrestre. — respondeu Kalamy.

— Também, querido irmão, estou pronto para deixar esta vestimenta fluídica, que me serviu tanto, e em outras esferas infinitas desse universo aprender melhor ainda a servir meu semelhante. — E Thamataê sorriu, um sorriso triste, que iluminou seu belo rosto feito de luz.

Dois vultos transparentes de luz azulada, emitindo intensa claridade, que ao mesmo tempo enceguecia mas reavivava, brilhantes como um Sol abrasador, mas que arrefecia como em cálidas carícias, subiram lentamente aos céus, para logo após se fundirem num só. Eram os dois irmãos que, depois de passarem por ciclos sem fim de idades, agora juntos voltavam a Vênus, repletos de felicidade e amor pela humanidade que, momentaneamente, quem sabe, acabavam de deixar.

Fim

Petrópolis, maio de 2002.

Anexo 1
As pegadas dos deuses

A presença de "seres iluminados" vindos do espaço é mito que persistiu na América do Sul, seja nas tradições orais, como pictograficamente, nas figuras em pedra com halos ou raios em torno da cabeça.

Os mitos dos Andes falam de uma supercivilização muito antiga, de homens-deuses, os Naupaq Machulas ou Naupa Machu ("Sábios Antigos", na língua quéchua), que um dia partiram na direção do mar, prometendo voltar.

Entre os índios brasileiros havia a mesma tradição — os chamados, pelos antropólogos e historiadores atuais, de Civilizadores — homens brancos e sábios, que vieram instruir os seus antepassados. (O mais conhecido é o Pai Suman, ou Sumé, lembrado pelos Tupis e Aimorés — ecos da passagem do grande Payê Suman, o mestre atlante).

As figuras "luminosas", com raios ou halos circundando a cabeça, são persistentes na América do Sul, em inscrições antigas de todo tipo. O Gigante do Atacama é provavelmente o maior deles — figura humana de 115 metros desenhada no Deserto do Atacama, com 12 raios lhe circundando a cabeça.

Outro bom exemplo é o painel "do Sol e da Lua", na Serra do Ererê, próxima a Monte Alegre, no Amazonas. O pesquisador Pablo Villarubia Mauso (op. cit., pp.155-158) descreve, no alto da montanha, painéis com figuras:

> ...Dois possíveis seres humanos, um deles de cabeça para baixo (...) no lugar da cabeça (...) há duas esferas

concêntricas com um ponto no centro que parece irradiar luz. Do seu ventre sai um "cordão umbilical" ou "corda". Pensei então que se Erik von Daniken visse aquilo diria tratar-se de um astronauta com um capacete iluminado por dentro, flutuando de cabeça para baixo no espaço sideral, amarrado à sua nave interestelar. A outra figura parece um sol. (Em) outro painel (...) dois seres pareciam pequenos extraterrestres (...) as cabeças pareciam radiadas, ou seja, com pontos e linhas que se assemelham a raios, ou a uma espécie de luz ou aura (...) Tais criaturas (radiadas) são comuns no Peru. Alguns estudiosos as chamam de "Os Resplandecentes", e elas fazem parte de uma mitologia antiquíssima, hoje desaparecida. Quem eram "Os Resplandecentes"?

Curiosamente, Ererê, o nome do local, significa "adeus, adeus" na língua indígena. Quem fez essas pinturas estava "dizendo" alguma coisa. O quê? Um círculo com raios em torno de uma cabeça ainda hoje se interpreta facilmente como "um ser irradiando luz". E por que de cabeça para baixo? Ora, como poderiam simbolizar "seres que vieram do céu"? Um pouco de lógica leva à significação de "descida". Ou seja: "seres irradiando luz que desceram do céu". O culto do Sol lhes estava associado.

Por que alguém subiria ao alto de uma serra íngreme e desenharia enormes painéis contando de seres luminosos vindos do céu — num lugar chamado de "adeus, adeus"? Esse sítio parece ter sido um lugar de culto — como habitualmente foram as montanhas. Culto aos deuses vindos do céu, que ensinaram a venerar o Sol e se foram um dia... adeus, adeus?

Anexo 2
As cidades ancestrais

Uma insólita evidência sobre as civilizações perdidas do Baratzil são os vestígios das colossais cidades de pedra situadas na faixa norte do país.

A mais conhecida é Sete Cidades, no interior do atual Piauí, a uns 200 km ao norte de Teresina. O imponente conjunto de rochas com colunas, "casas", "edifícios", um anfiteatro e curiosidades como a "pedra da tartaruga", espalhados num amplo sítio na planície, são o que restou, após a destruição e a longa imersão, da outrora magestosa Itaoca.

Mas Sete Cidades não é única: tem uma "irmã gêmea" em plena Amazônia. É a apropriadamente chamada "Cidade dos Deuses", a uns 150 km de Santarém, e cerca de 40 da cidade de Monte Alegre. Trata-se de uma cidade de pedra em ruínas, depois de permanecer longo tempo debaixo d'água. O cataclismo ancestral que inundou essa região, mais a erosão eólica, desfiguraram consideravelmente o local, mas há muros, muralhas e portais, pilares e "taças" em número suficiente, junto aos vestígios de aquedutos que serviam a cidade, para configurar os restos de uma antiquíssima cidade.

A descrição que dela oferece Pablo Villarrubia Mauso (op. cit., pp.175 e segs.) é uma das mais adequadas e chama a atenção para um pormenor importantíssimo!

> Caminhando entre as lages de pedra descobri algo que me deixou intrigado. Em duas lajes apareciam canaletas perfeitamente retas, como se tivessem sido talhadas

na rocha por mãos humanas (...) deviam ter entre 30 e 40 cm. de largura (...)
— A senhora tinha visto isso, dona Ilka? — disse-lhe.
— Não, não havia percebido. Parece um canal condutor de água...
— Pois sim, é o que realmente parece — confirmei.
Então havia a possibilidade de que a Cidade dos Deuses pudesse ter sido uma cidade de verdade! A presença de pinturas no alto das formações era mais do que um fato isolado.

(...)
A poucos quilômetros da "Cidade", íamos procurar as pinturas da chamada padra do "Tanque I". (...) bloco pétreo de uns cinco ou seis metros de altura (com) profusão de símbolos. Chamou-me logo a atenção, uma cruz vazada e quadrada com um ponto no centro. Símbolos solares em profusão (...) e um grande retângulo com fileiras de pontos no seu interior e encimado por um grande sol.

Além do aspecto geral das duas cidades em ruínas, há duas similitudes que deviam chamar a atenção. Os condutos de canalização de água, acima descritos, e os que em Sete Cidade são chamados — ingenuamente, ou não tanto, se pensarmos melhor — de "canhões": condutos cilíndricos de pedra, de espessura perfeitamente uniforme, saltando aos olhos que a natureza jamais poderia produzir algo assim. Outra coincidência: os mesmos retângulos com fileiras de pontos no interior, acima referidos, também se encontram nas inscrições de Sete Cidades, junto com estrelas, sois e uma curiosa "mão de seis dedos", como existe nas pinturas da Serra do Ererê!

Quanto à cruz quadrada e vazada, por "coincidência" também, é um símbolo recorrente nas regiões andinas do Peru! Deve-se lembrar que a cruz, muito, muito antes de símbolo cristão, foi um símbolo milenar, de origem iniciática, simbolizando o espírito mergulhado ou "crucificado" na matéria, portanto o universo manifestado.

Anexo 3
Vestígios atlantes

O modelo peculiar de uma cidade atlante, circular e com canais de navegação internos, foi-nos dado por Platão no seu célebre depoimento (Timeu e Crítias) que descreve a cidade de Poseidonis, capital da última ilha atlante (remanescente de Daytia).

O plano geral da cidade consistia em três círculos concêntricos de terra, entremeados por canais circulares de navegação. Esse formato-chave (que certamente obedecia a um sentido oculto de forma e número) é uma espécie de "símbolo" ou "marca registrada" atlante, assim como o tridente de Poseidonis.

E vamos encontrá-lo figurado, tal e qual, em dois locais arqueológicos importantes do Perú e do Brasil!

Na surpreendente obra intitulada *El Otro Saqsaywamán* (Ed. do autor, Lima, s/d), o engenheiro Carlos Fernandez-Baca Tupayachi aponta para uma estrutura situada no alto da colossal edificação de Saksayhuamán, ao lado de Cuzco, e denominada Muyuk Marka ("cidade redonda" é a tradução), afirmando que ela é nada menos que uma réplica ou maquete da cidade atlante platônica — e de fato, visualmente, é. (E por que "cidade" redonda, indaga ele, se essa estrutura mede cerca de 30 metros apenas?

A leitura do texto de Platão comparado com a visão dessa peculiar estrutura (cerca de 30 m de diâmetro) são eloquentes.

Aliás, o próprio conjunto da alegada "fortaleza" já é matéria de reflexão. Feita de blocos monumentais, alguns com até 150 toneladas, com uma perfeição de encaixe que não permite introduzir-se uma folha de papel, com uma técnica antisísmica que as mantêm até hoje (as que sobraram da fúria dos conquistadores). Como as talharam, transportaram e ergueram com tal maestria?

Mas o modelo-base da cidade-de-três-círculos-concêntricos também está figurado claramente, em escala muito menor, no interior da Paraíba — no alto da famosa Pedra do Ingá! Este é um intrigante depoimento em pedra da passagem de seres altamente capazes, que, além de a cobrirem de inscrições sofisticadas, mediante uma técnica desconhecida (laser, provavelmente), grafaram a constelação de Órion e mapas celestes no enorme monolito (23 m de comprimento).

Mas talvez não haja nada mais contundentemente atlante que o símbolo de Poseidonis — o tridente do rei dos mares. E ele lá está — perfeito, esculpido em 120 metros de altura no flanco de um monte que dá para o oceano, defronte à baía de Paracas, no Perú (uns 130 km ao sul de Lima). Uma sinalização gigante, para ser vista do ar ou do mar. Para onde apontaria esse tridente colossal? Como foi feito para durar séculos, milênios? E para quê? Ele aponta para sudeste — por coincidência, a direção das Linhas de Nazca, ali perto... Na mesma latitude, no interior do Perú, ficam Cuzco, Saksayhuamán... e Machu-Pichu.

Na mesma região, mais ao sul — deserto do Atacama –, há figuras similares às de Nazca, incluindo várias que só podem ser vistas do alto, como as de Ariquilda, e o chamado Gigante do Atacama — um figura humana de 115 metros, com raios em torno da cabeça, os braços abertos e erguidos como em saudação, gravada no solo arenoso do deserto.

O Tridente de 130 metros gravado na rocha, sinalizando a Baía de Pisco, no Peru, a quem chega pelo ar ou por mar, e apontando na direção das linhas de Nazca, a sudoeste.

Roger Feraudy

Tihaunaco - vista parcial do muro do Kalasasaya.

Ruinas de Tihaunaco, Bolívia - O monumental Templo Kalasasaya.

A Porta do Sol em Tihuanaco, contendo nas inscrições o ano de Vênus.

O Colibrí, uma entre as centenas de figuras das Linhas de Nazca, Perú, só avistáveis do ar. A Rodovia Panamericana corta a planície — a reta escura ao alto — e dá a dimensão das gigantescas figuras.

A Aranha, entre as Linhas de Nazca, conjunto de desenhos que só poderiam ter sido feitos por quem pudesse voar.

A cruz vazada e quadrada — a Chakana — é um símbolo andino recorrente no Peru e Bolívia, como esta de Tihuanaco.

Restaurante Paititi, Cuzco, Peru. "Paititi" ainda permanece, na tradição peruana, como uma cidade mítica da Amazonia, espície de Eldorado.

"Sete Cidades", no Piaui - As ruinas esfaceladas de Itaoca - a "Cidade de Pedras" do Baratzil.

Baratzil - A Terra das Estrelas

A chamada "Pedra da Tartaruga" de Sete Cidades, Piauí: o perfeito encaixe das pedras poligonais resistiu à erosão das águas que cobriram Itaoca.

"Cidade dos Deuses", na Amazonia — uma irmã de pedra de "Sete Cidades".

"Sete Cidades", Piaui — Inscrições rupestres — retângulos com pontos dentro.

Baratzil - A Terra das Estrelas 333

Vista parcial da Fortaleza de Ollantaytambo, no Vale Sagrado, perto de Cusco, Peru.

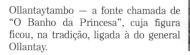

Ollantaytambo — a fonte chamada de "O Banho da Princesa", cuja figura ficou, na tradição, ligada à do general Ollantay.

A monumental escadaria de Ollantaytambo. — "andenes". (Terraços de plantação).

Roger Feraudy

"Muiuk Marka", A Cidade Redonda, no alto de Sacsayhuamán. Maquete de cidade atlante combinando com a descrição de Platão.

Sacsayhuamán, junto de Cuzco, Perú. Parte do monumental conjunto edificado por uma civilização de elevada tecnologia, muito anterior aos incas.

Sacsayhuamán — Estas pedras de até 150 toneladas — como transportá-las, num terreno acidentado?

Baratzil - A Terra das Estrelas

Sacsayhuamán — Como, e com que instrumentos, foram talhados com tal precisão esses blocos, encaixados com uma técnica antí-sísmica requintada?

Sacsayhuamán — as junções perfeitas dessas pedras, sem qualquer argamassa, não permitem a introdução de uma agulha — tal como na Pirâmide de Queops. Engenharia atlante.

BARATZIL - A TERRA DAS ESTRELAS
foi confeccionado em impressão digital, em março de 2025
Conhecimento Editorial Ltda
(19) 3451-5440 — conhecimento@edconhecimento.com.br
Impresso em Luxcream 70g - StoraEnso